Johann Jakob Palm, Johann, Jakob Palm

Versuch einer Handbibliothek der o?konomischen Litteratur : Mit Preißen nach Sa?chsischem und Reichsgeld, wie auch einem Materien-Register

Johann Jakob Palm, Johann, Jakob Palm

Versuch einer Handbibliothek der o?konomischen Litteratur : Mit Preißen nach Sa?chsischem und Reichsgeld, wie auch einem Materien-Register

ISBN/EAN: 9783742862174

Hergestellt in Europa, USA, Kanada, Australien, Japan

Cover: Foto ©ninafisch / pixelio.de

Manufactured and distributed by brebook publishing software (www.brebook.com)

Johann Jakob Palm, Johann, Jakob Palm

Versuch einer Handbibliothek der o?konomischen Litteratur : Mit Preißen nach Sa?chsischem und Reichsgeld, wie auch einem Materien-Register

Versuch einer Handbibliothek der ökonomischen Litteratur

Mit Preißen nach Sächsischem und Reichsgeld, wie auch einem Materien-Register

von

Johann Jakob Palm.

Preiß 16 Ggr. oder 1 Gulden.

Erlangen
verlegt bey Johann Jakob Palm. 1790.

Eine solche Handbibliothek von Büchern aus der Arzneygel., Anatomie, Chirurgie, Botanik, Chemie, Apothekerkunst, Hebammenkunst, Naturgeschichte, Naturkunde, und Bäderbeschreibung ꝛc. ist ebenfalls bey mir à 1 fl. oder 16. ggr. zu haben, und von den übrigen Fächern werden dergleichen noch nach und nach erscheinen, wie es meine andern Geschäfte zulassen.

Palm.

Die grossen Buchstaben vor den Preißen sind sächs. Thaler, und die kleinen sächs. Groschen.

Abbatia Bericht von Verwandlung der Metallen, 8. 759 Nberg, Zeh   d 15 fr
Abbaye, Bearde v., über die Landwirthschaft, 8. Bremen 769, Cramer   f 24 fr
Ab c der Bergmannswissenschaften, 8. Freyberg 747, Reinhold   a 4 fr
Abbildung der wildwachsenden Bäume u. Sträuche in Deutschland, mit gemahlten Fig. 1s St. Fol. Linz 788, Montag Am 2 fl 15 fr
Abercrombie (J.) Anleitung zur Erziehung und Wartung der Obst- und Fruchtbäume und Fruchtsträucher, a. d. Engl. und vermehrt von Lüder, gr. 8. Lübeck 81. Donatius A d 1 fl 45 f
Abhandlung vom Ackerbau nach Tulls Grundsätzen, s. Tull.
    ökonomische, von Verbesserung des Ackerbaues, Vermehrung des Fleißes, Anwachs des Volkes, Beförderung der Handlung und Manufacturen rc. gr. 8. Wien 768. Trattner   q 1 fl
    von Anschlag der Güter, s. Benigsen.
    von der Bauern Eigengrund, gr. 8. Wien 77. Kurzböck   d 15 fr

A   Ab-

Abhandlung über die Preisfrage, ist es einem Staate zuträglicher, daß der Bauer eigenen Grund besitzet, gr. 8. Wien 777. Trattner d 15 kr

- von Verfertigung akkurater Zeichnungen u. Risse in der Baukunst, gr. 8. Nberg 79. Raspe e 20 kr

- von dem Baume Accatia, oder dem Schotenborne, 8. Carlsruhe 66. Maklott c 12 kr

- von Baumschulen, f. Benekendorf.

- von der Baumzucht, 8. Göttingen 772 Boßigel b 8 kr

- von Bedüngung der Felder, f. Benekendorf.

- und Beobachtungen der ökonomischen Gesellschaft zu Bern, gesammlet auf die Jahre 762 bis 73 mit K. gr. 8. Bern, 34 Theile mit Reg. jeder Theil m 45 kr. Serini R 25 fl 30 kr

vom Brandeweinbrennen und Bezahlung des Kesselgeldes, 4. Rostock 53 Böhner b 8 kr

neue, und Nachrichten der Königl. Grosbrittannischen Landwirthschaftsgesellschaft zu Celle, 1ster und 2ter Band, 8. Celle 787. Richter. s Afl 12 kr

vom Cydermachen, oder Zubereitung des Obstweines, 8. Bayreuth 72 Lübecks d 15 kr

vom Eisenhammer, f. Schauplatz d. Künste.

über eine beträchtliche Anzahl Erdarten, von derselben Gebrauch für den Landwirth, f. Andre'.

Ab-

Abhandlung, ökonomische, über einige zur Nahrung dienende Erdgewächse, besonders Erdäpfelpflanzung, 8. Wien, 781. Kurzböck
d 15 kr
- von den Farben und ihrem Gebrauch s. Aplignn.
- von Feldsteußlern und Feldbuntergängern im Würtemb. 8. Tübingen. 86. Heerbrand.
d 15 kr
wichtige, aus der Finanzwissenschaft von bekannten Verfassern, 8. Wien, 784. Hartmann
q 1 fl
- von Fischereyen und Geschichte der Fische, s. du Hamel.
- - vom Ursprung der Früchte aus ihrem Bau hergeleitet. Aus dem Lat. von Auersberg, gr. 8. Augsp. 781. Kletts. e 20 kr
- - vom Wachsthum der Früchte aus dem Bau der Pflanzen hergeleitet, gr. 8. das. 781. ders. e 20 kr
vom Hacken s. Schumacher.
- vom Hanf, 8. 763. Sorau, Hebold
d 15 kr
- wirthschaftliche, von dem Hopfen, mit K. 4. Nürnb. 759. Grattenauer. q 1 fl
vom Hopfenbau, gr. 8. Dresden, 774. Walther. c 15 kr
- vom Hopfenbau, 8. Meisen 787. Erbstein. d 15 kr
- von der Holzsparkunst und vom Ziegelmachen, m. K. 4. Wien 767. Kraus. m 45 kr

Abhandlungen (zwey neue) von der Holzspar⸗
kunſt, 8. Berl. 775. Decker. c 15 kr
– – von der Nothwendigkeit der ſämmtl. Kame⸗
ralwiſſenſchaften, 4. München, 777. Stein.
 d 15 kr
– – von den Irländiſchen Kohlen, die keinen
Rauch geben, a. d. Franz. 8. Frft. 762.
Fiſcher. a 4 kr
– – über die vornehmſten Bedürfniſſe des Volks,
vornehmlich über die Freiheit des Korn⸗ u.
Fruchthandels, gr. 8. Berl. b 8 kr
– – von den Krankheiten der Pflanzen, überſ.
von Auersberg, gr. 8. Augſp. 779. Klett.
 h 30 kr
– – gründliche, von Lakfirniſſen, 8. Stendal,
784. Franz. b 10 kr
– – praktiſche, aus der Landbaukunſt, dem Bau
der Lehm⸗ und Wellerwände, gr. 8. Berl.
787. Maurer. d 18 kr
– – vom Nuzen der Manufakturen, gr. 8.
Wien 770. Trattner. e 20 kr
– – ſchwediſche, von dem Nuzen der Manufak⸗
turen, gr. 8. Bern, 762. Serini. d 15 kr
– – vier, von Manufakturen, a. d. Schwed.
8. Wien 770. Trattner. c 12 kr
– – von den Maulbeerbäumen, Seidenwür⸗
mern und Seidenſpinnen, m. K. 8. Berlin,
756. Nicolai. i 40 kr
– – von den Vortheilen einer Münz-Kenntniß im
gemeinen Leben, 8. Leipzig, 775. Hilſcher.
 h 30 kr

Abhand⸗

Abhandlung aus der Naturlehre, Oekonomie und Landwirthschaft, 8. Nürnberg, 784. Zehe. o 54 kr

- von Naturalfrondiensten, 8. Frankf. 775. Fleischer. h 30 kr

- zur Naturgeschichte, practischen Physik u. Oekonomie, übers. aus den Philosoph. Transactionen von Leske, m. K. 1 Bds. 1ster u. 2ter Th. gr. 4. Leipz. 79 80. C. y 7 fl 30 kr

- von Anlegung eines Obstgartens s. Benekendorf.

- ökonomische Oefen und Kamine zu bauen, 8. Berlin 775. Decker. c 15 kr

- öconomisch-physikalische, 20 Theile, 8. Leipz. 751-63. Hilscher. E. 9 fl

- über den Zustand der gegenwärtigen Aufklärung in der Oekonomie und deren Nutzen für den praktischen Landwirth, 8. Rostock, 785. Koppe. c 12 kr

- von Pacht und Verpacht der Güther, s. Benigsen.

- der ökonomischen Gesellschaft in St. Petersburg, zur Aufmunterung des Ackerbaues und der Hauswirthschaft, 2 Theile, gr. 8. Riga, 767-77. Hartknoch. D 6 fl

- von dem Bau, Erkenntniß des Alters und der Farben der Pferde, gr. 8. Wien 785. Wappler. h 30 kr

- über die bei Podmolfe im J. 71. gefundenen Goldklumpen, 8. Prag 777. £ 24 kr

Abhandlungen vom Pottaschsieden und Versuche zu Bestimmung des wahren Gehalts verschiedener Baum- und Holzarten, Pflanzen und brennlicher Substanzen an Pottasche, mit K. gr. 8. Dresden, 771. Walther. h 36 kr

– – über die Produkte des Mineral-Reichs in Preussen f. Helnik.

– Reps und Kohlsaat, gr. 8. Bern, 775. Pfähler. f 24 kr

– erfahrungsmäßige, von den verschiedenen Seuchen und Krankheiten des Rindviehes, gr. 8. Berlin, 779. Pauli. s 1 fl 24 kr

– von dem Rost im Getrayde, gr. 8. Zürich, 758. Orell. b 8 kr

– vom Roz der Pferde, 8. Wien, 781. d 15 kr

– von der Schaafzucht, 8. Wien, 770. Hilscher. f 24 kr

– der schwedischen Akademie der Wissenschaften aus der Naturlehre, Haushaltungskunst und Mechanik, 30 Bände, nebst Register, m. K. gr. 8. Leipzig 768-780. Heinsius. Z F m 50 fl

– derselben, neue, 10 Bände, gr. 8. das. 784-789. K 15 fl

– ökonomisch-praktische, von Zubereitung der weißen Stärke, 8. Erfurt, 785. Keyser. e 20 kr

– über die allgemeine Stallfütterung des Viehes, f. Großmann.

Abhandlungen, vom Bau und Bestimmung der Straßen, 8. Leipzig, 68. Rößel. d 15 kr
- drey, über den Straßenbau, s. Stegmann
- von holzsparenden Stubenöfen, gr. 8. Dresd. 774. Walther. q 1 fl 12 kr
- vom Tobaksbau, mit kaufmännischen Anmerkungen, 8. Darmstadt, 780. Brönner.
  f 24 kr
- vollständige, vom Tobaksbau, allen Land- und Ackersleuten zum Besten herausgegeben, 3 Stücke, gr. 8. Helmstädt, 781. Kühnlein.
  m 48 kr
- neue und ausführliche, vom Tobaksbau, dessen Zubereitung und Benutzung. Aus dem Holländ. 8. das. 781. derf. h 30 kr
- vom Tobaksbau, nebst 1ster u. 2ter Fortsetzung, 8. Helmst. 780. 87. Kühnlein. i 36 kr
- von den Todesarten ertrunkener Menschen nebst Genesungsmitteln, 8. München, 775. Fritze. a 4 kr
- von Tuch und andern Wollenmanufaktu. 8. Leipz. 779. Weidmanns. f 30 kr
- von Verbesserung des Nahrungsstandes und Vermehrung der landesherrlichen Einkünfte durch Manufakturen und Fabriken, gr. 8. Stuttg. 764. Felsecker. f 24 kr
- von einigen allgemeinen nützlichen Verbesserungen der Staats und Landwirthschaft in Baiern, 4. München, 785. Stein. d 15 kr
- von dem Verhältnisse der Viehzucht zum Ackerbau, 4. München, 784. Stein c 12 kr

A 4 Abhand-

Abhandlungen, zwei, über die Aufgabe, die Erziehung und Beköstigung der Waisenkinder in - u. ausser der Stadt, gr. 8. Hamb. 86.   c 15 kr

- vermischte, der physisch-chemischen Warschauergesellschaft, zur Beförderung der praktischen Kenntnisse in der Naturkunde, Oeconomie, Manufacturen ꝛc. 1r Thl, 1s St. m. K. 8. Dresd. 68. Gerlach.   d 15 kr

- von der Natur, Eigenschaft und Wirkung des ungarischen Weins, 8. Dresden, 761. Breitkopf.   c 12 kr

- des gesammten Weinbaues s. Springer.

- ökonomische, vom gründlichen Weinbergsbau, 8. Dresden, 765. Gerlach.   c 12 kr

- von Verbesserung der Windmühlen, m. K. 8. Nürnb. 759.   c 12 kr

- vom Bau und Nutzen des türkischen Weitzens, gr. 8. Bern, 762. Serini.   b 8 kr

- eben dieses, nebst Kalms Beschreibung vom Meyskorne, 8. Berl. 757. Realschule. c 12 kr

- vom Wiesenbau s. Bernhard.

- von der Wikelraupe, 8. Berlin, 779. Defer.   b 10 kr

- von Zwiebelgewächsen, 8. Regenspurg, 764. Montag.   f 24 kr

Abildgaards Soren. Abhandlung vom Torf, 8. Kopenh. 765. Pelt.   c 12 kr

- - P. C. Unterricht von Pferden, Kühen, Schafen u. Schweinen 8. ebend. 71. Heinek. h 30 kr

- - Pferde und Vieharzt, ein Handbuch, 8. ebend. 787. derf.   f 24 kr

                                   b A.

Abschaffung der Hut, Trift und Brache in den Koburgischen Landen, gr. 8. Koburg 785. Ahl. u 1 fl 15 kr

Abt, Joh. gründliche Anweisung zur Ausmessung und Berechnung des Bau- und Nutzholzes nach dem Kubikfuß, gr. 8. Berlin, 783. Hesse. c 15 kr

– – Beschreibung der Münz- Maaß und Gewichts-Sorten, gr. 8. Berlin, 784. Mayrer. c 15 kr

Abtheilung der Gehölze in jährliche Gehaue, gr. 4. Dresden, 770. Walther. h 36 kr

Accis-Reglement, Preussisches, für die Stadt Breslau, Fol. Breslau, 746. Korn. S. d 15 kr

Achates, aus allem Eisen Stahl zu machen, 8. Nürnb. 760. Riegel. b 8 kr

Ackerbau, nach den neuesten Erfahrungen, 8. Augsp. 766. Stage. d 15 kr

– – Schule, 8. Leipz. 759. Hilscher. d 15 kr

– – Theorie, neue, 4. Nürnberg, 749. d 15 kr

– – Catechismus, s. Benekendorf.

Ackerunterricht für den Landmann, in Fragen und Antworten, 8. Leipz. 770. Heinsius. b 8 kr

Acoluthens, C. B. Anmerkungen über das Bierbrauen, m. K. 8. Leipzig, 771. Haug. c 12 kr

Acrezza, bewährt gefundene Roßarzneymittel; 8. Cöthen, 754. Cörner. c 15 kr

Acta oeconomica Acad. Moguntinae. 4. maj. Erfurt 776-789. Keyser. Werden aus dem ganzen Werk unter besondern Titteln verkauft.

Adami (E. D.) Gedanken über die ehemalige Hut auf dem Burg - Berge bey Landeshut, 8. Bresl. 751. Pietsch.   d 15 kr

- - Seltenheiten bey einem Buchbaum, 8. Bresl. 756. derf.   c 12 kr

- - (P.) Beyträge zur Geschichte der Viehseuche in den K. K. Erblanden, 8. Wien, 781. Gerold.   e 20 kr

- - Untersuchung und Geschichte der Viehseuchen in den K. K. Erblanden, 8. Ebd. 782.   h 30 kr

Adelkofers (M.) Wetterbeobachtungen, 8. Augsburg, 785. Riegers.   h 30 kr

- - Gartenschule, m. K. 8. Ebd. 778. derf.   m 45 kr

Adelungs Begriff menschl. Fertigkeiten u. Kenntnisse auf Erwerbung des Unterhalts ꝛc. 4 Theile, 8. Leipz. 778 - 81. Hertel. Cu 5 fl 45 kr

Adeologia, oder Abhandlung von der singenden Nachtigal, 12. Strasb. 752. König. d 15 kr

Adlers Nachricht von denen pontinischen Sümpfen und deren Austrokung, mit Charten, 8. Hamburg, 783. Hofmann.   f 24 kr

Administrations-System, allgemeines politisches und ökonomisches, nach dem Französischen übersetzt, 8. Frankf. 781. Vandüren. h 30 kr

Agricola, G. A., Versuch einer allgemeinen Vermehrung aller Bäume, Stauden und Blumen-Gewächse, 2 Theile, mit Kupf. fol. Regenspurg, 772. Montag   D 6 fl

Agri-

Agricola, G. A., Gespräch vom Bergwesen, 8.
Naumburg, 78. Hermstädt   m 45 kr
Ahlwardts, P., Betrachtung. über die Ernbte,
nebst angehängten Betrachtungen über die
Viehseuche, 8. Greifsw. 47.   k 36 kr
Aich, Bas., über den Ursprung der Viehseuche,
8. Wien, 775.   h 8 kr
v. Aichlburg, J., über die Knechtschaft, 8. ebb.
73. Kurzböck   d 15 kr
Alberti, W. C., Anleitung zur Salmiakfabrik,
gr. 8. Berlin, 780. Decker   f 30 kr
Albrecht, J. S., Unterricht von der Hornviehseuche, 4. Coburg, 49. Ahl.   a 4 kr
- - englischer Kaufmann, oder Grundsätze der
englischen Handlung, gr. 8. Leipzig, 64.
Fritsch   A 1 fl 48 kr
Alexander Abh. von Uhren, mit Kupf. u. Anmerkungen, gr. 8. Lemgo, 38. Meyer
                                 A f 2 fl 15 kr
Allerley, öconomisches, 8. Leipz. 765. Fritsch
                                    d 18 kr
Almanach für die Cameralisten u. Polizeybeamte
aufs J. 85. v. Pfingsten, 8. Weimar, Hoffmann   A 1 fl 48 kr
- - für Scheidekünstler. s. Göcking.
- - Hunde und Katzen, oder Naturgesch. dieser
Thiere, 8. Nürnberg   c 12 kr
An die Oeconomen, von einem Oeconomen,
nebst Zugabe, gr. 8. Leipzig, 786. Böhmer
                                   h 30 kr
An einen deutsch. Kammerpräsident. s. Springer.

An

An einen deutschen Hofmarschall, s. Springer.
- - - - Polizeypräsidenten, gr. 8. Bamberg, 77. Göbhardt . q 1 fl
vom Anbau und Commerce des Krapps, 8. Leipz. 79. Hilscher c 12 kr
- - des Waldkrauts, 8. Wien 788. Stahl, d 15 kr
Andersons, A., hist. und chronol. Geschichte des Handels von den ältesten Zeiten bis auf jetzige. a. d. Engl. 7 Thle 8. Riga, 78. Hartknoch, I-IVr à A m 2 fl. 15 kr, V-VIIr à A q 2 fl. 30 kr. L 16 fl 30 kr
Andre, Abhandlung über eine beträchtliche Anzahl Erbarten für den Landwirth, gr. 8. Hannover, 69. Hellwing f 1 fl 20 kr
Anfrage, die Handelsbilanz zwischen Deutschland und England betreffend. 8. Hamburg 73. Schwikert b. 10 kr
Angermans, J. G., Anweisung zum Seidenbau, 8. Helmstädt, 762. Weigand c 15 kr
- - eben dieses, mit Kupf. Halle, 763. Curt. h 36 kr
- - allgemeine practische Civil-Baukunst, m. K. gr. 8. ebend. 766. derf. F 1 1 fl
Ankündigung eines Cameral- und Handlungsinstituts, 8. Bresl. 85. Löwe b 8 kr
Anleitung, von Form- und Stahlschneiden, m. Fig. 8. Erfurt, 754. Ettinger c. 18 kr
- - zum Wasserbau, 8. Gött. 757. Vandenhöks, d. 18 kr

Anlei-

Anleitung zur Pflanzung, Erziehung und Wartung der Fruchtbäume, gr. 8. Bern, 764. Serini m. 45 kr

- - zur Pflanzung und Wartung der vornehmsten Küchen-Gewächse, gr. 8. ebend. 766. derſ. k. 40 kr

- - wie die Reben zu pflanzen, zu erziehen und zu warten, gr. 8. ebend. 766. k. 40 kr

- - für die Landleute, in Absicht auf das Ausstocken und die Pflanzung der Wälder, 6 St. gr. 8. Zürich, 767. 68. Orell g. 30 kr

- - zur Pflanzung und Wartung des Holzes, gr. 8. ebend. 68. derſ. c. 12 kr

- - zum Forstbau, gr. 8. Bern, 768. Serini d. 15 kr.

- - zur Forstarithmetik für Jäger, 1stes Heft. 8. Frft. 89. Varrentrapp c 12 kr

- - zur Markscheidekunst nach ihren Anfangsgründen ꝛc. entworfen, gr. 4. Dresden, 749-752. Walther C d 6 fl.

- - (theoretisch-praktische) zur neuern Forstwissenschaft, ſ. Benekendorf.

- - für angehende Beamte, in Absicht des Unſchieds der Bauerngüter, 4. Lüneburg, 68. Berth. d 18 kr

- - zum Flachsbau, gr. 12. Wien 767. f 24 kr

- - für die Landleute, in Absicht auf die Zäune, gr. 8. Zürich, 766. Orell b. 8 kr

- - zur Seidenzucht, m. K. 8. Ulm, 767. Korn S. d 15 kr

Anlei-

Anleitung bey theuren Zeiten wohlfeil zu leben;
8. Zürich, 770. Orell   a 4 kr
- - über die Erklärung der Seuche bey dem
  Hornvieh, 8. Wien, 761. Ghelen   b 8 kr
- - zum Anbau verschiedener Oelgesämen, 8.
  Wien, 768.   b 8 kr
- - zu einem verbesserten Ackerbau, 8. Wien,
  771.   d 15 kr
- - zum Landbau nach Erfahrungen, 8. Basel,
  74. Serini   d 15 kr
- - zur Pflanzung der Maulbeerbäume, 8. Würz-
  burg 64. Wapler   b 8 kr
- - zur Verbesserung der Weine in Deutschland,
  8. Stuttg. 775. Mezler   h 30 kr
- - zur Seidenzucht und Pflanzung der Maulbeerbäume, 8. Carlsruh, 776. Macklot d 15 kr
- - gründliche, zum Tobaksbau, 8. 780. b 8 kr
- - zum Tobacksbau, gr. 8. Dresd. 89. Walther   d 18 kr
- - (ökonomisch-praktische) zum Flachs- und
  Tobackbau, 8. Wien, 73. Kurzböck f 24 kr
- - zur Zubereitung, Sammlung und Vermehrung des Dunges beym Vieh, gr. 8. Zürich,
  69. Orell   b 8 kr
- - die 4. besten Futterkräuter zu bauen, 8.
  Mannheim, 70. Af. Bhbl.   a 4 kr
- - zum Weinbau mit beygesezten Fragen, 8.
  Wien, 77. Kurzböck   b 8 kr
- - vollständige, zu einer sistematischen Pomo-
  logie, s. Manger

Anleitung zu einer beſſern Benutzung des Torfs, m. K. gr. 8. Altenb. 781. Richter q 1 fl 12 kr
- - wie der Hopfen aller Orten zu erziehen ſey, 8. Prag, 782. b 8 kr
- - praktiſche, zum vortheilhaften Anbau der Futterkräuter, 8. Berlin, 783. Haude m 54 kr
- - (oekonomiſch-praktiſche) fürs Landvolk, durch Anbauung der Futterkräuter und Bearbeitung der Felder, 8. Nürnberg, 85. Schneider f 24 kr
- - zur Kenntnis und Heilung der innern Pferdekrankheiten, von einem Schüler Kerſtings, herausgegeben von Hinderer, gr. 8. Marburg, 76. Krieger m 45 kr
- - zur Erkenntniß der Gründe und des Verfahrens bey der Landwirthſchaft, 8. Münſter, 786. Perrenon i 36 kr
- - über die Anlegung, Pflanzung, Pflege der Obſtbäume, über die Gewinnung des Obſtes, gr. 8. Zürich, 786. Füßli k 40 kr
- - fürs Publikum zur Prüfung der Weine, 8. Detmold, 787. Hellwing b 10 kr
- - zur ganzen Landwirthſchaft, 1ſter und 2ter Theil, m. K. gr. 8. Leipzig, 787 88. Böhme C h 5 fl
- - zur Vorbauung und Heilung des Zungenkrebſes unter dem Hornvieh und bey Pferden, 4. Detmold, 787. Hellwing b 10 kr

Anmerkungen von geſchwinder Beförderung der Maulbeerplantagen, 8. Berlin, 757. Horvath b 8 kr

Anmer-

Anmerkungen über die Fruchtsperre, 8. Frft.
73. Eßlinger   b 8 fr
– – vom einheimischen und fremden Handel, von
Abgaben an verschiedenen Orten, gr. 4. Leip-
zig, 76. Junius   A 1 fl 48 fr.
– – und Beobachtungen über die Haushaltung,
Ackerbau und Landwirthschaft, 8. ebend. 76.
Hertel   m 45 fr
– – gründliche und Beobachtungen über die
Haushaltung, den Ackerbau und die Landwirthschaft, 8. Leipzig 78. derf.   m 45 fr
– – über den Zustand der Baukunst in Berlin
und Potsdam, gr. 8. Berlin, 778. Him-
burg   d 18 fr
– – über Medicus Vorlesung, betreffend den
Nutzen der ökonomischen Gesellschaft in Lautern, 8. Basel, 80. Serini   b 8 fr
– – über die Versorgung der Invaliden, 8. Berlin, 87. Unger   c 18 fr
Anmuthigkeiten des Landlebens, oder sonderbare
Anmerkungen, wie man Landhäuser und Gärten anlegen, und die Plätze gehörig eintei-
len und auszieren könne, m. K. gr. 4. Gött.
758. Weidmanns   Ch 7 fl
Annalen der Oekonomie, Kameralistik und an-
dern dahin einschlagenden Wissenschaften, 2
Hefte, gr. 8. Leipzig, 787. Böhme   q 1 fl
Anordnungen wegen der Stadtmagazine für
Hanf, Flachs, Toback, Oel, Talch ꝛc. gr. 4.
Petersb. 82. Hartknoch   n 54 fr

Anstal-

Anstalten, zu Vermehrung, Verbesserung und Verschönerung der Pferd-Rindvieh-Schaaf-Geiß- und andere Thierzuchten ohne Ausarten, gr. 8. Wien, 85. Kurzböck   1 fl 12 kr

Anweisung zur Buchbinderkunst, 2 Bände m. K. 8. Leipzig, 62. Heinsius   A 1 fl 30 kr

‒ ‒ alle A. n Vögel zu fangen, einzustellen, abzurichten, zahm zu machen, m. K. 8. Nürnb. 68. Monath   A 1 fl 30 kr

‒ ‒ Wetterableiter mit geringen Kosten anzulegen, 8. Dresd, 83. Gerlach   b 8 kr

‒ ‒ Nelken zu ziehen, 8. Duisburg, 88. Helwing   a 4 kr

‒ ‒ zum Flachsbau, 4. Ebd. 89. derf.   a 4 kr

‒ ‒ zur Haushaltungskunst auf dem Lande, für Ackerbau und Viehzucht, 4. Bresl. 64. Pietsch   u 1 fl 30 kr

‒ ‒ zu Futterkräutern, 8. Carlsruhe, 78. Makloit   a 4 kr

‒ ‒ zur Haushaltung, oder Unterricht für alle Hausmägde, 8. Nürnberg 69. Grattenauer   b 8 kr

‒ ‒ zur Hauswirthschaft und Feldbau, 4. Arnstadt, 56.   A 1 fl 48 kr

‒ ‒ zu der Erziehung, Pflanzung und Behandlung der Fruchtbäume, 8. Mannheim, 76. Schwan   f 24 kr

‒ ‒ zur zierlichen Strickkunst, 4. Nürnberg, 61. Raspe   o 54 kr

‒ ‒ zum Seidenbau, 8. Züllichau, 61. Frommann   f 30 kr

Anweisung zur Seidenzucht, 8. Carlsruhe, 76.
  Maklott   d 15 kr
- - zum Tobaksbau, Erdäpfel ꝛc. 8. Wien 66.
  Krauß   c 12 kr
- - zur Civilbaukunst, m. Kupf. 4. Franff. 52.
                                         A 1 fl 30 kr
- - zur Wartung des Hornviehes, in Absicht
  der Seuche, 8. Bremen 72. Förster   c 12 kr
- - zum Feldmessen, für einen forstgerechten Förster, m. K. 8. Gött. 73. Dietr. A. d 2 fl 15 kr
- - zu Sprengung fester Steinfelsen, m. K. 8.
  Eisenach 59. Wittekind   b 8 kr
- - wie man eine Baumschule von Obstbäumen
  im Grossen anlegen und gehörig unterhalten
  solle, m.K. gr. 8. Halle 74. Hendel   m 54 kr
- - zu der Meßkunst der Höhe und Dicke des
  stehend und liegenden Holzes, mit Kupf. 8.
  Frft. 58. Varrentrapp sen.   h 30 kr
- - die Wartung der Seidenwürmer, aufs vortheilhafteste anzustellen, 8. Züllichau 760.
  Frommann   b 10 kr
- - wie bey Erziehung der weissen Maulbeerbäume sich zu verhalten, 8. 54.   b 8 kr
- - wie mit Säung des Maulbeersamens,
  Pflanzung und Wartung der Maulbeerbäume zu verfahren sey, 8. Berl. 71. Haude
                                         b 10 kr
- - von der Säung und Wartung der Maulbeerbäume und der Seidenwürmer, 8. ebend.
  71. derf.   b 10 kr

Anwei-

Anweisung zur Lacquirkunst, 8. Nordh. 55.
Wittekindt b 8 kr
- - für das Landvolk zur Anpflanzung und Besorgung der Wälder, gr. 8. Zürich 75. Orell
d 15 kr
- - für Anfänger Pflanzen zu sammlen, 8. Gotha 77. Ettinger h 36 kr
- - zur Civilbaukunst, m. Kupf. 4. Augsp. 57. Klett A 1 fl 30 kr
- - zur schönen Lackier- und Schildkrötenarbeit, Horn- und Holzarbeiten und Firnißkünsten, 2 Theile, 8. Nürnb. 38. Grattenauer m 45 kr
- - zur bürgerlichen Baukunst, gr. 8. Gotha 86. Ettinger A 1 fl 48 kr
- - zur Kenntniß und Heilung der innern Pferdekrankheiten, nach Kerstings Lehrart, 8. Marburg 88. Akad. Buchh. m 45 kr
- - zur Anlegung und Wartung guter Hecken, gr. 8. Hannover 86. Schmidt c 12 kr
- - für den Bürger, wie er sich bey erlittenen Brandschäden zu verhalten, gr. 8. Leipz. 87. Kummer a 4 kr
- - kurze, zur künstlichen Stickerey, 4 Ausgaben, mit illum. K. 8. Nürnb. 87. 88. Raspe
B m 3 fl 45 kr
- - nützliche, von dem Landtobak verschiedene gute Sorten Rauch- und Schnupftobak zu fabriciren, 8. Berl. 87. Hesse c 12 kr
- - kurze, für Wiesen-Vögte, die Wässerung der Wiesen betreffend, 8. ebend. 85. ders. c 12 kr

Anwei-

Anweisung zur Erziehung der Zwerchfruchtbäume, 8. Frankft. 76. Eßlinger   d 15 kr

- - zur Verbesserung des Ackerbaues und Viehzucht, m. K. 8. Frankf. 63. Raspe e 20 kr

- - sich von der Ruhr zu heilen, 8. Berlin 69. Realschule   a 4 kr

- - die Feuerspritzen in der Wartung zu erhalten, Fol. Glogau 80.   b 8 kr

- - gründliche, über die Zäumung der Pferde, m. 3 K. 8. Frkf. 78. Schmidt in Hannov.   c 12 kr

- - wie der warme Rockentrank auf eine Art zubereitet, und statt des Caffes nützlich gebraucht werden kann, 8. 68.   b 8 kr

- - wie man sich bey der Erziehung junger Pferde von ihrer Geburt an bis ins 3te Jahr zu verhalten habe, gr. 8. Frankf. 81.   b 8 kr

- - wie der Landmann seine Schaafzucht verbessern könne, 8. Leipz. 88.   u 1 fl 15 kr

- - das Federvieh wohlfeil zu mästen, 8. Koburg 89. Ahl   d 15 kr

- - zum Anbau der Fruchtbäume auf Gemeinplätzen, 8. Weissenfels 89. Severin e 24 kr

- - für den Landmann, Steinkohlen, Torf, Mergel und Gyps zu entdecken, Wiesen zu verbessern ꝛc. 8. Leipzig 89. Schwickert   A 1 fl 48 kr

- - kurze und richtige, zum Regelrechten Reiten, 8. Lübeck 89. Donatius   d 15 kr

Anzeigen der Leipziger ökonomischen Societät
  in den Oster- und Michaelismessen, 71·74.
  7 Stücke m. K. gr. 8. Dresd. Walther B h 4 fl
- - von dem Nutzen und Gebrauch der Salzasche s. Delius.
d' Apligny, von den Farben und deren Gebrauch
  für Künste und Handwerker, a. d. Franz.
  gr. 8. Leipzig 79. Crusius   k 45 kr
- - Beschreibung aller Farbenmaterialien, 8.
  Augsp. 81. Kletts   q 1 fl
Apologie, für die Landwirthschaft der Geistlichen, 8. Berl. 82. Maurer   b 8 kr
Aquavit und Olitätenmacher, der französische
  und italienische, 8. Sorau 69. Hebold
                                         f 24 kr
Ardene, von den Ranunkeln, nebst andern phy-
  sikalischen Wahrnehmungen zum Feldbau u.
  Gärtnerey, m. K. 8. Nürnb. 54. Raspe
                                         q 1 fl
Arduino, J., Sammlung einiger mineralogisch-
  chymisch-metallurgischen Abhandlungen, gr.
  8. Dresden 78. Walther   A 1 fl 48 kr
Arenswalds Galanterie-Mineralogie für die
  Damen, 8. Halle 80. Gebauer   f 30 kr
Urclais, Abhandl. von den Farben zum Por-
  zellain- und Emailmahlen, 8. Leipzig 67.
  Hilscher   g 28 kr
Arnhards Gedanken zur Beförderung u. Bes-
  serung der Schaafzucht, 8. 67.

Arndt, wie die Vollkommenheit der ökonomischen Wissenschaften zu befördern, 8. Zittau 28. Schöps   d 15 kr

Ars fusoria fundamentalis et experimentalis, d. i. gründliche Schmelzkunst, 12. Cassel 50. Cramer   c 12 kr

Art, die beste, Kornmagazine und Fruchtböden anzulegen, m. K. gr. 4. Hannover 68. Hellwing   m 54 kr

- - Erdäpfel zu bauen, 8. Bern 72. Haller   b 8 kr

Arzeneybuch, auserlesenes, für das Rindvieh, 8. Wien 73. Trattner   c 12 kr

Arzneymittel für das Rindvieh und die Schweine, 8.   a 4 kr

- - bewährte, für alle Krankheiten der Pferde, 8. Frft. 771.   c 12 kr

- - für das Rindvieh, Schweine, Gänse und Hüner, 8. ebend. 71. Fleischer   b 8 kr

- - oder Recepte für die Pferde, 8. Erfurt 77. Keyser   b 8 kr

Arzt des armen Landmannes, 8. Leipz. 44. Hilscher   a 4 kr

- - des Frauenzimmers, 8. Leipz. 83. Müller   o 54 kr

- - der Mannspersonen, 8. ebend. 73. dersf.   m 45 kr

- - der Reisenden, 8. Langensalze 74. Schneider   e 20 kr

- - der Frauenzimmer, 3 Thle, 8. Leipzig 71-73. Sommer   Af 2 fl 15 kr

Arzt

Arzt für Liebhaber der Schönheit, 8. Heidelberg 81. Pfähler q 1 fl
- - für Mann und Pferd, 8. Schwabach 60. Riedel b 8 kr
Affecuranz- und Haverey-Ordnung der Stadt Amsterdam, a. d. Holländ. 8. Bremen 44. h 30 kr
Aßmann, C. G., über das wissenschaftl. Verfahren in der Oekonomie, 8. Leipzig. 86. Sommer
Auers, A., Preißschr. wie ein unzugänglicher Wald oder Moraft am besten auszumessen, 4. Danzig 70. Jacobäer d 18 kr
Auersberg, J. Graf von, von dem Verhältnisse der Viehzucht zum Ackerbaue, 4. München 83. Stein c 12 kr
Auferweckung, künstliche, der Pflanzen, 8. Frft. 85. Hilscher d 15 kr
Aufhebung, der Gemeinheiten, in der Mark-Brandenburg, gr. 8. Berl. 66. Realschule f 30 kr
Auflösung der Frage: von Einrichtung der Wittwenkassen, 8. Götting. 68. Vandenhök f 30 kr
Aufmunterung zum Flachsbau, 8. Frft. 67. Brönner c 12 kr
Aufnahme, zur, der Landwirthschaft, 4. Berlin 66. Pauli m 54 kr
- - zu der Landwirthschaft, 4. Rostock 70. Bödner m 45 kr

Aufsätze, auserlesene, zur Beförderung der Oekonomie, Künste ꝛc. 8. Leipz. 67.

das Aufschütten des Getraydes nach der Politik und Moral beurtheilt, 8. Bresl. 72. Gutsch. a 4 fr

Aunants, Joh., Anweisung zum Seidenbau und Maulbeerbaumplantagen anzulegen, 8. Leipzig 54. Frommann f 30 fr

Aus- und Einfuhre, über die freye, des Getraydes, gr. 8. Riga 72. f 24 fr

- - noch mehr von der freyen Aus- und Einfuhre des Getraydes, 8. Lübeck 72. b 8 fr

Auszüge, ökonomisch-physikalische, 10 Bände, jeder in 4 Stücken, 8. Stuttg. 58 . 70. Mezler H q 13 fl

Balance des Seidenbaues mit andern wirthschaftl. Nutzungen, 4. Berl. 30. Haude e 24 fr

Balthasar, A., ökonomisch-juristische Anmerkungen über Schwebers Traktat von Anschlagung der Güter in Pommern u. Greifswalde, 8. 39. e 20 fr

Banquier, der, ob. Anweisung, was ein Banquier in seinem Negotio zu beobachten hat, 2 Thle, 4. Nberg 33. Raspe B h 3 fl 30 fr

Barbarets Abhandl über die epidemischen Krankheiten des Viehes, 8. Wittenb. 70. Gimmermann h 30 fr

Barba, A. A., Bergbüchlein von der Metallen und Mineralien Ursprung, m. Fig. 8. Frft. 39. Fleischer. d 15 fr

Bar-

Barba Probier- und Schmelzkunst, 8. Wien 67. Kruus m 45 kr
Barkhausen, H. L. W., Briefe über die Policey des Kornhandels, 8. Lemgo 73. Meyers f 30 kr
Barings, b. E., physikalische Nachricht von dem Getränk Brühan, 2 Stück, 4. Hannov. 50. 51. Hellwings c 15 kr
Bartlets, Pharmacopee, oder Apotheke eines Roßarztes, mit Anmerkungen, v. d. W. H. G. Buchholz, 8. Weimar 78. Hofmann q 1 fl 12 kr
Bartsch, Joh. Heinr., ökonomische, theoretische und practische Handgriffe, 8. Berl. 70. Winters d 20 kr
Bau, von dem, auf Steinkohlen, m. K. 8. Mannh. 68. Löffler k 40 kr
Baudeau, Herrn Abbe, kleine Abhandlungen, über das erste und vornehmste Bedürfniß des Volks, gr. 8. Bern 69. Societ. m 45 kr
Bauder, J. F., Abhandl. von der besten Art den Hopfen zu bauen, 4. Altorf 77. Autor e 20 kr
Bäumlers mitleidiger Arzt gegen alle Kranke, 8. Frft. 80. Brönner q 1 fl
- - präservirender Arzt, oder Anweisung, sich durch Diät bey guter Gesundheit zu erhalten, 8. ebend. 64. derf. q 1 fl
Bauer, der kluge, oder ein Buch für den Bauer u. Landmann, 1r Thl, 8. Leipz. 85. Beer m 54 kr

Baumann, M. N., von Verbeſſerung der
 Niederöſterreichiſchen Landwirthſchaft, gr. 8.
 Wien 67. Trattner h 30 kr
- - Chr., der Seidenbau in Deutſchland, mit
 K. 8. Eichſtädt 84. q 1 fl
- - entdeckte Geheimniſſe der Land- und Hauswirthſchaft, 3 Theile, m. K. gr. 8. Wien 83.
 84. Gerold 1r u. 2r à A q 3r Thl q D 6 fl
- - auserleſenes Handbuch für den Landmann,
 oder 3r Th. des vorſtehenden beſonders gr. 8.
 ebend. 84. q 1 fl
Baumeiſter, der entlarvte, oder vortheilhafte
 Vorſchläge, wie man ſich im Bauen, vor
 den betrügeriſchen Bauleuten hüten könne,
 8. Erfurt 51. Ettinger b 10 kr
Baumers, J. F., Beſchreibung eines Stubenofens,
 mit 6 Kupf. 4. Berlin 68. Haude k 45 kr
- - Naturgeſch. aller Edelgeſteine, gr. 8. Wien
 74. Krauß h 30 kr
- - Naturgeſch. des Mineralreichs, mit Anwendung auf Thüringen, 2 Theile, m. K. 8.
 Gotha 63. Dietrich B 3 fl 36 kr
Baumé, A., Handbuch der Scheidekunſt, a. d.
 Franz. 8. Wien 75. Kurzböck m 45 kr
Baumeri, J. F., tract. oeconom. de apum cul-
 tura, 4. Erf. 70. Schneider in Leipz. b 8 kr
Baumhauers, M. P., Verſuch eines neuen u.
 wichtigen Lehrgebäudes der politiſchen Münz-
 wiſſenſchaft im Grundriſſe, 4. Hanau 66.
 Schulz m 45 kr

Baum-

Baumhauers jurist. Gedanken über das Recht
der Wiederbezahlung der Capitalien bei
Veränderung des Münzwesens, 8. Hanau 68.
Schulz d 15 kr
Baumzucht, die neue wilde, in einem alpha-
betischen und systematischen Verzeichnisse,
gr. 8. Leipz. 83. Müller f 30 kr
Bauernfreund, der, in Niedersachsen, 2 Thle,
8. Lemgo 75. Meyers m 54 kr
Bauffan de Bignon, des Herrn, Abhandl. über
die beste Art Oefen zu bauen, mit Kupf.
4. Berlin 66 Haude k 40 kr
Bauffens, Joh. Ger., Einl. zu den Berg-
rechten und Bergprocessen in Deutschland,
3 Theile, 4. Leipz. 40·42. Sommer. rar.
A. m 2 fl 45 kr
Bayley, W., theoretisch-praktisches Werk, die
Künste, Manufakturen und Handelschaft betreffend, ob. Abrisse und Beschr. nützlicher
Maschinen und Modelle, übers. 8. München
79. Fritz E. h 8 r
Beantwortung gegen Kretschmars Bedenken übe
die Bornische Acker- und Sämaschine, 4.
Berlin 88. Lange a 4 kr
— — nie aufgeworfener Fragen, die Verbesserung
der Landwirthschaft betreffend, 8. Bresl. 88.
Korn jun. d 15 kr
Beausobre, Ludw. von, Einleitung in die
Kenntniß der Politik, der Finanz- und
Handlungswissenschaft, 3 Theile, 8. Riga
73. Hartknoch B f 3 fl 24 kr

Be-

Bechers, Joh. Joach., kluger Hausvater und verständige Hausmutter, vollkommener Landmedikus, und Roß- und Vieharzt, m. Fig. 12. Leipz. 78. Junius   o 1 fl 8 kr
- - politischer Discours von den eigentlichen Ursachen des Auf- und Abnehmens der Städte und Länder, mit einem Hauptregister, 8. Celle 59. Gsellius   A y 3 fl 24 kr
- - neues Thier- Kräuter- und Bergbuch, m. 1200. Fig. Fol. Ulm   C 4 fl 30 kr

Bechstedt, J. C., vollständiges niedersächsisches Land- und Gartenbuch, 3 Theile, 8. Flensb. 72·73. Korte   B m 3 fl 45 kr

Bechsteins, J. M., gemeinnützige Naturgeschichte Teutschlands nach allen drei Reichen, für Forstmänner, Jugendlehrer und Oekonomen, 1r Band, m. K. gr. 8. Leipzig 89. Crusius   B u 5 fl 15 kr

Beck, J. Job., von der Obergerichtsbarkeit, Zentgerichte ꝛc. 4. Nberg 50. Grattenauer A h 2 fl
- - vom Recht der Gränzen und Marksteinen, 4. ebend. 59. idem.   u 1 fl 15 kr
- - vom Abschoß, Nachsteuer und Handlohn, 4. ebend. 39. idem.   q 1 fl
- - von der fürstlichen Obrigkeit, Forstgerechtigkeit und Wildbahn, mit Klingers Noten, 4. ebend. 49. Riegel   A q 2 fl 30 kr

Beckers, R. Z., Versuch über die Aufklärung des Landmanns, nebst Ankünd. seines Noth- u. Hülfsbüchleins für den Landmann, 8. Lpz. 86. h 36 kr
- - Noth- und Hülfsbüchlein für den Landmann, 8. Verf.   f 30 kr

Beckmanns, Joh. Gottl., Versuche und Erfahrungen von der Holzsaat, und Anweisung zur Forstwissenschaft, 3 Theile, 4. Chemnitz 77. Stößel   B h 3 fl 24 kr

- - Anmerkungen über Büchtings Beurtheil. von der Holzsaat, gr. 8. ebend. 70. derf.   b 8 kr

- - von der Einrichtung ökonom. Vorlesungen, 8. Göttingen 67. Boßigel   a 4 kr

- - Beyträge zur Oekonomie, Technologie, Polizey- u. Cameralwissenschaft, 11 Thle, gr. 8. Götting. 79-88. Vandenhök   D c 8 fl 15 kr

- - physikalisch-ökonomische Bibliothek, 16 Bände, 8. daf. 70-89.   N h 25 fl 36 kr

- - Grundsätze der deutschen Landwirthschaft, 3te Ausg. 8. daf. 80. Dietrich   A 1 fl 48 kr

- - deffelb. 4te Aufl. 8. ebend. 89. A h 2 fl 24 kr

- - Beyträge zur Geschichte der Erfindungen, 1r u. 2r Band, ieder in 4 Stücken à h, 8. Leipz. 80-88. Kummer   B q 4 fl

- - Anleitung zur Technologie oder zur Kenntniß der Handwerksfabriken, 8. Götting. 87. Vandenhök   A 1 fl 48 kr

- - Versuch einer Geschichte der Färbekunst, herausgegeben v. J. N. Bischoff, 8. Stendal 80. Franz   m 54 kr

- - Forst-Calender, oder Verzeichniß der Verrichtungen, die einem Forstmanne obliegen, gr. 8. Leipz. 67. Weidemanns   c 16 kr

- - Ebendasselbe, 2te vermehrte Auflage, gr. 8. ebend.   k 50 kr

Beckmanns Anleitung zur Handlungswissenschaft für Gelehrte, 8. Gött. 89. Vandenhöck h 36 kr

- - Grundriß zu Verbesserung der Flüsse, gr. 8. Göttingen 75. id. f 30 kr

- - Sammlung deutscher Landesgesetze, siehe Bergius.

Bedenken, ökonomisches, über allerhand in die Hauswirthschaft einschlagende Sachen, vom Nachtheil der Gehaue in den schwarzen Hölzern, 8 Stück, 8. Chemn. 57 . 60. Stößel q 1 fl

- - über die Frage: wie dem Bauernstande Freyheit und Eigenthum in den Ländern, wo ihm beydes fehlet, verschaffet werden könne? nebst einem Zusaz, 8. Frft. 59 . 52. Heinek g 30 kr

Begrif des gesammten Feldbaues aus du Hamels Anfangsgründen, 8. Stuttg. 64. Mezler A 1 fl 30 kr

- - der edlen Jägerey, 8. Nordh. 45. Groß k 40 kr

- - menschlicher Fertigkeiten, siehe Adelung.

Behams, J. F., Roßtäuscher- u. Fuhrmannsrecht, 4. Augsp. 45. Lotter f 24 kr

Behandlung, öconomisch-practische, des Kleebaues, nebst dessen vielfachen Nutzen, 8. Wittenberg 83. Zimmermann c 12 kr

Beherzigungen für diejenigen, welche sich dem Forsthaushalte widmen, 8. Lemgo 82. Meyer s 1 fl 20 kr

Beleh-

Belehrungen, wie Feld- und Landwirthschaften mit grossen Nutzen einzurichten sind, gr. 8. Freyberg 88. Craz h 24 fr
Bellbors, Herrn von, Architectura hydraulica, oder die Kunst, das Gewässer zu leiten, in die Höhe zu bringen, und vortheilhaft anzuwenden, 2 Theile in 24 Ausgaben, mit vielen Kupf. Fol. Augsp. 64. 70. Kletts
        Z M q 43 fl
Belloni, vom Commercien- und Münzwesen, a. d. Ital. 4. Lpz. 52. Gleditsch d 18 fr
Bells, W., Preisschrift von den Quellen und Folgen einer starken Bevölkerung, gr. 8. Wien 68.   c 12 fr
- - Ebendasselbe, gr. 8. Bern 62. Serini b 8 fr
Belustigungen, physikalische, 30 Stücke, 8. Berlin 51-57. Voß   B m 4 fl 30 fr
- - mineralogische, zum Behuf der Chemie und des Mineralreichs, 6. Bände, m. K. gr. 8. Kopenhagen 68-71 Faber Gq 11 fl 30 fr
- - neue physicalische, 3 Bände, m. K. gr. 8. Prag 70-74 Höchenberger Bq 4 fl
Bemerkungen, meine, über den Entwurf der patriotischen Gesellschaft in Schlesien, 4. Breslau 71. Korn h 30 fr
- - über die Schlesische Landwirthschaft, 4. Bresl. 78. Korn jun. f 24 fr
- - über den Cacao und Chokolade, 8. Naumburg 76. Flittner f 24 fr

Bemerkungen praktische, zur Forstwissenschaft, 3 Hefte, m. K. gr. 8. Frft. 783. Varrentrapp jun.   h 36 kr

- - über Neckers Finanzoperationen, gr. 8. Berlin 81. Decker   d 18 kr

- - über Rößigs Beantwortung der Comment. der G. R. Schubard von Kleefeld, gr. 8. Leipz. 786. Böhme   d 15 kr

- - praktische, die Geheimnisse der Haushaltungskunst betreffend, 10 Hefte, 8. Leipz. 785 - 789. Reußner   B m 4 fl 30 kr

- - der physikalisch - ökonomischen Gesellschaft zu Lautern vom Jahr 1769 - 1772. in 5. Theilen, 8. Mannheim, Schwan   F q 10 fl

- - derselben Fortsetzung vom Jahr 75 - 83. 8. à u 1 fl 24 kr. Ebd. ebend. Af. Buchhandl.   G m 12 fl 36 kr

- - dessen Fortsetzung siehe Vorlesungen.

- - über die Schädlichkeit der gewöhnlichen Hutung, 8. Berlin, 87 Wever   d 18 kr

- - ökonomisch - physikalisch - statistische über den Zustand des Landwesens in Ungarn gr. 8. Preßburg, 87 Mahler   in 45 kr

- - über den gegenwärtigen Zustand Grosbritanniens und über die Grundsätze der Verwaltung dieses Staats in Absicht auf die Beförderung des Ackerbaues, gr. 8. Königsberg, 82 Dengel   q 1 fl

- - über die Landwirthschaft und den Zehenden, 8. Frankf. und Leipzig 80   f 24 kr

Benekendorfs, von, Gesetzbuch der Natur für den wirthschaftlichen Landmann, 3 Theile, gr. 8. Halle, 86. 87. Waisenh.   D h 8 fl 40 kr
- - kleine öconomische Schriften, 2 Bände, 8. Küstrin, 84. Oehmigke   B 3 fl
- - theoretisch-praktische Anleitung zur neuen Forstwissenschaft, gr. 4. Berlin 83. Pauli
   C 5 fl 30 kr
- - systemat. praktische Abhandlung der Lehre von richtiger Bedüngung der Felder, 8. Küstrin 84. Oehmigke   m 45 kr
- - ökonom. jurist. Tractat von der Schäferey-Gerechtigkeit, deren Wirkungen und richtigen Gränzen, gr. 4. Berlin 84. Pauli
   v 1 fl 30 kr
- - Vergleichung der Märkschen und Pommerschen Landwirthschaftsarten mit der Schlesischen, gr. 8. Halle 786   h 40 kr
- - Gedanken über die Frage: Warum der heutige Landmann mehr arm als reich wird, gr. 8. das. 86. Waisenh.   k 50 kr
- - von Anlegung eines Obstgartens, gr. 8. ebend. 89. Meyer   d 18 kr
- - von Baumschulen, gr. 8. 89. ebend. d 18 kr
- - Ackerkatechismus, allgemeiner, für wirthschaftl. Beamten, 1r Theil, gr. 8. Breslau 76. Korn jun. A 1 fl 30 kr. 2r Theil, gr. 8. Küstrin 85. Oehmigke   A d 1 fl 45 kr
   2 Theile B d 3 fl 15 kr
- - Oeconomia controversa, oder Entscheidungen der verschiedenen in der Landwirthschaft vorkom-

vorkommenden ökonomischen Streitfragen, gr. 4. Berlin 87. und 88. Petit und Schöne
         D 7fl 12kr

- - Oeconomia forensis od. landwirthschaftliche Wahrheiten für Gerichtspersonen, 8 Bde, gr. 4. Berl. 75-85. Pauli Z A 44fl
- - ebendasselbe im Auszug, 2 Bände, gr. 4. ebend. 88-89.   I f 17fl
- - Beyträge zur Landwirthschaftskunst aus der Theorie und Erfahrung, 7 Bände, gr. 8. ebend. 76-83. ders.   O 21fl 36

Beobachtungen, von einigen Blumen von Broke f. Gärtenbücher.

- - physikalische, der Saamen-Thiergens, m. K. 4. Nürnb. 56. Monath   f 24kr
- - über das sogenannte Berliner-Blau, 8. Leipz. 80. Schwickert   b 10kr
- - Versuche und Erfahrungen über des Salpeters vortheilhafteste Verfertigungsart, nebst 2 Fortsetzungen, 8. Tübing. 83-86. Cotta
         B e 3fl 15kr

Benigsen, ökonomische juristische Abhandlung vom Anschlag der Güter, 8. Leipzig 771. Fritsch   m 54 kr
- - von Pacht und Verpacht der Güter, 8. ebend. 71.   m 54 kr

Berchs, Andr., Grundsätze der Polizey-Oekonomie und Cameralwissenschaften, a. d. Schwed. v. Schreber, 8. Halle. 63. Curt
        X 1 fl 36 kr

        Berech-

Berechnung des Bau- und Werk-Holzes, 2
 Theile, 8. Laubach 62. Fleischer . h 30 kr
Berga, W. E. von, neue Reitkunst, mit K.
 8. Tübingen 55. Cotta f 24 kr
Bergen, J. C., Anleitung zu Verbesserung
 der Viehzucht, gr. 8. Berlin 81. Lange
 u 1 fl 15 kr
Bergers gründliche Anweisung einen jungen
 Hühnerhund zu erziehen, 8. Weimar 87.
 Hoffmann b 10 kr
- - C. G. Dädalus, d. i. neue Erfindungen
 zum Vortheil der Schiffahrt, mit 3 Kupf.
 gr. 8. Berlin 81. Lange h 30 kr
Bergius, J. H. L., Cameralisten-Bibliothek,
 gr. 8. Nürnberg 62. Monath A q 2 fl 30 kr
- - Policey- und Cameralmagazin, 9. Theile,
 gr. 4. Frkf. 67-74. Andreä Q m 24 fl 45 kr
- - neues Policey- und Cameralmagazin, 6
 Bände, gr. 8. Leipzig 75-80. Weidmanns
 l 16 fl
- - Sammlung auserlesener Landesgesetze von
 Policey- und Kameralwesen, fortgesetzt v.
 Beckmann, 11 Alphabete, gr. 4. Frankfurt
 81-87. Andreä Ph 26 fl
Bericht, von denen knollichten, und esbaren
 Erdäpfeln, 4. Wolfenb. 47.
- - von Futter-Kräutern und dem welschen
 Korn, gr. 8. Zürich 64. Füßlin b 8 kr
- - über die Erfindung einer neuen Dresch-
 Maschiene, 8. Frft. 65. Brönner b 8 kr

C 2 Bericht

Bericht vom Bergbau, m. K. 4. Leipzig 72.
  Crusius   B 3 fl 36 kr
Berichtigungen berühmter Staats - Finanz - Ca-
  meralschriften s. Pfeiffer.
Berichtigung der Holzhausischen Hordenfütte-
  rung der Schafe zu Gröbzig, gr. 8. Leipzig
  87. Böhme   c 20 kr
Berkeleys, G., Nachricht vom Theerwasser,
  dessen Zubereitung und Gebrauch, 8. 45.
  Frankf. Eßlinger   b 8 kr
Bernhards, J. C., Abhandlung vom Wiesenbau, sowohl vom natürlichen als künstli-
  chen, 2 Theile, 8. Stuttgard 764. Mezler
                                       A m 2 fl 15 kr
- - Vorschläge zu einer wirthschaftlichen Policey der Dörfer, 8. ebend. 68. derf. f 24 kr
Bertrandts, M. J., Kunst die Wiesen zu wäs-
  sern, 8. Nürnb. 74. Stein   m 45 kr
- - Anfangsgründe des Landbaues, gr. 8. Bern
  75. Pfähler   h 30 kr
Berwald, J. G., vom Geschlecht der Pflanzen und der Befruchtung, 8. Hamburg 78.
  Herolds   b 8 kr
Beschreibung, einer Art Horn - Viehseuche, 8.
  Nürnb. 59. Felsecker   b 8 kr
- - verschiedener Maschienen, und eines Koch-
  und Brät-Ofens, m. K. gr. 8. Leipzig 72.
  Breitkopf   A d 2 fl 15 kr
- - einiger Futterkräuter, Fol. Breslau, 69.
                                       b 8 kr

Beschreibung von der Urſache der Viehſeuche,
8. Roſtock 66.   b 8 kr

– – von Großbrittanien, nebſt einer Geſch.
ihrer Handlung und Seemacht, m. K. 8.
Berlin 70. Mylius   A h 2 fl 30 kr

– – eines Pferdes nach ſeinen Tugenden, Mängeln und Krankheiten, aus dem Engl. gr. 8.
Leipzig 66. Heinſius   c 12 kr

– – des verbeſſerten Berg- und Erdbohrers,
8. Wien 70. Gräffer   f 24 kr

– – einer ganz neuen Erfindung, allerley Arten
von Getrayde mit geringen Koſten und hal-
ber Ausſaat auszuſäen, 4. Frft. und Leipz.
52.   d 15 kr

– – des Meisniſchen Obererzgebürges, m. Kupf.
8. Leipz. 47. Junius   A h 2 fl 24 kr

– – der Gewichten und Maaßen der Landſchaft
Zürch, gr. 8. Zürch 65. Füßli   b 8 kr

– – der holländ. Kleymühlen und des Endzwecks
der bleyernen Büchſen bey Verfert. des
waſſerdichten Mauerwerks, gr. 8. Dresden
77. Gerlach   b 8 kr

– – genaue, einer Inoculation der Rindviehſeuche, 8. Bützow 79. Bödner   d 15 kr

– – einer neu erfundnen Hebmaſchiene zum
Ausrotten der Stämme in den Waldungen,
gr. 4. Manheim 80. Schwan   d 15 kr

– – eines Mittels, die gefährlichſten Feuersbrünſte geſchwind zu löſchen, 8. Cölln 77.
                                b 8 kr

Beschreibung, welchergestalt Theer- und Kohl-
öfen einzurichten sind, m. K. 8. Lüneburg
80. Lemke   h 30 kr
- - der Handlung der vornehmsten europäischen
Staaten, 1ten u. 2ten Theils 1ste u. 2te Abtheil. gr. 8. Liegnitz 779. 782. Siegert
                                       A y 3 fl
- - einer neuen Erfindung einer Ackermaschie-
ne, 4. Nürnb. 53. Raspe   d 15 kr
- - einer angewandten Inokulation der Hornviehseuche in Meklenburg, 8. Wißmar 79.
                                       a 4 kr
- - einer sehr vortheilhaften Kartoffel-Mühle,
gr. 8. Bremen 82. Förster   c 12 kr
- - des sehr nuzbaren Baues des türkischen
Waizens in Steyermark, 8. Dresden 83.
Gerlach   b 8 kr
- - vollständige, wie der Hanf im Stifte Osnabrück gebauet wird, 8. Detmold 87. Helwing   b 10 kr
- - einer sehr vortheilhaften Nelken- und Au-
rikel-Stellage, 8. Freyb. 88. Craz   f 24 kr
- - der Holzfärberey, 8. 87. Böhme   d 15 kr
- - der Cattun- und Leinwands-Druckerey in
8. 87 ebend.   f 24 kr
- - einer Korndörr-Maschiene in Wien, mit
K. gr. 8. Wien 88. Trattner   m 45 kr
- - der Eisenberg- und Hüttenwerke zu Eisenärz in Steyermark, gr. 4. ebend. 88.
Wappler   A 1 fl 30 kr

Beſchreibung von Gärten zur Ehre deutſcher Kunſt und deutſchen Geſchmackes, 8. Altona 84. Hellmann m 45 kr
Betrachtungen über landwirthſchaftliche Dinge, 1ſter Band in 6 Stücken, 8. Stuttgardt, 67-69. Cotta s 1 fl 12kr
– – der Gold- und Silber-Fabriken, 8. Leipzig 66. Hilſcher a 4kr
– – ökonomiſche über die Leibeigenſchaft, 8. Wien 76. Kurzböck c 12kr
– – über die Contrabandiers in Frankreich, 8. Leipz. 56. Juntus c 15kr
– – über die Bauart der Privatgebäude in Deutſchland, m. K. gr. Fol. Augsburg 76.
 E 7fl 30kr
– – über die Rechenkunſt der deutſchen Beamten u. Einnehmer, 8. Nürnb. 79. Felſ. h 30kr
– – politiſche, über die Bevölkerung der Länder, 8. Dresden 83. Gerlach d 15kr
– – über die Folgen der Eröfnung der Schelde in Abſicht auf den Rhein-Handel und den Handel von Franken, Schwaben und der Schweiz. 4. Berl. 85. Nicolai q 1fl 12kr
– – über die Bergwerke, 8. Frkf. 42.
– – über das heutige Gartenweſen, ſiehe Gartenbücher.
– – über die Innungen ſ. Firnhaber.
– – deutſchen Patrioten heilig, 3 Theile 8. Riga 78. Hartknoch Cd 4fl 45kr
– – über die Bergwerke, 8. Berlin 43. Haude
 a 6kr
 Betting

Betting, K. E., der zum Beften des gemeinen Wefens in den Wohlftand verfezte Bauer, 8. Stuttgardt 70. Löfler   c 20kr

Beurtheilung der Frage: Ob es für einen Ackerbautreibenden Staat gerathener ſey, einen geſezlichen Kornpreis auf ein oder mehrere Jahre einzuführen? gr. 8. Göttingen 71. Vandenhök   d 18kr

Beuſt, Joh. Ernſt, von der Jagd- u. Wildbahnsgerechtigkeit aus alten Rechten ausgeſucht, mit Anmerkungen, 4. Gotha 748. Cröker   A q 3fl 1ßkr

– – von der Münzgerechtigkeit im römiſchen Reiche, 4. Jena 45. Gollner   q 1fl

– – Verſuch einer Erläuterung des Poſtregals im römiſchen Reiche, 3 Theile, 4. ebend. 47. Cröker   D q 7fl

Beweiß von dem itzigen ungemein ſchlechten Kornbau, und deſſen möglichen Verbeſſerung, 4. Berlin 48. Haude   c 15kr

– – daß das kaufmänniſche Rechnen eine Verbeſſerung verdient, ſiehe Hirt.

– – daß eine lange Fruchtſperre gegen die Schweiz den Schwäb. Creiß zu Grund richte, 8. Ulm 72. Stettin   b 8kr

Beuthers, J. E., Getraid-Maaß-Vergleichungstabellen, 8. Augsb. 72. Klett

– – tabellar. Vergleichung zu Daviiers Civilbaukunſt und Vignola Säulenordnung, 4. ebend. 78. Kilian   c 12kr

Beu-

Beuthers Gold- und Silbergewichts-Manuale,
gr. 8. Augsb. 74. Klett   e 20kr
- - Münzlexikon, gr. 8. ebend. 74. Stage k 30kr
- - erläuterte practische Rechenkunst, 2 Bände, 8. ebend. 68. Klett   u 1fl 15kr
- - Wechselrechnung, 8. ebend 62. derſ. c 12kr
Beyers, J. M., Theatrum machinarum molarium, oder Schauplatz der Mühlen-Baukunst, mit 43 Kupfern, gr. Fol. Dresd. 67. Walther   F 10fl
- - Aug., Unterricht vom Bergbau nach Anleitung der Markscheidekunst, vermehrt und verbessert, mit 52 K. gr. 4. Altenburg 85. Richter   G h 14 fl
Beyträge, Hannöverſche, zum Nutzen und Vergnügen von allerhand Sachen, deren Betrachtung dem gemeinen Wesen nöthig u. nützlich, vom Jahre 59-62. 4 Bände, 4. Hannover, Hellwing   Q 30fl
- - nordische, zum Wachsthum der Naturgeschichte, Haushaltungskunst und freien Künste, 4 Stücke, 8. Altona 56. Hellmann
            A 1fl 30kr
- - ökonomische, zur Beförderung des bürgerlichen Wohlstandes, 6 Stücke, 8 Stuttg. 67. Cotta   s 1fl 12kr
- - zur Oeconomie und dem landwirthschaftlichen Leben, 8. Cölln 66. Metternich e 20kr
- - neue, zur Cameral- und Haushaltungswissenschaft, 6 Stücke 8. Jena 69. Cuno
            A 1fl 48kr
        C 5   Bey

Beyträge zur Aufhebung der Gemeinheiten, 1ſte bis 4te Sammlung 4. Brandenb. 75 ‒ 78. Halle   A k 2fl 36kr

‒ ‒ zur Geschichte der Viehseuche in der Mark Brandenburg, 8. Leipz. 67. Fritſch f 30kr

‒ ‒ zur Geschichte der Hornviehseuche, in einigen Creiſen der Altmark, gr. 8. Stendal 77. Franz   m 54kr

‒ ‒ zur Geschichte der Rindviehseuche, im Hannöveriſchen, 8. Altenb. 76. Richter d 18kr

‒ ‒ problematiſche, zur Staatskunſt, in Hoffnung beſſerer Zeiten, 8. Lauban 73. Gutſch   h 30kr

‒ ‒ zur Finanz‒Gelahrheit überhaupt, vorzüglich in den Preußiſchen Staaten, 3 Jahrgänge, 8. Leipz. 79‒88. Breitkopf E 9fl

‒ ‒ zur Sittenlehre, Oekonomie, Arzneywiſſenſchaft, Naturlehre, 2 St. 8. Mannheim 70. Schwan   i 36 kr

‒ ‒ zur fernern Ausbildung des Lehrbegrifs für die Unterfinanz‒Aemter und deren Inſpectionsräthe 1ſtes u. 2tes Stück, gr. 8. Frankft. 785‒87. Horvath B h 3fl 30kr

‒ ‒ zur Oekonomie, Cameral‒ und Polizey‒Wiſſenſchaft, aus den Berichten eines Cameraliſten, gr. 8. Deſſau 782 Gel. Hbl. p 1fl

‒ ‒ zur Berathſchlagung über die Handlungsgrundſätze, 8. Roſtock 71. Koppe d 15 kr

‒ ‒ (Voigtländiſche) zur Policeykunde, 1ſtes u. 2tes St. 8. Hof 787. Vierling q 1fl

Beyträge,

Beyträge, Berliner, zur Landwirthschaftswissenschaft, s. Beneckendorf.

- - zur Sittenlehre, Oeconomie und Naturlehre, 4 Stücke, 8. Frkft. 84. Reisenstein
            q 1 fl

- - (monatliche) zur Bildung und Unterhaltung des Bürgers und Landmannes, 1ster Band und 2ter Band, 1s bis 4s Stück, gr. 8. Prag 83. Gerle   B u 4 fl 15 kr

- - zur Oekonomie von C. G. R. 8. Bayreuth, 81. Lübeck   f 24 kr

- - zur bürgerl. Geschichte der Cultur, zur Naturgeschichte, Naturlehre und dem Feldbau, aus den Schriften der Brüßler Akad. herausg. v. J. C. Adelung, gr. 8. Leipzig 83. Weygand   A 2 fl

- - zur Forstwissenschaft aus der praktischen Geometrie von C. W. H. mit 11 Kupf. gr. 8. Leipz. 83. Crusius   A h 2 fl 24 kr

- - zur Salzkunde aus der Schweiz, m. K. 1ster Abschnitt, gr. 8. Winterthur, 84. Steiner   h 30 kr

- - zur Geschichte der Wurmtrockniß in der Harzgegend im Jahre 1779-83. 8. Frft. 787. Fleischer   c 12 kr

- - technolog. zur Kenntniß des Salpeterfraßes, 8. Tübingen 88. Cotta   f 24 kr

- - (praktische) für Freunde der Oekonomie, Cameral-Wissenschaft, Arzneikunde gr. 8. Lpz. 89. Hilscher   m 45 kr

Ben-

Beyträge, auserlesene, zur Thierarzneykunst 1 stes.
4s St. 8. Lpz. 88. Weidmanns B h 4 fl 40 kr
Bibliothek (italiänische) oder Samml. kleiner
Abhandl. zur Naturgeschichte, Oekonomie
und Fabrikenwesen, aus ital. Wochenschrift.
2 Bände gr. 8. Leipz. 77   B 3 fl 48 kr
- - (ökonomische) 8. 67. Caßel Cramer b 8 kr
Bidets Abhandlung vom Anbau und Verbesserung des Weinstocks, 8. Leipzig 754. Crusius   b 10 kr

Bienenbücher.

Abhandlungen und Erfahrungen der physikal.
öconomischen Bienengesellschaft in der
Oberlausitz, 4 Samml. vom Jahre 766.
69. gr. 8. Dresd. 66 - 72. Walther
                                   A 1 fl 45 kr
- - und Erfahrung der Fränkischen physika-
lisch-öconomischen Bienengesellschaft auf
die Jahre 770-73. 4 Theile, 8. Nürnb.
70-74. Zeh   B h 3 fl 30 kr
Albrecht, zootomische Entdeckungen von der
innern Einrichtung der Bienen, 8. Gotha
75. Ettinger   b 10 kr
Anleitung, zur Bienenzucht, 8. Hannov.
66. Hellwing   c 15 kr
- - katechetische, zur Bienenzucht, 8. Frankf.
775. Garbe   f 24 kr
- - für das Landvolk, in Absicht auf die
Bienen, 8. Presb. 84. Löwe   h. 30 kr

Bienenbücher.

Anleitung zu einer nützlichen Bienenzucht, m. K. 8. Tübingen, 85. Heerbrandt m 45 kr
– – Anmerkungen, zur Verbesserung der Bienenzucht, gr. 8. Dresd. 73. Gerlach d 15 kr
– – Nachtrag dazu gr. 8. ebend. 74. b 8 kr
– – 2ter Nachtrag aufs J. 79. gr. 8. ebend. 80. b 8 kr
– – zur Verbesserung der Bienenzucht, aufs J. 76 – 78. gr. 8 ebend. 79. d 15 kr
Anweisung, kurze, zur Bienenzucht für den Landmann, 8. Ansp. 79. Haueisen b 8 kr
Arbeiten, gemeinnützige, der Bienengesellschaft in der Oberlausitz, 2 Bände, m. K. gr. 8. 773 – 76. Hartung A h 2 fl
Aufmunterung des Landmannes zur Bienenzucht, m. K. 8. Carlsruhe 71. Macklot c 12 kr
Baumers, Bienenpflege, mit Cyrichs Anmerkungen, 8. Anspach 74. Haueisen 20 kr
Beantwortung zweier Schreiben über die Bienenzucht, 8. Dresd. 75. Gerl. d 15 kr
Bemerkungen der physikal. ökonom. Gesellschaft zu Lautern, 2 Thle 8. Mannh. 70. Akad. Bhdl. k 40 kr
Betrachtungen, natürliche wirthschaftliche, der Bienen, 8. Leipz. 55. Hilscher d 15 kr
Bienenbuch, neues, 8. Stendal, 79. Franz b 10 kr
Biene, die nützliche, oder Anweisung wie man die Bienen vermehren, erhalten und benützen könne, 8. Frft. 71. Eßlinger h 30 kr

Bienen-

Bienenbücher.

Bienenvater, der sächsische, oder Palteau Bienenzucht, übers. von Schirach, m. K. 8. Zittau 66. Spickermann A 1 fl 45 kr

Bienenzucht, von der besten, 3 Preißschriften, Manheim 79. Löflet f 24 kr

Bromwich, B. P., geübter Bienenwärter, 8. Leipz. 85. Hilscher f 24 kr

Christ, J. L., Bienenkatechismus fürs Landvolk, m. 1 K. 8. Frft. 84. Fleischer 1 36 kr

— — Anweisung zur nützlichen und angenehmen Bienenzucht für alle Gegenden, m. K. 8. Lpz. 80. Fleischer u 1 fl 15 kr

— — Ebendasselbe 2te verbess. Aufl. gr. 8. Ebd. A 1 fl 30 kr

Erläuterung, ausführliche, einer Bienen Hiäne, 8. Breslau 76. Löwe a 4 kr

Eyrichs Unterricht zur Verbesserung der Bienenzucht, 8. Nürnb. 74. Zeh b 8 kr

— — Entwurf zur vollkommensten Bienenpflege für alle Landesgegenden, m. K. 8. Nürnberg 71. Zeh e 20 kr

— — J. L., Entwurf der Bienenpflege, 8. Frft. 68. Spickermann d 15 kr

— — Plan der Fränkisch-öconomischen Bienengesellschaft, 8. Anspach 768. Haueisen m 45 kr

— — Winterung der Bienen, 8. Nürnberg 74. Zeh e 20 kr

Eyrichs

Bienenbücher.

Eyrichs Bienencalender oder Handleitung, wie die Zucht in Körben durchs ganze Jahr zu behandeln, 8. Nberg 80. Zeh f 24 kr
Gedanken über die 3 Geschlechtsgattungen der Bienen, 8. Bayr. 87. Lübecks c 12 kr
Gedde, J., vollkommener Bienenmeister, 8. Leipzig 55. Hilscher c 12 kr
Geschichte meiner Bienen, und derselben Behandlung, gr. 8. Leipz. 88. Haug q 1 fl
- - der Churfächf. Bienengefellschaft, 8. Budiffin 75. Deinzer b 8 kr
Gleditsch, Joh. Gottl., Betrachtungen über die Beschaffenheit des Bienenstandes in der Mark Brandenb. gr. 8. Riga 69. Hartknoch s 1 fl 12 kr
Griesingers, Joh. Im., vollständiges Bienenmagazin, mit Kupf. 8. Ulm. 769. Korn S. B 3 fl
Grüsells, J., Brandenburgische Bienenkunst, m. K. 8. Berl. 73. Wever v 1 fl 15 kr
Grundsätze der Bienenzucht, 8. ebend. 73. Decker f 30 kr
Hampel, Chr., praktische Anweisung zur Bienenmagazinzucht, 8. Franff. 84. Zeh h 30 kr
Hase, Carl Ludw., Anweisung zur verbesserten Bienenzucht, 4 Theile, 8. Berlin 71-73. Realschule A k 2 fl 36 kr

Herold,

Bienenbücher.

Herold, F., Muthmassungen von den Drohnen unter den Bienen, 8. Nürnb. 74. Zehe   e 20 kr

Hirschs, J. C., fränkischer Bienenmeister, 8. Anspach 67. Haueisen   h 30 kr

Höflers, C., Anweisung zur Bienenzucht, m. K. 8. Leipz. 73. Junius   f 30 kr

Hölscher, H. C. C., Erfahrungen von der Bienenzucht, gr. 8. Hannov. 80. Schmidt   f 24 kr

Jacobi, N., Bienenbüchel, 8. Schleiz Maufe   b 8 kr

Jansch, J. A., praktische Bienenpflege für den Landmann, m. Kupf. und Fig. gr. 8. Prag 89. Widtmann   q 1 fl

Janscha Lehre von der Bienenzucht, 8. Wien 74. Gerle   m 45 kr

— — vom Schwärmen der Bienen, 8. Wien 74. Kurzbök   f 24 kr

Kästners, A. G., Sammlung die Bienenzucht betreffend, 8. Gotha 66. Ettinger   q 1 fl 12 kr

Kochs, J. H., erfahrner Bienenwirth, 8. Sondersh. 47. Bock   c 15 kr

Korsemka, A., Unterricht von der Bienenzucht in Bayern, mit Kupf. 8. 71. Stein   h 30 kr

Kortums, Bienenzucht, 8. Wesel 76. Heinsius   s 1 fl 12 kr

Bienenbücher.
 Kortums Beantwortung einiger Anmerkungen von Herrn Riem, 8. Münster 81. Perrenon   h 8 kr
Kräutermanns, V., wohlerfahrner Bienenwirth, 8. Arnstadt 62. Bäumelburg d 15 kr
Kratzers physikalischer Discours über die Bienenzucht, 8. Wien 74. Kurzböck   h 30 kr
Krünitz, das Wesentlichste der Bienenzucht, gr. 8. Potsdam 83. Pauli   A 1 fl 48 kr
Kurella, M., kurzer Entwurf der alten u. neuern Bienenzucht in Preussen, 8. Königsberg 72. Hartung   b 8 kr
— — practische Bienenzucht, 8. Mietau 73. Hinz   f 24 kr
Limburg, Beschaffenheit der Raubbienen, 8. Langensalza 76. Schneider   c 12 kr
Lob der Bienen, und von der Ortenauischen Bienenpflege, 8. Frkf. 86. Hermann   c 12 kr
Lüttichau, M. H. v., katechetischer Unterricht für Bienenfreunde, nebst einem Verzeichniß von Bienenbüchern, gr. 8. Dresden 82. Gerlach   m 45 kr
Martini, C. F., das Ablegen der Bienenstöcke erklärt, m. K. 8. Leipz. 81. Haug   h 30 kr
Müller, J. M. C., Oesterreichischer Bienenmeister, 8. Ulm 83. Mösle   h 30 kr
Neidhart, Bienenzucht, 8. Nürnberg 74. Zeh   k 40 kr

Bienenbücher.

 Nelbhart, Zusätze und Verbesserungen dazu, m. K. 8. ebend. 78. derſ.   i 36 kr

 Nickels, J., Unterricht von Wartung der Bienen, 8. Schleiz, Mauke   d 15 kr

 Overbeck, Joh. Ad., Bienenwörterbuch, gr. 8. Bremen 65. Förſter   h 30 kr

 Palteau, von Mez, ſächſiſcher Bienenvater, ſiehe Bienenvater.

 Picii, A., nützliches Bienenbuch, 8. Prenzl. 50. Ragoczi   b 8 kr

 Plan und Grundſätze der zu Lampertswalde errichteten Bienengeſellſchaft, 8. 39.   d 15 kr

 Pöſel, J., Unterricht für die Wald- und Gartenbienenzucht, m. K. 8. München 84. Strobel   u 1 fl 15 kr

 — — practiſcher Bienencatechismus, m. K. 8. ebend. 87. derſ.   h 30 kr

 Rambohr, J. E., Abriß ſeines Magazinbienenſtandes nebſt deſſen Behandlung, gr. 8. Gotha 79. Ettinger   f 30 kr

 Reaumur von, ökonomiſche Abhandlungen von Bienen, m. Kupf. 4. Nürnberg 59. Göbhard in Bamberg   A h 2 fl

 Reinharts, J. J., Baden-Durlachiſcher Bienenvater, 8. Anſpach 71. Haueiſen   f 24 kr

 Riems, Joh., Bienenbibliothek 1 Band 1ſte h. 2te m. 3te Lieferung k. u. 2r Bd. u. g. Breſl. 76. 78. Löwe   B b 3 fl 8 kr

           Riems,

Bienenbücher.

Riems Bienenschriften, 1r B. oder der Bienenbibl. 3r Band, 8. Dresd. 87. Breitkopf k 45kr

- - Bienenpflege, zum Nutzen aller Landesgegenden, mit Kupf. 8. Mannheim 71. Schwan h 30kr

- - entlarvter Wildmann, 8. Berlin 774. d 15 kr

- - Fundamentalgesetze einer Koloniebienenpflege, 8. Mannheim 775. Schwan s 1 fl 12 kr

- - Entwurf für Actienbienengesellschaften, 8. Bresl. 77. Löwe d 15 kr

- - Verwandlung der Modebienengesellschaften in Dorfbienengesellschaften, 8. Mannheim 73. Schwan b 8 kr

- - Grundsätze der schlesischen Bienenpflege, 8. Bresl. 78. Löwe d 15 kr

Schiotte, Bienenzucht im Dänischen, 8. Kopenhagen 56. Rothe d 15 kr

Schirachs, A. G., Oberlausitzische Bienenvermehrung, oder junge Bienenschwärme in Wohnstuben zu machen, 8. Budißin 61. Drachstädt b 8 kr

- - Erläuterung der Kunst, junge Bienenschwärme oder Ableger zu erzielen, mit K. 8. ebend. 70. Deinzer h 30kr

- - Melito-Theologia, oder Verherrlichung der wundervollen Biene, m. K. gr. 8. Dresden 67. Walther A 1 fl 45 kr

Bienenbücher.
- Schirachs sächs. Bienenvater s. Bienenvater.
- - Abhandl. von Bienen für alle Landesgegenden, 8. Zittau 88. Schöps   c 12 kr
- - Schirachs, bayerischer Bienenmeister, gr. 8. München 70. Lentner   m 45 kr
- - Sächsischer Bienenmeister, 8. Lpz. 84. Schneider   c 12 kr
- - allgemeiner Bienenvater, 8. Zittau 78. Schöps   q 1 fl
- - Waldbienenzucht, m. K. gr. 8. Breslau 74. Korn jun.   A 1 fl 30 kr

Schmidts, F. G., Bienenbau in Körben, oder Niedersächsischer Bienenvater, 8. Leipz. 68. Crusius   h 36 kr

Schubarts, J. R., nüzliches Bienenbuch, 8. ebend. 54. Frommann   d 18 kr

Scopoli, Joh. Ant., Abhandlung von den Bienen und ihrer Pflege, 8. Wien 86. Stahel   f 24 kr

Spitzners praktische Anweisung zur Bienenzucht in Körben, 8. Leipzig 75. Böhme   h 30 kr
- - Anweisung vorliegende Bienenschwärme ohne Nachtheil der Alten abzutreiben, 8. ebend. 77. derf.   b 8 kr
- - ausführliche Beschreibung der Korbbienenzucht im sächsischen Churkreise, m. K. gr. 8. ebend. 88. Junius   A d 2 fl 15 kr

Sprengers, B., Einleitung in die neuere Bienenzucht, 8. Stuttg. 73. Metzler   h 30 kr

Steiners,

Bienenbücher.

Steinmetz, J. G., physikalische Untersuchung von den verschiedenen Geschlechtsarten der Bienen, 8. Nürnb. 72. Zehe h 30 kr

- - J. F., Anmerkungen über Riem und Korsemka Bienenanstalten, 8. ebend. 74. ders. f 24 kr

- - physikalische Abhandlungen von den verschiedenen Geschlechtsarten der Bienen, 8. ebend. 80. ders. f 24 kr

v. Stoixner, L., Abhandlung von der Bienenzucht, 8. ebend 89. Stein k 40 kr

Thorley, J., von der Natur der Bienen, 8. 65. m 45 kr

Unterricht für den Nass. Landmann wegen der Bienenzucht in Magazinen, m. Kupf. 8. Carlsruh 71. Maklott c 12 kr

- - catechetischer Bienenfreunde, m. 1 Kupf. 8. Dresden 82. m 54 kr

Voigt, J. C., physikalische Bemerkungen über die Bienen und ihre Faulbrut, 8. Schwarzach 75. Zeh b 8 kr

Warders, J., Monarchie der Bienen, 8. Hannover 21. Hellwing f 28 kr

Wildmann, Th., Abhandlung von der Wartung der Bienen, m. K. nebst Geschichte der Wespen und Hornissen, gr. 8. Kopenhagen 69. Proft q 1 fl

Bienenbücher.

Wildmann, Dan., Anleitung wie die Bienen das ganze Jahr hindurch zu behandeln, m. K. 8. Hannov. 82. Helwing d 18 kr

Bierbrauer, der vollkommene, oder Unterricht alle Arten Bier zu brauen, 8. Leipzig 84. Wendler   h 30 kr
Bignon, Abhandlung über die beste Art Oefen zu bauen, für Ziegel, Kalk und Töpferarbeit, eine Preisschrift, m. Kupf. 4. Berlin 66. Haude   k 45 kr
Billings, Row., Nachricht vom Anbau der gelben Möhren, zur Fütterung und Mästung des Viehes, 8. Frft. 67. Raspe   b 8 kr
Binders, P. F., Anweisung zu Bereitung des Trauben-Kern Oels, 4. Stuttg. 87. Cotta   b 8 kr
Birkholz, J. C., öconomische Beschreibung aller Arten Fische, 8. Berl. 70. Lange b 8 kr
Bischof, J. N., Versuch einer Geschichte der Färberkunst, mit einer Vorrede von J. Beckmann, 8. Stendal 80. Franzen m 54 kr
Blochs, M. E., ökonomische Naturgeschichte der Fische Deutschlands, mit gemahlten K. 3 Bände gr. 4. Berlin 81-85. Realschule   ZZO 108 fl
- dieselbe in gr. 8. mit verkleinerten Kupf. Ebend.   R 30 fl
Blochs, J. A., Lehrbuch der Landwirthschaft, in 4 Theilen, 8. Lpz. 74. Jacobäer A 1 fl 48 kr

Blochs

Blocks Ursachen der Theurung der Lebensmittel, 8. Wittenb. 71. Zimmermann b 8 kr
– – 25 für den Staat intereſſante Aufgaben, 8. Berlin 76. Decker m 54 kr
Blonds, Alex, Kunſt-Pracht- und Luſtgarten, ſammt deren Auszierung wohl anzulegen; m. K. gr. 8. Augsb. 64. Felſeckers A m 2fl 15 kr
Bloß, M. J. E., Unterricht, durch Hopfen-Spargel- und Merrettigbau vielen Nutzen ziehen zu können, 8. Leipz. 88. Böhme d 15 kr
– – Anweiſung, den Flachs-Hanf- und Hirſenbau mit Vortheil zu betreiben, 8. ebend. 88. derſ. f 24 kr
Blumengarten, der im ſchönſten Flor ſtehende, oder Abbildungen der lieblichſten Blumen in illum. Kupfern, 2 Theile Fol. Nürnberg 67. 77. Wirſing Z Z 60 fl
Blumenſcheins, M. G., Sammlung practiſcher Heilungs-Arten aller Viehſeuchen, 8. München 87. Strobel h 30 kr
– – vollſtändiger Unterricht für den Landmann ſich bey herrſchenden Viehſeuchen und andern Krankheiten des Viehes zu verhalten, ebend. 87. Lentner m 48 kr
Bob, F. S., Syſtem der Policeywiſſenſchaft, 8. Freyberg 79. Wagner h 40 kr
Bode, J. H., berechnete Entwürfe über Einrichtung der Sterbekaſſen, 8. Zelle 87. Richter f 24 kr

Böbel, J. G., praktische Feldmeßkunst für Land-Feldmesser, mit 4 Kupfern, 8. Tübingen 84. Heerbrandt   h 30 fr

Bocks, F. S., Versuch einer wirthschaftlichen Naturgeschichte von Ost- und Westpreussen, 5 Bände 8. Dessau 83-85. Gel. Handlung   K 20 ß

– – kurze Naturgeschichte des Preuß. Bernsteins, 8. Königsb. 66. Hartung   f 24 fr

– – vollständige Natur- und Handlungsgeschichte der Heringe, zum Nutzen und Vergnügen, 8. ebend. 69. derf.   d 15 fr

Böcklin, Hrn. von, von Ursprung, Vorzügen und Hindernissen des Getraidebaues, 8. Frankf. 86. Herrmann   f 24 fr

Böckmanns, J. L., Wünsche und Aussichten zu Vervollkommnung der Witterungslehre, 8. Carlsruh 78. Maklott   b 8 fr

– – über die Blitzableiter, 8. ebend. 82. Schneider   e 20 fr

Boecleri, H. A., Architectura curiosa nova c. fig. gr. Fol. Norimb. 701. Monath D 6 ß

Böhmens, M., Roßarzneybüchlein, 8. Prenzlow 40.   d 18 fr

Böhmers, G. A. Handbuch der Naturgeschichte, Oekonomie ꝛc. Ir B. 1r u. 2r Th. à A q IIr B. 1r u. 2r Th. B m IIIr B. 1r Th. A q 2r Th. A m IVr B. 1r Th. A h 2r Th. A. — Vr B. A u   N d 23 ß 45 fr

Böhms,

Böhms, E., Anleitung zur Meßkunst auf dem Felde, m. Kupf. 4. Frankfurt 79. Brönner
        A q 2 fl 30 kr

Börners, J. C. H., Land- und Stadtwirthschaft, nach ihren ersten Grundsätzen, 8. Halle 69. Renger   d 20 kr

- - Land- und Stadtwirthschaft, weiter ausgeführt, 2 Bände gr. 8. ebend. 72. Gebauer
        A q 3 fl

- - sämtliche Cameral-Wissenschaften, gr. 8. ebend. 73. dersf.   s 1 fl 30 kr

- - Gutachten die Abwendung und Kur der Hornviehseuche betr. 8. Leipzig 68. Günther
        c 15 kr

- - J. C. H., Sammlung aus der Naturgeschichte, Finanz-Oeconomie- u. Cameral-Wissenschaft, 1ster Theil, gr. 8. m. K. 8. Dresden 74. Hilscher   A f 1 fl 54 kr

Börths, Joh. Evangelista, über die Natur, Beschaffenheit und Heilung des Roths ob. fliegenden Brandes beym Viehe, gr. 8. Chur 83. Otto   f 24 kr

Böse, Chr., General-Haushaltungsprincipia v. Berg-Hütten-Salz- und Forstwesen, Fol. Kopenh. 53. Rothe   q 1 fl

Bösens, Jobst, Anleitung zum Wasserbau für Landleute so an Flüssen wohnen, m. K. gr. 8. Göttingen 69-75. Vandenhöck i 40 kr

- - fernere Anleitung zum Wasserbau für Schlachtmeister, haltbare Packwerke anzulegen, m. K. gr. 8. ebend. 75.   c 15 kr

Bösens Heb-Maschiene, womit man Bäume mit ihrer Wurzel aus der Erde heben kann, m. K. 8. ebend. 71. Boßiegel e 20kr

v. Böttcher, J. G., Betrachtungen über die Hornviehseuche, a. d. Dänischen, 8. Kopenhagen 47. Rothe c 12kr

Böttcherkunst, die, siehe Schauplatz der Künste und Handwerker.

Bohns, G. C., wohlerfahrner Kaufmann, 2 Theile, gr. 8. Hamb. 62. Bohn B 3fl

- - dessen 5te vermehrte Aufl. v. Ebeling, gr. 8. ebend. 89. derf. C h 6fl

- - neu eröfnetes Waarenlager, gr. 8. ebend. 62. derf. A f 2fl

- - Waarenlager od. Produkten- u. Waaren-Lexikon für Kaufleute, 2te vermehrte Auflage, gr. 8. ebend. 88. derf. A f 2fl 15kr

Borhets, G. H., Entwurf einer Anweisung zur Landbaukunst, gr. 8. Götting. 79. Vandenhöck q 1fl 12kr

Borke, H. A. Gr. von, Beschreibung der Stargartschen Wirthschaft in Hinterpommern, nebst Wedels Vorlesung darüber und Erkstädts Beschreibung der Hohenholzischen Wirthschaft, nebst Plans, 4. Berlin 79. A m 2fl 45kr

- - eben dieses, 2te vermehrte Aufl. gr. 8. Berlin 83. Pauli A 1fl 48kr

- - eben dieses, ohne Anhang und Plans, 8. Breslau 78. Löwe h 30kr

Borne,

Borne, von der, Beschreibung einer ganz neuen Erfindung von einer Pflug- und Sä-Maschiene, 2 St. mit Kupf. 4. Berl. 53. Haube · o 24 kr

Born, Ign. v., über das Anquicken der gold- und silberhaltigen Erze, Rohsteine, Schwarzekupfer und Hüttenspeisen, m. Kupf. gr. 4. Wien 86. Wappler F 9 fl

– – physical. Arbeiten der einträchtigen Freunde in Wien, 1r Jahrg. in 4 Stücken à u 2r Jahrg. 1. 2s à u 3s Stück. A d gr. 4. ebend. 83-88. derf. F d 9 fl 15 kr

– – Beantwortung gegen Kretschmers Bedenken über seine neu erfundene Acker-Maschiene, 4. Berlin 53. b 8 kr

Bornemanns, Ch. E., Versuch einer systematischen Abhandlung von den Kohlen, mit Kupf. 8. Göttingen 75. Dietrich b 10 kr

Borowsky, G. H., über Anpflanzung ausländischer Holzarten, zum Nutzen der Forsten, 8. Berlin 87. Schöne f 30 kr

– – Ideal einer prakt. ökonomischen Landesakademie, 8. ebend. 89. Hesse c 12 kr

– – über die besten in- und ausländischen Getraydearten und Futtergewächse, 8. ebend. d 15 kr

Bossens, Aur., geschickter Baumeister, Zeichnungen zu verfertigen, Steine richtig zu hauen und damit zu bauen, mit Kupf. 4. Nürnb. 67. Monath A b 2 fl

Bour-

Bourgelats, Hr., Anfangsgründe der Vieh-
arzneykunst, oder von der Zergliederung des
Pferdes, 8. Danzig 72. Flörke   A 1fl 30kr
- - Supplement zu dem kurzen Begrif von der
Zergliederung des Pferdes, 8. Zerbst 73.
Zimmermann   d 15kr
Boutrolle, J. G., geschickter Viehhirte, 8.
Wittenberg 71. Zimmermann   e 20kr
Bouwinghausen, F. M., Beschreibung, das
aufgeloffene Vieh durch den Stich zu hei-
len, 8. Tübingen 76. Cotta   b 8 kr
- - Ebendasselbe, neue Auflage, 8. Nördlingen
89. Beck   d 15kr
- - Abhandlung von dem Unterschiede zwischen
der Druse und Strengel der Pferde, 8.
ebend. 76. derf.   d 15 kr
- - Anweisung wie die Pferde nützlich und am
besten zu beschlagen, nebst Heilung der Krankheiten des Hufs, m. K. 8. Stuttgard 81.
Mezler   A h 2fl
Brackens, H., Roßarzneykunst, gr. 8. Altenburg 58. Richter   o 1fl 8kr
Brahms, Alb., Anfangsgründe der Teich- u.
Wasserbaukunst, 2 Theile, m. Kupf. 4. Au-
rich 54. 57. Cramer in Brem.   A h 2fl
Brandts, G. H., Land- und Bauern-Do-
ktor, 2 Theile 8. Nberg 67. Ekebrecht k 30kr
Brandes, J. G., gutachtliche Vorschläge, wie
im Lüneburgischen und Hessischen in Lan-
des-Oekonomie-Angelegenheiten könne verfahren werden, 8. Hannov. 87. Schmidt u 1fl 15kr

Brand-

Brandweinbrenner, der geschickte, 8. Leipzig
45. Dyk c 15kr
Brandweinbrenner, nebst dem französ. und ita-
liän. Aquavit- und Olitätenmacher, 8. Sorau 69. Hebold f 24kr
Brandweinbrennerei, die, nach theoretischen
und praktischen Grundsätzen, 8. Erfurt 89.
Kayser c 12kr
Brasens, J. C., Gedanken über die jetzt ge-
suchte Vereinigung der Naturlehre mit der
Landwirthschaft, 8. Braunschweig 70. Schröder b 8kr
– – über den Nutzen öffentlicher Korn-Magazine, 8. ebend. 73. derf. c 12kr
– – vom Mayer-Wesen, dessen Nutzen oder
Schaden für den Staat, 8. Hannover 75.
Hellwing f 28kr
Brauer, der kunsterfahrne, und Mälzer, od.
prakt. Anweisung, herrlich Bier zu brauen,
8. Sorau 72. Hebold f 24kr
Brau- und Brandwein-Urbar, nach ökonomi-
schen Grundsätzen, gr. 8. Leipzig 87. Hertel
A d 1fl 45kr
Braumeister, der wohlerfahrne, 8. Frankfurt
61. Cröckers f 30kr
Brauns, J. W., Bemerkungen in der Landwirthschaft, m. K. gr. 8. Leipzig 86. Weid-
manns q 1fl 15kr
– – H. S., Vorschläge zur Verbesserung der
Gemeind-Huthen, 4. Hof 85. Vierling a 4kr

Braun,

Braunschweigische Sammlung von ökonomischen Sachen, 8. 57. m 54kr

Breidenstein, J. P., Mittel, eine Fruchttheurung von einem Staat abzuhalten, 4. Frankf. 73. Brönner d 15kr

– – Naturgeschichte des Sperlings nebst Mittel ihn von den Feldern und Bäumen abzuhalten, 8. Gießen 79. Krieger f 24kr

– – Mittel, die Execution der Bauern wegen Bezahlung ihrer herrschaftlichen Gelder abzuwenden, 8. ebend. 82. derf. d 15kr

Breitschwerd, F. L. C. v., nach welchen Grundsätzen ist die Ein- und Ausfuhr der Waaren bei dem auswärtigen Handel zu leiten? 8. Stuttgard 79. Mäntler

Breuchel, Beschreibung des edlen Weinstocks und dessen Behandlung, 8. Frankfurt 81. Eßlinger h 24kr

Briefe über den Caffe, solchen aus Korn u. andern inländischen Gewächsen zu machen, 1ste Samml. gr. 8. Lpz. 68. Junius b 10kr

– – eines Frauenzimmers, die Waschmaschiene betr. 4. Regensb. 67. Montag h 30kr

– – über die Schiffarth und Handlung in Ungarn, Sclavonien und Kroatien, 8. Prag 83. Gerle c 12kr

– – über die Mittel, der Handlung aufzuhelfen, 8. Leipz. 76. Schneider e 20kr

– – an einen angehenden Landwirth, den Ackerbau betreffend, 8. Celle 86. Richter c 12kr

Briefe

Briefe über verschiedene Theile der Cameralwissenschaft, 1ster Theil gr. 8. Mainz 89. Sartorius   q 1 fl

– – eines Landedelmanns über Theurung und Mangel des Getraides, 8. Leipz. 72. Gollner   c 12 kr

– – über den schlechten Zustand des Landmanns, und über die Mittel ihn abzuändern, aus dem Englischen, gr. 8. Kopenhagen 69. Rothe   h 30 kr

– – über die Stallfütterung, 8. Bern 774. Haller   e 20 kr

– – ökonomische, über entdekte Betrügereien der Verwalter, 2 Theile 8. Leipz. 87. 88. Haugs   A h 2 fl

Briefwechsel zweyer Freunde, über die Zäunung und den Beschlag der Pferde, 8. Hannover 78. Hellwings   b 10 kr

– – die Landwirthschaft, insbesondere die Meklenburgische betreffend, 2 Theile, gr. 8. Schwerin 86.   B m 4 fl 30 kr

Brocke, H. C. v., Abhandlung u. Beantwortung der Frage: wie ohne Nachtheil der Festigkeit des Holzes, das Wachsthum der Forsten beschleuniget werden könne, eine Preisschr. gr. 8. Berl. 74. Realsch.   d 18 kr

– – wahre Gründe der physikalischen und Experimentalforstwissenschaft, 4 Thle, neue Auflage 8. Leipz. 88. Hilscher   C m 5 fl 15 kr

Urs

Brokt Beobachtungen von Blumen, siehe Gar-
tenbücher.
- - Widerlegung der Beurtheilung des
Oberforstmeisters von Wedel, wegen der
Frage von Vermehrung des Wachsthums
der Bäume in den Forsten, 8. Leipz. 77.
Hilscher   k 40 kr
Brownrings, Williams, Kunst-Küchensalz zu-
zubereiten, 8. ebend. 76. Junius   s 1 fl 20 kr
Brükmanns magnalia Dei in locis subterr. ob.
Beschreibung aller Bergwerke in allen 4
Welttheilen, mit Kupf. 2 Theile mit Suppl.
Fol. Braunschweig 27. Meisner   F 12 fl
- - von Edelsteinen, 2te Auflage gr. 8. ebend.
73. Schöbhl   u 1 fl 30 kr
- - gesammelte und eigene Beyträge zur Abh.
von Edelsteinen, 2 Theile, gr. 8. ebend. 78.
83. dies.   A 1 fl 48 kr
- - Bericht von Erdäpfeln, 4. ebend. 47.
                                b 10 kr
Brüels, F., gekrönte Preißschrift über die beste Art die Wälder anzupflanzen, 8. Kopenhagen 86. Proft   d 15 kr
- - Gr. von, Untersuchungen über verschiedene Gegenstände der Staatswirthschaft, 8.
Gera 83. Beckmann   f 24 kr
Bruhm, A. H. L., über die Stallfütterung
nach medicinischen Grundsätzen, a. d. Lat.
v. F. C. Schönemann mit Anmerk. v. Niem,
8. Dresd. 86. Breitkopf   b 10 kr

Bruns,

Brüchtings Unterricht zum Wechselrecht, 8.
Leipz. 47. Müller   e 24kr

Bruns, P. J., geographisches Handbuch in
Hinsicht auf Industrie und Handlung, neue
Aufl. gr. 8. Nürnb. 88. Weigel   A 1fl 30kr

Bryants, C., Verzeichniß der zur Nahrung
dienenden Pflanzen, a. d. Engl. 2 Theile,
gr. 8. Lpz. 85·86. Weidmanns   C 6fl

Buch, das, für die Handlung, od. neue Sammlung von Aufsätzen zur Aufklärung der Handlungswissenschaft, 8. Stuttgard 89. Mezler
    A 1fl 30kr

Buchans Hausarzneybuch, aus dem Engl. gr.
8. Altenb. 74. Richter   A q 3fl

v. Buchenblocks, Auszug aus Beckmanns Beschreibung der Holzsaat, 8. Zürch 60. Orell
    b 8kr

Buchers, M. G., Entwurf eines Landwirth-
schaftcalenders, gr. 8. Lpz. 76. Weidmanns
    c 15kr

Buchdrucker, der, ein Wochenblatt, v. Schwarz,
8. Hamburg 66. Holle   A 1fl 30kr

Buchhalter, der wohlerfahrne, 2 Thle Fol. Nürnberg 48. Monath   C h 5fl

Buchoz, P. J., Sammlung von Briefen zur
Erhaltung der Gesundheit, und durch den
Bau und die Erziehung der Gewächse, sich
in kurzer Zeit zu bereichern, 3 Theile, 8.
Nürnb. 72·74. Stein   A u 2fl 45kr

— — Abhandlung vom Federvieh, gr. 8. Münster 77. Perrenon   u 1fl 15kr

v. Buchwald ökonomische und statistische Reise durch Meklenburg, Pommern, Brandenburg und Hollstein, a. d. Dänischen von Heinze, m. K. gr. 8. Kopenhagen 86. Proft
A d 1fl 45kr

Bueck, J. N., Verzeichniß der bei ihm zu habenden Sträucher, Pflanzen und Saamen, 8. Bremen 79. Förster k 40kr

Büchtings, J. J., Entwurf der Jägerey, 8. Halle 68. Kümmel k 45 kr

- - geometrisch-öconomischer Grundriß zu Verwaltung der Waldungen, 8. ebend. 62. Curt i 40 kr

- - Beurtheilung über Beckmanns Holzsaat u. Forstwissenschaft, gr. 8. ebend. 65. ders. i 40 kr

Bücking, J. J. H., die Kunst des Buchbindens, m. K. 8. Stendal 85. Große u 1fl 30kr

Bürgerfreund, der, eine Wochenschrift für Fabrikanten, Manufakturisten ꝛc. 8. Berlin 84. Weber m 54 kr

Büsch, J. G., Abhandlung von dem Geldumlauf, in Rücksicht auf die Staatswirthschaft und Handlung 2 Theile, oder Schriften der Staatswirthschaft 1r u. 2r Theil, gr. 8. Hamb. 80. Bohn B q 4fl 48kr

- - Schriften über Staatswirthschaft u. Handlung, 3r Theil gr. 8. ebend. A b 2fl 24kr

- - Grundriß der merkwürdigsten Staatshändel, gr. 8. ebend. 83. ders. u 1fl 30kr

Büsch,

Büsch, vermischte Abhandlungen, 2 Theile 8. Hamb. 77. Gerold A b 1fl 40kr
- - Versuch einer Mathematik für das bürgerliche Leben, m. Kupf. gr. 8. ebend. 76 Bohn A m 2fl 45 kr
- - kleine Schriften von der Handlung u. andern gemeinnützigen Inhalte, 8. Leipzig 72. Weidmanns m 1fl
- - Nachricht von der Hamburger Handlungsakad. 8. Hamb. 78. Bohn d 18 kr

Büschings, A. F., Grundriß der allgemeinen Haushaltungswissenschaft, 8. Hamb. 77. Heinzmann in Biel b 8kr
- - chursächsischer Finanzstaat der neuesten Zeit, 4. Halle Curt s 1fl 30kr
- - seine Reise über Potsdam nach Rekahn, die Oekonomie betreffend, m. Kupf. gr. 8. Berlin 76. Haude q 1fl 12kr
- - derf. 2te Aufl, gr. 8. ebend. 80. A d 2fl 15kr
- - Beschreibung seiner Reise von Berlin nach Kyriz, die Landwirthschaft betreffend, m. K. gr. 8. Leipzig 81. Breitkopf A x 3fl 30kr

Burghard, G. H., Destillirkunst, mit Zusätzen von Wiegleb, 2 Bände m. K. gr. 8. Breslau 81. Korn jun. A d 1 fl 45kr

Burgsdorf, F. A. L. von, Versuch einer vollständigen Geschichte vorzüglicher Holzarten, 1r Theil G s u. 2n Theils 1r Band D q mit illum. Kupf. gr. 8. Berlin 83 . 87. Pauli M f 22 fl 30 kr

Burgsdorf, daſſelbe mit ſchwarzen Kupfern, 1r Th. D s 2n Th. 1r B. C d G y 14fl 24kr
- - Beyträge zur Erweiterung der Forſtwiſſenſchaft, m. K. 8. ebend. 80. Decker h 45kr
- - Anleitung zur Erziehung und Anpflanzung der einheimiſchen und fremden Holzarten, 2 Theile, mit K. gr. 8. Berlin 87. Kunze
A k 2 fl 36 kr
- - Forſthandbuch, mit K. gr. 8. ebend. 88. derſ. B m 4fl 30kr
Buſch, P. D. und H. Daum, Archiv für Roßärzte und Pferdeliebhaber, 1s Bändchen, 8. Marburg 38. Akad. Buchh. k 30kr
Butſchecks, J., Verſuch über die Abſichten der Landesregierung bey Leitung der Landwirthſchaft, 4. Prag. 68. Gerle 1 36kr
- - Abhandlung von der Policey, gr. 8. ebend. 78. derſ. 1 36kr

Cahier, aus meinem Portefeuille, Lit. G. von Finanzſachen, 8. Hamb. 82. Proft m 45kr
Calender, allgemeiner öconomiſcher, zur Haus- und Landwirthſchaft und zum Forſtweſen, gr. 8. Nürnb. 73. Raſpe A 1fl 30kr
- - encyclopädiſcher, oder kurze Aufſätze für den Liebhaber der Haushaltungskunſt von Heppe, 4. Nürnb. 77 · 83. Enders
jeder Jahrg. c 10kr A 2 fl 20kr
- - curieuſer · öconomiſcher, für Frauenzimmer, 3 Theile, 8. Erfurt 58, 60. Siegert
B h 3 fl 30kr
Calen-

Calender für Hauswirthe auf Gerstländer, 8.
Hamb. 70. Herolds c 12 kr
– – Churſächſ. Berg., gr. 8. Leipz. 75. Junius g 30 kr
– – hiſtoriſch-phyſiſcher, für Stadt- und Land-
leute, 8. Lpz. 72. Hilſcher b 8 kr
– – Handlungs-Addreß-, 8. Frankfurt 84.
Streng f 24 kr
– – Landwirthſchaft-, 8. Wittenberg 81. Zimmermann f 24 kr
– – fürs Volk, von Fröbing, 8. Hannover 83.
89. Schmidt C u 5 fl 48 kr
– – monatlicher Land- und Hauswirthſchaft,
12 Stück, 8. Wien 79. Gräffer B q 4 fl
– – Uranophili Chauſſe- und Reiſ-, nebſt einem Haußbuch, mit Kupf. 8. Berlin 51.
Haude h 36 kr
Calvörs, Herm., hiſtor. chronol. Nachricht u.
Beschreibung des Maſchienenweſens u. der
Hülfsmittel bey dem Bergwerke auf dem
Oberharze, mit K. 2 Theile, Fol. Braunſchweig 63. Schulbuchhandl. E 8 fl
– – hiſt. Nachricht von den Oberharz. Bergwerken, als Anhang zu dem vorſtehenden
Werk, Fol. ebend. 65. derſ. A m 2 fl 15 kr
Cameralgrundſätze, 8. Augsburg 61. Lotter
h 30 kr
Cameralweſen der Alten mit Anwendung auf
den obern und niedern Lohngau, 4. Mar-
burg 65. Cramer b 8 kr

E 3 Cam-

Campers, P., Vorlesungen über das Viehsterben, übers. von J. C. Lange, 8. Kopenhagen 71. Proft g 30 kr
- - u. Dr. Weiß über das Ansteckende der
Viehseuche, 2 Preißschriften mit Zusätzen,
8. Greifsw. 83. Röse h 30 kr

Cancrinus, F. L., Beschreibung der vornehmsten Bergwerke in Hessen ꝛc. m. K. gr. 4.
Frankfurt 67. Andreä B 3 fl
- - Geschichte der systematischen Beschreibung
der Bergwerke in Hanau-Münzenberg, m.
K. 8. Leipz. 87. Hertel m 45 kr
- - erste Gründe der Berg- und Salzwerkskunde. 10 Theile in 16 Abtheilungen, mit
Kupf. gr. 8. Frankfurt. 73-88. Andreä
          Z K 8 50 fl 40 kr
- - practische Abhandlung von Zubereitung u.
Zugutmachung des Kupferztes, 8. ebend.
66. derf. e 20 kr
- - kleine technologische Werke, 2 Bände, m.
K. 8. Giessen 88. Krieger jun. B 3 fl
dieselbe einzeln:
- - von der Natur und Einrichtung einer Berg-
belehnung, 8. Giessen 88. Krieger jun. d 15 kr
- - vom Bau der Wehre, mit 10. Kupf. 8.
ebend. 88. derf. q 1 fl
- - von den feuerfesten, an brandspahrenden
Fruchtbarren, 8. ebend. 89. derf. e 15 kr
- - Abhandlung vom Torf, 8. Giessen 89.
Krieger jun. h 24 kr

           Cancrinus,

Cancrinus, Beschr. eines mit mehr Holzsparung eingerichteten Backofens, 8. ebb. 89. derſ. e 20kr
- - von Zubereitung des Roh-Eiſens in Schmiedeiſen, m. K. 8. ebend. 89. derſ. h 30kr
- - vermiſchte meiſt öconomiſche Schriften, 12 Abhandl. m. K. 4. Riga 87. B m 3fl 45kr
- - Abhandl. von dem Waſſerrechte, m. K. 4. Halle 89. Gebauer B m 4fl 30kr
- - Beſchreibung eines Cupoloofens, m. Kupf. gr. 8. ebend. 88. derſ. m 45kr
Canzlers Bericht vom Feldmeſſen, m. K. 8. Nürnb. 50. Stein A 1fl 30kr
Capitaliſt, der kluge, oder Unterricht, wie die Gelder zu benutzen und anzulegen ſind, 8. Nürnberg 66. Stiebner k 40kr
Caraccioli, des Marq. von, practiſche Landöconomie der Alten, 8. Augsb. 70. Riegers e 20 kr
Carlowitz, H. C. von, naturmäßige Anweiſung zur wilden Baumzucht, 2 Theile, Fol. Leipzig 32. Hilſcher B 3fl
Cartheuſer, J. F., Grundſätze der Bergpolizeywiſſenſchaft, 8. Gieſſen 76. Krieger jun. o 54 kr
- - mineralogiſche Abhandlungen, 2 Theile, 8. ebend. 71-73. derſ. m 48kr
- - Abhandlung über die Verfälſchung der Weine, welche der Geſundheit ſchädlich ſind, 8. ebend. 79. derſ. c 12 kr

Cartheuser, J. F., Wahrnehmungen zum Nutzen verschiedener Künste und Fabriken, 8. Gießen 85. Krieger jun.   g 30 kr

Catalogus arborum, fructuum et herbarum exoticarum et indigenarum, med. 8. Berol. 755.   b 10 kr

Cathene, F., Versuch einer Anweisung die Seide zu haspeln, 8. Berl. 85. Hesse   d 18 kr

Cella, über Landesverweisung, Bettelschube und Arbeitshäuser, 8. Anspach 84. Hauetsen   c 12 kr

— — freymüthige Aufsätze über mehrere dergl. Gegenst. 1. 3 St. 8. ebend. 84. 86. derf. A 1 fl 30 kr

— — von Strafen unehelicher Schwängerungen und Zwangskopulationen, 8. ebend. 84.   d 15 kr

— — Antwort hierauf von einem Ungenannten, 8. Bamb. 84. Göbhard   d 15 kr

— . über Verbrechen und Strafen in Unzuchtsfällen, gr. 8. Offenbach 87. Weiß   q 1 fl

Chabert, von den Krankheiten der Thiere, die durch die Würmer entstehen, a. d. Franz. 8. Göttingen 89. Dieterich   h 36 kr

Chambers, W., über die orientalische Gartenkunst, 8. Gotha 75. Ettinger   d 18 kr

Chapusets, J. E., Beschreibung nützlicher Oefen, mit Kupf. 8. Nürnberg 57. Monath   c 12 kr

Chaves, H. C., Abhandlung vom Kleesamen, 8. 77. Flick   a 4 kr

Chomel,

Chomel, öconomisches und physikal. Lexikon, oder Mittel, Länder und Staaten glücklich zu machen, 8Theile, Fol. Leipzig 50. 59. Clanner ZB 45 fl

Christ, J. L., Unterricht von der Landwirthschaft, gr. 8. Frankfurt 81. Varrentrapp
          A o 2fl 24kr

- - patriotische Nachricht und Anweisung zum Tobaksbau, besonders des Asiatischen. 8. Frankfurt 80. Fleischer   f 24kr

- - Beyträge zur Landwirthschaft und Oeconomie, m. K. gr. 8. ebend. 83. derf. s 1fl 12kr

- - von der Witterung des Jahrs 1783. in Ansehung des Höherauchs, 8. Frankft. 83.   d 15 kr

- - Regeln von Fruchtbrandweinbrennen, nebst einer neu erfundenenen Kunst Honigbrandwein zu brennen, m. K. 8. Frankfurt 85. Hermann   i 36 kr

- - Bienenzucht, siehe Bienenbücher.

- - güldenes A. B. C. für die Bauern oder das Wesentliche der Landwirthschaft, 8. Frft. 87. Hermann   i 36 kr

Chryfels, Nachricht von den Koten und Salzpfannen in England, gr. 8. Leipzig 87.
          d 18 kr

Christliebs, W. A., Vortheile bey dem Acker- Garten- Wiesen- und Weinbau, überhaupt der gesammten Landwirthschaft, 8. Ulm 68. Korn sen.   k 40 kr

Clam., du Palyde, Reitkunst nach Grundsä-
ßen der Anatomie, Mechanik, Geometrie
und Physik, gr. 8. Bern 78.　　　　B 3fl
Claproth, D. J., Erfindung aus gedruckten
Papier wiederum neues Papier zu machen,
8. Göttingen 74. Vandenhöcks　　a 6kr
- - Register über Haushaltungs - Einnahme
und Ausgabe, 4. ebend.　　q 1fl 12kr
Clarks Anmerkungen von dem Hufschlage der
Pferde, gr. 8. Lpz. 77. Weidmanns　k 40kr
Claß, D. F., der Hausvater als sein eige-
ner Vieharzt, m. K. 8. Leipzig 88. Hertel
　　　　　　　　　　　　　u 1fl 15kr
Clauers, J. P., Vorschlag zu Vermehrung
und Unterhaltung der Kurpfälz. Schäfereien,
gr. 8. Mannheim 86. Schwan　　c 12 kr
Clauß, J. C. V., Anleitung zum Probieren u.
Münzen, 8. Stollberg 53. Hilscher　f 24 kr
Clerks, Seb. le, Abhandlung der Baukunst,
2 Thle, m. K. 4. Nberg 59. Weigel　B q 4fl
- - Versuch über ansteckende Viehseuchen, 8.
Wien 67. Gräffer　　　　　　b 8kr
Collini, Tagebuch einer Reise, welches mineralogische Bemerkungen enthält, a. d. Franz.
m. K. 8. Mannheim 77　　　　B 3fl
Columella, L. J. M., 12 Bücher von der Land-
wirthschaft, 2 Theile, 8. Hamburg 69.
Cramer in Bremen　　　　　A h 2fl
von Commun - und Privat - Wäldern, nebst
Anhang von der Waldhutung, gr. 8. Frft.
89. Varrentrapp　　　　　　q 1fl

Condi-

Conditor, oder Zuckerbecker, der geschickte, 8. Nürnb. 57. Raspe q 1 fl
Confectbuch, orientalisches, 8. Tübingen 81. Cotta c 12 kr
Constantini, F. G., Abhandlung vom Caffee, 8. Hannover 71. f 24 kr
Conterie, de la, le Vernier, Normännischer Jäger, oder die neueste Jagdschule, m. K. gr. 8. Münster 80. Perrenon B 3 fl
du Coudray, T., Beschreib. der Eisen=Manipulation auf der Insel Corsika, a. d. Franz. v. Wille, gr. 8. Lpz. 86. Crusius k 45 kr
Cramers, Joh. Andr., Anleitung zum Forstwesen, mit Kupf. Fol. Braunschweig 66. Waysenh. D 7 fl 30 kr
- - Anfangsgründe der Probierkunst, 2 Theile, gr. 8. Lpz. 66. Heinsius A m 2 fl 15 kr
- - Anfangsgründe der Metallurgie, darin die Operationen im grossen und kleinen Feuer beschrieben und erläutert wird, mit Kupf. 1. u. 2r. u. 3n Bds 1r Th. Fol. Quedlinb. Fol. 74. 77. Reußner H s 17 fl 45 kr
Crells, L., chemisches Journal für die Freunde der Naturlehre, Haushaltungskunst und Manufacturen, 1 Thl. 8. Lemgo 78. Meyer B h 3 fl 36 kr
- - neueste Entdeckungen in der Chemie, 13 Theile 8. Lpz. 81 - 86. Weygand H b 15 fl
- - chemisches Archiv, 1 u. 2r Band, 8. ebend. 83. ders. A m 3 fl

Crells

Crells neues chemisches Archiv, 1 - 6r Band 8.
Lpz. 84-87. Müller E 9fl
- - Auswahl aller eigenthümlichen Abhandlungen und Beobachtungen aus den Entdeckungen, 4 Bde, 8. ebend. 86. Weygand D 7fl 30kr
- - chemische Annalen 84-89. 6 Jahrgänge, 8. Helmstädt, Müller in Leipzig à D
Z A 43fl 12kr
- - Beyträge zu denselben, 1 u. 2r Band, 8. ebend. 85-86. B q 4fl 48kr
Crome, Handbuch für Kaufleute, 1r Th. gr. 8. Lpz. 84. Crusius B 3fl 36kr
- - Ebendasselbe Fortf. u. 2r Th. gr. 8. ebend. 86. derf. D 7fl 30kr
- - Abhandlungen aus dem Handlungsgebiet zur Kenntniß und Geschichte des Fabrik- und Commerz-Wesens in Europa, m. K. gr. 8. ebend. 86. derf. A q 3fl
- - Grössenkarte von Europa, 8. ebend 85. Weygand C 6fl
- - Europens Produkte, nebst Charte, 8. Dessau 82. Bohn B 3fl 36kr
- - statist. geogr. Beschreibung der Oesterreichischen Niederlande, mit einer Karte von der Schelde mit ihrer Verbindung der holländischen Provinzen, 8. Lpz. 85. Göschen
A h 2fl 24kr
Cunradi, J. G., Anleitung zum Studium der Technologie, 8 Lpz. 85. Müller s 1fl 20kr
Dätzel, G. A., Anleitung zu Taxirung der Wälder, Bäume ꝛc. 8. München 86. Lentner h 30kr
Dätzel,

Dätzel, Gedanken über Hells Witterungslehre, gr. 8. Salzburg 86. Waisenh. b 8 fr
– – practische Anleitung zur Forstwissenschaft, m. K. 8. München 88. Lentner A h 2 fl
Dahurons, R., vollständiges Gartenbuch von Gewächsen, Blumen u. Bäumen, 8. Weimar 69. Hofmann q 1 fl 12 fr
Dalberg, Carl von, neue chemische Versuche, ob sich das Wasser in Erden auflösen lasse, gr. 4. Erfurt 84. b 8 fr
Dangueil Anmerkungen über die Vortheile von Frankreich und England in Ansehung des Handels, 8. Danzig 57. Voß k 45 fr
Darjes, J. G., erste Gründe der Cameralwissenschaft, gr. 8. Jena 68. Cuno A m 2 fl 45 fr
Daum, H., von denen Hornklüften der Pferde und deren Heilung, 8. Marburg 87. Akad. Buchh. b 8 fr
Decombe, ausführliche Beschreibung von denen Pfirsichbäumen, 8. Frankft. 67. Eßlinger d 15 fr
Degner, J. H., chymische Erörterung vom Torf, 8. Frft. 60. Fleischer e 20 fr
Dejeans, Abhandlung vom Destilliren, 8. Altenb. 54. Richter m 54 fr
Deigendesch, J., nützliches Pferd- und Roßarzneybuch, 12. Tübingen 71. Cotta d 15 fr
Delaval, R. H., Versuche und Bemerkungen über die Ursache der dauerhaften Farben undurchsichtiger Körper, a. dem Engl. von Creß, 8. Berl. 88. Nicolai m 54 fr

Delius,

Delius, H. C., Etwas zur Revision der Weinprobe auf Bley, 8. Erlangen 79. Walther   e 20 fr

- - vom Gebrauch der Salzasche zum Düngen der Felder, gr. 8. Hilburgh.   b 8 fr

- - vom Friedrichs-Salz zum Düngen, gr. 8. ebend. 73.   b 8 fr

- - vom Preußischen Blau und der Blutlauge, 8. Erlang 78. Palm   d 15 fr

- - Chph. Tr., Anleitung zur Bergbaukunst, m. K. 4. Wien 74. Trattner   F 9 fl

Demachy's, Kunst des Eßigfabrikanten, gr. 8. Lpz. 87. Crusius   m 54 fr

- - der Liqueurfabrikant, gr. 8. ebend. 85. derſ.   A m 2 fl 45 fr

- - Laborant im Grossen, oder Kunst, die chemischen Produkte fabrikmäſig zu verfertigen, in 3 Theilen nebst Anhang v. Wiegleb als der 4te Theil, a. d. Franz. m. Kupf. gr. 8. Lpz. 84. Crusius   B 3 fl 36 fr

Denſers, J. H., Discours von den Urſachen der Fruchtbarkeit und Scheinurſachen der Unfruchtbarkeit der Erden, m. K. gr. 8. Halle 55. Gebauer   m 1 fl

Denſo, J. D., phyſikaliſche Bibliothek, 1ter Band in 8 Stücken, und 2ter Band, 1tes und 2tes Stück, 8. Roſtock 54.61. Bödner   A f 1 fl 54 fr

- - Beyträge zur Naturkunde, 12 Stück, 8. Berl. 52.66. Realſch.   m 54 fr

Deſtil.

Deſtillirkunſt, 8. Lpz. 54.   d 15kr

Dicks Verzeichniß derjenigen Schweizerpflanzen, welche vorzüglich zur Nahrung des Viehes dienen, 8. Bern 64.

– – J., vollſt. Gartenkunſt in alphab. Ordnung, 2 Bde gr. 8. Lpz. 74. Junius   C h 6fl

Dieskau, C. J. F. von, das regelmäßige Verſetzen der Bäume in Wäldern und Gärten, 8. Meinungen 76. Haniſch   f 24kr

– – Vortheile in der feinen Gärtnerey, 5 Thle 8. Coburg 79–83.   B 3fl 4kr

Dittrichs, Fr. Wilh., Anweiſung, wie die Wirkung des Feuers in den Stubenöfen u. Küchen zu verſtärken, m. K. 8. Berl. 66. Pauli   h 36 kr

– – Pflanzenreich nach dem Linneiſchen Syſtem, 2 Thle, gr. 8. Erfurt 70.   B m 4fl 30kr

– – Anfangsgründe zur Pflanzenkenntnis, m. K. gr. 8. ebend. 75. derſ.   A 1 fl 48kr

Dijonval, A., chemiſche Unterſuchung u. Auflöſung des Indigo für Färber, überſ. v. Buchholz, 8. Weimar 78. Hoffmanns f 30kr

Dinglinger, G. Fr, die beſte Art, Kornmagazine und Fruchtböden anzulegen, eine Preisſchrift, mit Kupf. gr. 4. Hannov. 68. Hellwings   m 54kr

Dithmars, J. C., Einleitung in die öconomiſche Policey- und Cameralwiſſenſchaften, 8. Frankft. 69. Kunze   h 36kr

– – Entwurf der Preuß. Staatswiſſenſchaft, 8. ebend. 50. derſ.   g 30kr

Docu-

Documenta oder alte Urkunden, wo hin und wieder im R. Reiche Gold- und Silbererze, Goldkörner ꝛc. zu finden seyn sollen, 8. 47. c 15 kr

Döbels, H. W., Jägerpractica, oder vollständige Anweisung zur hohen und niedern Jagdwissenschaft, 4 Theile, mit Kupfern, Fol. Leipz. 783. Heinsius E 7fl 30kr

- - nützliche Haus-Apotheke, 8. ebend. 42. Hilscher b 8kr

- - geschickter Hausvater und fleißige Hausmutter, oder Einleitung zur Haushaltung, 8. ebend. 71. derf. m 45kr

Döhlers, Jac. Fr., Abhandlung von der Landwirthschaft, 8. Jena 67. Cröfers g 36kr

- - Entwurf eines vollständigen Reglements, oder Ordnung für eine fürstliche Hofcammer, gr. 8. ebend. 67. Cuno Aq 3fl

- - Bemerkungen über das Commercienwesen. 8. Nürnb. 75. Zeh k 40kr

- - Abhandlung von Domainen, Contribution, Abgaben ꝛc. 8. ebend. 75. Stein k 40kr

- - von Regalien oder Rechten der obersten Gewalt, 4. ebend. 75. derf. A d 1fl 45kr

- - Abhandlung von der Verwaltung eines Landguthes, nebst einem Anhang von der Bienenzucht, 8. Lpz. 83. Haug e 20kr

- - drey wesentliche Polizey-Artikel: vom Betteln, vom Manufactur- und Handwerksweſen

sen und von der Vermehrung der Einwohner eines Landes, gr. 8. Leipzig 83. derf.
e 20 kr

Döplers Schauplatz der Leibes- und Lebensstrafen, 2 Theile, 4. Sondershausen 69.3. Junius B 3fl 36kr

– – getreuer Rechnungsbeamter oder Verwalter, 3 Theile, 4. Hannover 24. Hellwing
B h 4fl 15kr

Dörrien, K. G., deutliche Anweisung zum Nehen und Stricken, 8. Magdeburg 89. f 24kr

– – Verzeichnis der im Nassauischen wild wachsenden Gewächsen, gr. 8. Lübeck 79. Donatius A 1fl 30kr

Dorfconvent, das raisonnirende, eine gemeinnützige Schrift für den Bürger und Landmann, 1r B. m 2r B. A 3r B. k 8. Erfurt 87. Keyser A y 3fl

Dorfpfarrer, der unzufriedene, oder Schutzschrift für die Landwirthschaft der Landgeistlichen, 8. Leipz. 73. Jacobäer c 15 kr

Dresky, H. G. von, verbesserte Landwirthschaft, oder 3'er Theil der Schlesischen Landwirthschaft, 8. Leipzig 47. Korn S.
k 40 kr

Drewes, J. G., neue Vorschläge, die Maulbeerbaumzucht und den Seidenbau mit Erfolg zu betreiben, 8. Bresl. 83. Gutsch f 24 kr

Drümann, H. P., Betrachtungen über öffentliche Armenanstalten, gr. 8. Queblinburg 81. Ernst c 12kr

F   Dun-

v. Dundonalds Gedanken von der gegenwärtigen
Bereitung des Kochsalzes ꝛc. aus dem Engl.
gr. 8. Leipzig 87. Heinsius   h 30 kr

Dudens, L., Abhandlung vom 1. u. 2. Rang
der Edelsteine und den Mitteln sie zu kennen und zu schätzen, 8. Nürnb. 79. Stein
             f 24 kr

Dyhrn, E. Graf von, Abhandlung von der
Teich-Wirthschaft, mit Kupf. gr. 8. Breslau 82. Meyer   k 40 kr

Ebels, D. J. C., Abhandlung von dem deutschen Indig aus dem Waid, gr. 8. Braunschweig 57. Waysenh.   c 15 kr

Eberenz, J. B., erste Gründe der Wasserbaukunst an reissenden Flüssen, 2 Theile, mit
K. gr. 8. Freyb. 68. Varrentrapp D 16 fl

- - Anweisung zur bürgerl. Baukunst, 8. ebend.
61. Wagner   m 45 kr

Eberhards, J. P., neue Beyträge zur Ma-
thesi applicata, worinnen die ersten Gründe der Mühlenbaukunst, Hydrotechnik und
Bergwissenschaft erkläret werden, mit Kupf.
8. Halle 73. Rengers   A d 2 fl 24 kr

Eckhards, J. G. von, Experimentaloconomie,
oder Anleitung zur Haushaltungskunst, 2te
mit Anmerkung von Succow vermehrte Aufl.
gr. 8. Lpz. 82. 82. Junius B m 4 fl 30 kr

Ehrhard, Fr., Beyträge zur Naturkunde und
den damit verwandten Wissenschaften, 1r bis
4r Bd, 8. Hannov. 87-89. Schmidt à m B 3 fl

Ehr-

Ehrmann, J. C., praktische Versuche in der Darmgicht der Pferde, 8. Frankfurt 78. Andreä   c 12 kr
- - praktische Versuche in der Maulsperre ob. Hirschkrankheit der Pferde, 8. ebend. 79. derf.   b 8 kr
- - praktische Versuche in dem Dampf der Pferde, 8. ebend. 80. derf.   b 8 kr
- - F. L., Versuch einer Schmelzkunst mit Beyhülfe der Feuerluft, gr. 8. Strasb. 86. Treutel   A 1 fl 30 kr
Eickemeyer, R., über die Erbauung der Dörfer, gr. 4. Frft. 87. Varrentrapp m 45 kr
- - über die Verbesserungen der Wege in Sandgegenden, wo es an Steinen mangelt, m. K. 8. Hannov. 88. Hellwings i 40 kr
- - über den Strassenbau in Sandgegenden wo es an Steinen fehlt, gr. 4. Frankfurt 87. Varrentrapp   q 1 fl
Einfälle bey Durchlesung der fortgesetzten Nachrichten des Herrn Finke, über den Erfolg der Stallfütterung zu Gröbzig, gr. 8. Altenburg 87. Richter   h 30 kr
Einleitung in die Haushaltungskunst, 8. Frft. 54. Monath   d 15 kr
- - zu einem verbesserten Cameral-Rechnungs-Fusse v. de la Porte, gr. 4. Wien 64. Trattner   B 3 fl
- - zur vernünftigen Sparsamkeit in allen Theilen der Landwirthschaft, 4. Breslau 73. Korn sen.   q 1 fl

Einleitung in die Lehre von Auflagen, 8. Nördlingen 78. Beck m 45 kr
- - in die Staatscommerzienwissenschaft, 8. Berlin 77. Decker q 1 fl 12 kr
- - in die Commerz- und Handlungswissenschaft, 8. Nberg 79. Zeh i 36 kr
- - zur gründlichen Kenntniß der Kaufmannschaft ꝛc. gr. 8. Ulm 71. Stettin A 1 fl 30 kr
- - zur Haushaltungskunst, bey der Theurung, 8. Stuttg. 71. Mezler c 12 kr
- - in die Haus- und Landwirthschaft nach Grundsätzen für Anfänger, gr. 8. Nürnb. 83. Raspe h 30 kr
Einrichtung einer Haushaltung, sowohl in der Stadt als auf dem Lande, 8. Lpz. 54. d 15 kr
- - und Verfassung der Assecuranz-Compagnie in Berlin, 4. Berl. 65. Pauli d 18 kr
- - vollständige der neuen Armen-Anstalt in Hamburg, 1r Band, 8. Hamburg 88. Hofmann q 1 fl
Eisenbergs, Baron von, wohl eingerichtete Reitschule, nebst der Roßtäuscherkunst, mit K. gr. Fol. Lpz. 46. Merkus H 15 fl
- - aufgedeckte Roßtäuscherkunst mit Zusätzen von Rosenzweig, gr. 8. ebend. 80. Weidmanns A d 2 fl 30 kr
Eisens, J. G., Kunst, alle Küchenkräuter u. Wurzeln zu trocknen und in Kartuse zu verpacken, 8. Riga 71. Hartknoch b 8 kr

Eisens

Eisens Unterricht vom Kräuter- und Wurzeltrocknen, 8. Riga 74. Hartknoch e 20 kr

Ellins, W. von Erbauung des Zimmerholzes, 8. Lpz. 52. Hilscher m 45 kr

Ellis Anweisung, Saamen und Pflanzen frisch und grünend über See zu bringen, mit K. gr. 8. ebend. 75. derf. d 15 kr

‑ ‑ Landwirthschaft, 2 Theile gr. 8 ebend. 74. Schwickert B 3 fl 45 kr

Elsässers, nützliches und angenehmes Calendergespräch, 8. Mannh. 75. Löfler e 20 kr

Elsholzens, J. S., neuangelegter Gartenbau, 3 Theile, mit Kupf. Fol. Leipz. 15. Hartung in Königsb. B h 3 fl 30 kr

Enderlins, J. F., Natur und Eigenschaften des Holzes und seines Bodens, 8. Basel 70. h 30 kr

‑ ‑ natürliche Cameralwissenschaft, 1r Band, gr. 8. Carlsruhe 74. Maklott u 1 fl 15 kr

‑ ‑ der Einfluß des Bauernstandes auf den Staat, 8. ebend. 73. derf. d 15 kr

Engelbrecht, J. G., wie durch Handlung und Reichthum Nachbarschaft mit Provinzen könne gehalten werden, 8. London 57. C h 6 fl

‑ ‑ Hamburgische Waarenberechnungen, gr. 8. Hamburg 82. Herold C 5 fl 30 kr

‑ ‑ Materialien zum nützlichen Gebrauch für denkende Kaufleute 87. 1. 6. Stück, 8. Bremen 88. Verfasser C 5 fl 30 kr

Engeln, P. V., anständiger Gartenmeister, 8. Wolfenb. 51. Meißner h 30 kr

Engeströms Beschr. eines Taschenlaboratoriums, u. v. Nutzen des Blaserohrs in der Mineralogie, a. d. Schwed. u. mit Anmerk. verm. v. Weigel, 8. Greifsw. 82. Röse m 1 fl

Entdeckung des Cotton- oder Indienneudrucks, nebst Unterricht von der Schönfärberey auf Seide u. Wolle, 8. Carlsr. 68. Maklott h 30 kr

– – nützlicher Oefen, welche die Zimmer warm machen, ehe noch der Ofen warm ist, 8. Leipz. 58. Junius a 6 kr

– – physikalisch-ökonomische, und Vorschläge von allgemeiner Brauchbarkeit, 8. Berlin 83. Hesse c 15 kr

– – aufrichtige, der bey der Rindviehseuche bewährt gefundenen Mittel, 8. Cöthen 56. Cörner a 4 kr

Entwurf, die nächtliche Erleuchtung der Gassen ohne grosse Kosten einzurichten, m. K. 4. 60. Monath b 8 kr

– – tabellarischer, der Staatswirthschaft, Fol. Frankfurt 71. Fleischer b 8 kr

– – einer ökonomischen Zoologie, gr. 8. Lpz. 73. Böhme o 54 kr

– – des Leibeigenthumsrechts in Westphalen, 4. Hannov. 47. Hellwing f 30 kr

– – zu einer vernünftigen Sparsamkeit in allen Theilen der Landwirthschaft, 4. Bresl. 73.

– – eines landwirthschaftl. Calenders, s. Bucher.

Entwurf,

Entwurf, wie die Stadt Zürch mit wohlfeilem
   Holz zu versehen, 8. Zürch 65. Orell   c 12 kr
– , den Flor der Kaiserl. Erbländer durch
   Commercien und Manufacturen zu befördern,
   8. Ulm 66. Stettin   f 24 kr
– – des Deichrechts, gr. 8. Bremen 68. Förster   m 45 kr
– – der Rechnung, und deren Fabrikbüchern,
   gr. 4. Wien 70. Trattner   q 1 fl
– – einer Hausrechnung in doppelten Posten,
   gr. 4. ebend. 70. derf.   k 40 kr
– – eines Dorfbuches, gr. 8. Berl. 74. Realschule   c 15 kr
– – und Kostenberechnungen zu Meublirung der
   Wohngebäude, gr. 8. Brandenburg 83. Haller   A 1 fl 48 kr
Erdmanns, C. E., Verderben der Menschen,
   durch Bier, Wein und Brantewein, 8. Frft.
   51. Martini   c 15 kr
Erfahrungen aus der Feld- und Landwirthschaft,
   2 Thle, gr. 8. Freyberg 87. 88. Craz A 1 fl 30 kr
– – einer Hausmutter, von der Verfasserinn
   des Unterrichts in der Küche, 8. Halle 89.
   Trampe   s 1 fl 30 kr
Erfindung wider das Koppen der Pferde, mit
   K. 4. Uffenh. 65. Wohler   h 30 kr
Erhards, Balth., öconomische Pflanzenhistorie,
   12 Theile, 8. Ulm 56. 62. Stettin D 6 fl
– – Unterricht der nüzlichsten Futterkräuter,
   Pflanzen und Bäume, 4. Metzungen 66.
   Hanisch   a 4 kr

Erinnerungen für einen der Kaufmannschaft Beflissenen, der sich in die Fremde begiebt, 8. Danzig 55. Flörke b 8 kr

Erkenntniß und Anwendung der Erdarten zur Verbesserung des Ackerbaues, 8. Leipz. 70. Hilscher f 24 kr

Erkers Probierbuch der Mineralien und Metalle, derselben Scheidung, Nutzmachung u. andere Bergwerksvortheile, m. K. Fol. Frkf. 36. Jung (rar) A h 2fl 36 kr

Ermahnung zur Aufrichtung einer Gesellsch., zur Aufnahme der Handlung, der Künste, Manufacturen u. des Ackerbaues, wie die zu Lond. u. Paris ist, 8. Hamb. 65. Herolds m 45 kr

Ernsthausens Abriß von einem Policey- und Finanzsystem, 8. Berl. 88. Decker p 1fl 8kr

Ernstings Beschreibung der Geschlechter der Pflanzen, nebst Linne systemat. Verzeichnis der Pflanzen, 2 Theile, 4. Lemgo 62. Meyer C 5fl 30kr

- - Anfangsgründe der Kräuterwissenschaft, 8. Wolfenb. 48. Meisner m 45 kr

Erzählungen, gesellschaftliche, für die Liebhaber der Naturlehre, der Haushaltungswissenschaft, der Arzneywissenschaft und der Sitten, 4 Theile, gr. 8. Hamburg 43 · 54. Heinsius C h 6 fl

- - neue, oder Fortsetzung, 4 Theile, gr. 8. ebend. 58 · 62. C h 6 fl

Erzählun-

Erzählungen und Geschichte der Königl. dänischen Acker-Academie, 4. Flensburg 67. Korte

Eschenbachs Bedenken über die Schädlichkeit des Mutterkorns, 8. Rostock 71. Koppe
                                    b 8 kr

Erläuterung einer Bienen-Hiäne, 8. 76 b 6kr

Espie, des Gr., Abhandlung von unverbrennlichen Gebäuden, mit Kupf. 8. Carlsruh 74. Maklott   f 24 kr

Eſſigbrauer, der wohl unterrichtete, 8. Frft. 84.   d 15 kr

Etwas Nützliches für Liebhaber der Land- und Stadtwirthschaft, 8. Nürnb. 61.   b 8 kr

-- von der Teich-Arbeit, Gebrauch des Torfmoors, und Verbeſſerung der Wege, gr. 8. Bremen 64.   f 24 kr

-- für alle, oder neue Stuttgarter öconomiſche Real-Zeitung, auf die Jahre 65. 66. 8. Stuttg. Erhard   B 3 fl

-- zur Speculation oder erster Umriß einer gesellschaftlichen Kredit-Aſſekuranz-Bank, gr. 8. Manheim 81. Löfler   k 40 kr

-- über Brandaſſekurationen, von P. J. N. 8. Nürnb. 84. Grattenauer   b 8 kr

-- über den Borkenkäfer, oder die Baumtrockniß fichtener Waldungen, 8. Lpz. 86. Schwickert   e 24 kr

-- zu der Schrift: Anmerkung über den ausländiſchen und innländiſchen Handel, gr. 4. Altenburg 78. Richter   k 4½ kr

Etwas über die Hilfgelder. Ein Beytrag zur Geschichte der Abgaben, gr. 8. Dresden 83. Gerlach   b 8 kr

Evelyns, S., Vergnügen und Nutzen der Gärtnerey, 8. Lpz. 73. Hilscher   e 20kr

Eyrich, siehe Bienenbücher.

Eysbogels, J. G., neueröfnetes Magazin, bestehend in einer Sammlung von allerhand raren Künsten und besondern Wissenschaften, für alle Arten Künstler, 2 Thle, 8. Bamb. 66. Gebhard   A m 2fl 15kr

Fabres, Hrn., Versuch über die Bauart hydraulischer Maschinen, insbesondere der Getraidemühlen, gr. 8. Leipzig 86. Schwickert   B 3 fl 45kr

Fabricii, C., Anfangsgründe der öconomischen Wissenschafren, 8. Flensburg 73. Proft   s 1fl 12kr

— — dasselbe, zweite vermehrte Auflage, 8. Kopenhagen 83. derf.   A 1fl 30kr

— — Reise nach Norwegen, mit Bemerkungen aus der Naturlehre und Oeconomie, 8. Hamburg 79. Bohn   A 1fl 48kr

— — Kultur der Gewächse zum Gebrauch des Landmanns, gr. 8. Leipzig 84. Jacobäer   m 54kr

Fabrikatur, ächte, des Dünkerker und Englischen Sentomers, auch alle gangbare Sorten Rauch- und Schnupftobak, 8. Amsterdam 87. Hofmann in Hamb.   A 1fl 30kr

Fabroni,

Fabroni, J. B., Versuch vom Ackerbau, übersetzt und mit Anmerkungen bereichert, v. J. R. Forster, gr. 8. Berlin 82. Haude
o 1fl 8kr
Färbe- und Blaichbuch, vollständiges, zum Unterricht und Gebrauch für Fabrikanten und Färber, 4 Theile, 8. Ulm 79.86. Stettin
D h 6fl 30kr
Färberkunst, die rechte und wahrhafte, nebst einigen Kunststücken, aus allen Waaren die Flecken zu bringen, 8. Leipzig 81. Schneider
h 30 kr
Färber, der vollkommene, oder Unterricht zur Wollenfärberey und Manufacturen, 8. Sorau 59. Hebold
f 24 kr
Färber-Buch, neues, oder Unterricht Wolle, Seide und Leinwand zu färben, 8. Copenhagen 71. Heineke
d 15kr
Fäsch, J. R., Anweisung zu Verzierung der Fenster und Thüren, 5 Theile, m. K. 4. Nürnb. 86.
K 18fl
– – Uebersetzung des Traktats von den Mitteln, die Flüsse schiffbar zu machen, m. K. 8. Dresden 28. Gleditsch
A 1fl 48kr
Fahners Magazin für die gesammte populäre Arzneykunde, besonders für die sogenannten Hausmittel, 12 Hefte oder 2 Bände, 8. Erfurt 86. Keyser
A m 2fl 15kr
Faille, Versuch über die Mittel zur Vertilgung der Maulwürfe, 8. Frankf. 70. Fleischer
f 24 kr
Falks

Falks Untersuchung der Viehseuche, mit K.
gr. 8. Hamb. 82. Hofmann m 45 kr

Faujas, de St. Fond, physikal. Abhandlung
über den Trapp, gr. 8. Strasb. 89. akad.
Handl. h 30 kr

– – von der Puzzolane und deren Gebrauch zu
Bauanlagen, gr. 8. Dresden, 84. Walther
m 54 kr

Faulhabers arithmetischer Tausendkünstler, welcher Alles in der Rechenkunst erklärt, 8.
Ulm 62. Stettin h 30 kr

le Febure, vom Messen mit der Wasserwage,
gr. 8. Berl. 53. Haube A m 2 fl 45 kr

Feists, das in der Arithmetik wohlbestellte
Handlungs-Cabinet, oder Anweisung zu
den üblichsten Rechnungsvortheilen, 8. Breslau 35. Korn jun. s 1 fl 8 kr

– – Anweisung zur Rechenkunst, 8. ebend. 54.
Meyer s 1 fl 8 kr

– – 3 nüzliche Dinge der Rechenkunst, 8.
ebend. 61. Korn jun. A d 1 fl 45 kr

Felbers, Jac. Ferd., immerwährender Haus-
und Landwirthschaftscalender, 4. Nürnb.
55. Monath k 40 kr

Felbiger, des Abts, J. Ignat. von, Anleitung jede Art der Witterung genau zu beobachten, in Karten zu verzeichnen, zu vergleichen, 4. Sagan 73. Hilscher m 45 kr

– – Erkenntniß und Anwendung der Erdarten
zur Verbesserung des Ackerbaues, 4. ebend.
70. h 30 kr

Felbi-

Felbigers, Kunſt Thürme oder andere Gebäude, vor den ſchädlichen Wirkungen des Blitzes durch Ableitungen zu bewahren, m. K. gr. 8. Breslau 71. Korn ſen.   i 36 kr

‧ ‧ Anleitung, Schulgebäude auf dem Lande wohl abzutheilen, wohlfeil aufzuführen ꝛc. gr. 8. Leipzig 83. Hilſcher   g 30 kr

‧ ‧ wie weit gewähren Gewitterableiter Sicherheit für Gebäude? gr. 8. Preßburg 86.   h 30 kr

Feldecks, Joh. von, Kern einer vollſtändigen Haus - und Landwirthſchaft, 8. Wien 30. Kraus   m 45 kr

Feldmäuſe, die, und ihre Verwüſtung im Jahre 1773. 8 Nürnb. 86.   c 12 kr

Feldmeſſer, richtiger und bewährter, Sonnen-Uhrmacher, wie auch Abwägen der Höhen und Waſſerfälle, ohne Lehrmeiſter und Inſtrument, mit Kupf. 8. Ulm 72. Wohler   e 20 kr

Ferber, Beyträge zur Mineralgeſch. von Böhmen, gr. 8. Berl. 74. Himburg   s 1 fl 24 kr

‧ ‧ neue Beyträge zur Mineralgeſchichte verſchiedener Länder, 1r Band, gr. 8 Mietau 78. Breitkopf   A d 1 fl 45 kr

‧ ‧ Verſuch einer Oryctographie von Derbiſhire in Engl. gr. 8. ebend. 76 Hartknoch q 1 fl

‧ ‧ bergmänniſche Nachrichten, m. K. gr. 8. ebend. 76. Hartknoch   q 1 fl

Ferbers

Ferbers Beschreibung des Queckſilberbergwerks
zu Idria, gr. 8. Berl. 72. Himburg   q 1fl 12kr

— — phyſikaliſch-metallurgiſche Abhandlung über
die Gebürge u. Bergwerke in Ungarn; nebſt
einer Beſchreibung des Steyriſchen Eiſen-
ſchmelzens und Stahlmachens, von einem
Ungenannten, mit Kupf. gr. 8. Berlin 80.
Nicolai   A 1fl 48kr

— — Nachricht von dem Anquicken der gold-
und ſilberhaltigen Erzte, Kupferſteine und
Speiſen, 8. ebend. 87. Mylius   s 1fl 20kr

Fermins Unterricht an das Landvolk von der
thieriſchen Haushaltung als Fortſetzung von
Tiſſotts Anl. fürs Landvolk, 2 Theile, 8.
Leipzig 73. Hertel   q 1fl

Feuereiſens Pflanzen-Organologie, 8 Hannov.
80. Hellwing   c 15 kr

— — Abhandl. über einige Gegenſtände in der feinen Gärtnerey, m. K. 8. ebend. 80.   m 54 kr

Feuer-Ordnung, ſiehe Ordnungen.

Feuller, K. Frhr. von, kurzer Entwurf einer
gründlich praktiſchen Anweiſung zu einer re-
gelmäßigen Forſthaushaltung, gr. 8. Prag
85. Schönfeld   c 12 kr

Fiedler, C. W., Anweiſung zur vortheilhaften
Salpetererzeugung, 8. Caſſel 86. Cramer
     c 12 kr

— — M. J., öconomiſcher Syſtemalentwurf,
4. Wien 87. Krauß   m 45 kr

Finanz-

Finanzmaterialien, 4 Stücke, gr. 8. Berlin 86.
Meyer   B d 3 fl 15 kr
Finanzzustand des französischen Staats mit Bemerkungen über Neckers und andere Schriften, gr. 8. Hamb. 83. Hofmann   g 30 kr
Firnhabers hist. polit. Betrachtungen über die Innungen und deren Einrichtung, gr. 8. Hannover 82. Hellwing   s 1 fl 20 kr
Fischers Geschichte des deutschen Handels, 2 Thle, gr. 8. Hannov. 85. Hellwings B k 4 fl 20 kr
- - Lehrbegrif sämmtlicher Kameral- u. Polliceyrechte, 3 Bände, gr. 8. Fränkfurt a. d. Oder 85, 86. Kunze   E d 9 fl 20 kr
- - E., kluger Hausvater, bey der Landwirthschaft, 3 Theile, 4. Nürnberg 19.
                                          A m 2 fl 15 kr
- - kluger Wirthschafts Beamter, oder Unterricht zu Bestellung und Führung einer nützlichen Landwirthschaft, m. K. 4. Nürnb. 69. Raspe   B m 3 fl 45 kr
- - H. A., Beschreibung der alten deutschen Oeconomie und Commerzwesen, 8. Leipzig 55. Breitkopf   k 45 kr
- - von der Policey und Sittengesetze, 8. Zittau 67. Schöps   e 20 kr
- - Gedanken von der Möglichkeit und Nothwendigkeit der Wolfeilheit, 8. Chemnitz 65. Stößel   h 30 kr
- - Schreiben, an seine Landsleute, den Ackerbau und die Viehzucht in Sachsen betreffend, 8. ebend. 63. derf.   f 24 kr

Fischer,

Fischer, H. A., zuverläßige Mittel, den Landmann bey Ackerbau und Viehzucht zu verbessern, 8. Budißin 68. Drachstädt f 24 kr

– – Unterricht, wie man bey einer contagieusen Ruhr seine Gesundheit erhalten könne, 8. Jena 67. Gollner c 15 kr

– – P. B. von, Liefländisches Landwirthschaftsbuch, 8. Halle 53. Gebauer m 54 kr

– – daßelbe, 2te vermehrte Auflage, 8. Riga 72. Hartknoch A 1 fl 30 kr

– – J. C., der fränkische Weinbau und die daraus entstehende Produkte, 8. Marktbreit 82. Weigel h 30 kr

– – J. L., der erhöhete Ertrag der Feldgüter durch künstliche Wiesen ꝛc. nebst einer Abhandlung v. Steinkohlen, welche nicht rauchen, 8. Jena 88. Cröckers o 1 fl 12 kr

– – G., ökonomische Schatzkammer, 8. Hannover 37. Hellwings m 54 kr

Fisch-Geheimnisse, wohlbewährte, oder Unterricht von der grossen Nutzbarkeit der Fischerey, 8. Nürnb. 89. Zeh k 40 kr

Fischjagd, die, für einzelne Liebhaber, 8. Hamburg 74. Korte f 24 kr

achats, J. C., Untersuchungen zur Beförderung der Handlung, Künste, Haushaltung ꝛc. 2 Theile, mit Kupf. 8. Leipzig 67. 68. Holle A m 3 fl

Fleckenkünstler, der aus Gold und silbernen Stücken, wie auch Seiden, Sammet ꝛc.
ingleis

ingleichen aus Büchern, herauszubringen,
8. Frankft. 73. Fleischer d 15 kr
Fleischers, A. G., kaufmännisches Handlungs-
compendium, 8. Hamburg 81. Matthiesen
e 20 kr
Fleischmanns Gesundheitsregeln für Greiße,
8. Erlangen 86. Palm a 4 kr
- - J. M., über die Erziehung der Maul-
beerbäume und die Beförderung des Sei-
denbaues, gr. 8. Dresden 84. Walther
c 18 kr
- - Aufmunterung zum Seidenbau, gr. 8. ebend.
89. derf. o 1 fl 8 kr
Fliegenfalle, zur Ausrottung der Fliegen, 8.
Wolfenb. 35. Meisner c 12 kr
Flemmings, H.F., vollkommener deutscher Jä-
ger, 2 Theile, mit Kupf. Fol. Leipz. 49.
G 12 fl
Flohfalle, die curieuse, zur gänzlichen Ausrot-
tung der Flöhe, 8. Wolfenb. 78. Meisner b 8 kr
Flora, oder Nachricht von merkwürdigen
Blumen, 3 Hefte, gr. 8. Stuttgardt 88-89.
Mezler D p 6 fl 45 kr
Florencourt, über die Bergwerke der Alten,
8. Göttingen 85. Dietrich d 18 kr
- - Abhandl. aus der jurist. und politischen
Rechenkunst, mit Kupf. 4. Altenburg 81.
Richter A o 2 fl 54 kr
Florini, F. P., kluger und vollständiger Hausva-
ter, 2 Thle in 9 Büchern, m. K. Fol. Nürnb.
50. Riegel M 18 fl

Flori-

Florini, ablicher Hausvater, 2 Theile, Fol. Basel 49. Flick C. 4fl 30kr

Flügels, G. T., der vornehmsten Handelsplätze in Europa erklärte Courszettel, nebst andern zu den Wechselgeschäften dienlichen Nachrichten, 8te Auflage, gr. 8. St. Gallen 88. Reutiner jun. k 40kr

Förster, der wohlgeübte und erfahrne, ein Beytrag zu Döbels Jägerpractica, gr. 8. Leipz. 85. Heinsius k 40kr

Försters, J. C., Entwurf der Land- Stadt- und Staatswirthschaft, gr. 8. Berlin 82. Pauli A 1fl 48kr

– – Geschichte von der Erfindung des Cicorien-Caffees, 8. Bremen 73. Förster c 12kr

– – Versuch einer Einleitung in die Cameral- Policey- und Finanzwissenschaft, 8. Halle 71. Kümmel o 1fl 12kr

Foutaneaux, Kunst, durch gefärbte Glasflüsse ächte Edelsteine nachzumachen, 8. Ulm 81. Stettin f 24kr

Fordyce, Geor., Anfangsgründe des Ackerbaues und Wachsthums der Pflanzen, 8. Wien 78. m 45kr

Formularien, zu Führung einer wohleingerichteten Haushaltungsrechnung, nach einer ganz neuen Methode, gr. Fol. ebend. 66. Trattner A m 2fl 30kr

Forst-Calender s. Beckmann.

– – Catechismus, 8. Osnabrück 77. Schmidt f 24kr

Forst-

Forſt = Ordnung für Pommern, Fol. Berlin
  Decker   f 30 kr
- - - - für die Schleſiſchen Gebirgsforſten,
  Fol. Glogau 77. Günther   m 45 kr
Forſter, J. R., von Verbeſſerung der Lohgär-
  berey, nebſt Ueberſetzung einer Vorſchrift,
  Leder nach einer neuen Art lohgar zu machen. 8. Berlin 81. Haude   c 15 kr
- - Anleitung den Kalk und Mörtel ſo zuzubereiten, daß die damit aufzuführende Gebäude ungleich dauerhafter ſeyn, 8. Berlin
  82. derſ.   h 36 kr
- - Sammlung von Abhandlungen, öconomiſchen und technologiſchen Inhalts, 8. Halle 84. Hemmerde   k 45 kr
Forſtmann, C. W., Unterricht zur Kenntniß
  und Ausbeſſerung aller Arten von Taſchen-
  und andern Uhren, gr. 8. Halle 78. Way-
  ſenhaus   A h 2 fl 30 kr
Forſtner, G. F., öconomiſche Skizzen, oder
  Dornen im Labyrinthe, 2 Stücke, 8. Schwabach 88. Zeh   e 20 kr
Forſt = und Jagdbibliothek, als Fortſetzung
  des allgemeinen Forſtmagazins, 3 Stücke,
  gr. 8. Stuttgart 88. Metzler   A s 2 fl 48 kr
Forſtmagazin, allgemeines, ſ. Stahl
- - neues, ſ. Franzmabhes.
la Foſſe, von dem wahren Sitze des Rotzes
  bey den Pferden ꝛc. überſ. von Schreber,
  gr. 8. Halle 52. Korn jun.   f 24 kr

la Fosse, vom Sitz des Rozes, 8. Frft. 54.
Eßlinger d 15 fr

– – Handbuch zum Gebrauch für Pferdärzte
bey den Regimentern, 8. Hannover 85.
Hellwings h 36 fr

– – Lehrbegrif der Pferdarzney, überf. v. Knobloch, mit Vorr. v. Wollstein, 4 Thle, m. K. gr.
8. Prag 87. Widtmann G h 11 fl

v. Fouilloux, merkwürdiges Jagdbuch von allen Arten Wildprets, aus dem Franz. m.
K. Fol. Danzig 26. Knoch A 1 fl 45 fr

Fouquet, Arzneybuch für alle Krankheiten, 8.
Dresden 708. Walther k 45 fr

Fourbonnais, des Hrn., Sätze und Beobachtungen aus der Oeconomie, 2 Theile, gr.
8. Wien 67. Trattner u 1 fl 15 fr

Frage, wichtige, von der freyen Aus- und
Einfuhre des Getraydes, gr. 8. Augsb. u.
Hburg 71. Lotter c 12 fr

– – wie weit gewähren wohl Gewitterableiter
Sicherheit für umstehende Gebäude, m. K.
gr. 8. Presb. 87. Weber f 24 fr

– – ist es vortheilhafter, die silberhältigen Erze und Schmelzhüttenproducte anzuquicken,
als sie zu schmelzen, 8. Wien 87. Gräffer g 30 fr

Fragmente, Nachrichten und Abhandlungen zur
Beförderung der Finanz-Policey-Oecono-
mie, 2 Hefte, gr. 8. Berl. 88 Maurer s 1 fl 12 fr

Franks, systematisch-ausführliche Anleitung
zur Policey der gesammten Landwirthschaft,
1r Band, gr. 8. Leipz. 89. Crusius A h 2 fl 24 fr

Franke,

Franks, G. P., System einer vollständigen medicinischen Policey, 4 Bände, gr. 8. Manheim 84. H d 12fl 15kr

Franklin, B., über das Rauchen der Kamine und der Schornsteine, 8. Hamb. 88. Bohn
i 40 kr

Franzmabbes, M. J., Betrachtung über verschiedene Gegenstände des Forstwesens, 8. Frankft. 77. Garbe u 1fl 15kr

- - öconomische Beyträge, 8. Heiligenst. 79.
q 1 fl

- - neueres Forstmagazin, 1r u. 2r Band, jeder in 2 Theilen, u. 3ten Bandes 1ste Abtheil. 8. Frft. 76.79. Garbe D b 6fl 8kr

Frauenzimmer, das galante, und in der Oeconomie geübte, 2 Theile, 8. Schwabach 72. Riedel A 1fl 30kr

- - Reise- und Handcalender, immerwährender, 3 Theile, mit Figuren, 8. Erfurt 58.60.

Fredersdorf, L. F., über Bevölkerung u. Brautkassen, gr. 8. Braunschweig 89 Meyers
d 15 kr

Frenzels, D., Verzeichniß der Edelgesteine, Fossilien, Naturalien, Erdarten und Versteinerungen, so bey Chemnitz gefunden werden, gr. 8. 69. Stößel b 8 kr

Freund, der, des Landmanns, 4. Wien 79.
f 24 kr

Friks, Joh. Heinr., Grundsätze des Rechts der Handwerker, 8. Göttingen 78. Boßiegel
g 30 kr

G 3 Frickin-

Frickingers, J. M., Weberbildbuch, in neu inventirten Mustern, Fol. Schwabach 72. Riedel   A q 2fl 30kr

Friedrichs, J. A., Beleuchtung der Prangischen Bauanschläge, gr. 8. Halle 81. Curt   h 36 kr

Friedrich II. K. v. Preußen, öconomisch-politisches Finanzsystem, 8. Berl. 89. Decker   i 40kr

Fritsch, Ahasv., Abhandlung von den Buchdruckern, Buchhändlern, Papiermachern u. Buchbindern, 4. Regensburg 50. Seifert   c 12 kr

Frommel, J. Ch., Theorie des Kleebaues, 8. Basel 65. Serini   b 8 kr

Frühling, F. H., Handbuch für den Bürger u. Landmann, 8. Lpz. 88.   m 45 kr

Füllmann, J. C., Erfahrungen eines Mühlenmeisters, 8. Lpz. 78.   c 15 kr

– – Unterredungen über das Mahlen des Korns, 8. Leipzig 78. Schneider

– – Vorschläge für die längere Dauer der Mühlenwerke, 8. Leipzig 80. Schneider   d 15 kr

Fürstenau, J. H., Einleitung zur Haushaltungsviebarzneykunst, 8. Wolfenb. 47. Meisner   c 15 kr

– – gründliche Anleitung zur Haushaltungskunst, 8. Lemgo 36. Meyers   h 36 kr

Füllmann,

Fürstenau, desideria oeconomica, 4. Rinteln 81.
Barth   b 10 kr

‒ ‒ Gedanken von unvernünftigen Thieren, derselben Gebrechen ꝛc. besonders der Hornviehseuchen, 8. Wolfenb. 47. Meisner

Fugger, M., von der Zucht der Kriegs- und Bürgerpferde, nach der altteutschen Ausgabe von 1578. übersetzt, mit Anmerk. und dem 2ten Theil vermehrt von J. G. Wollstein, gr. 8. Wien 86. Gräffer A 1 fl 30 kr

Fuchsens, J., wohleingerichtetes Roßbuch, 8. Lpz. 56. Löwe   h 30 kr

‒ ‒ Inventarium für Gerichte, 8. Lpz. 86.
                                                d 18 kr

Fuchs, G. F. C., Versuch einer natürlichen Geschichte des Spiesglases, dessen chymischen Gebrauch, gr. 8. Halle 86. Gebauer
                                            A d 2 fl 15 kr

Fulkens, J. J., neue Gartenkunst, in 67 Kupfertafeln, gr. Fol. Augsb.   B 3 fl

Funks, L. B., Beschreibung welchergestalt Theer- und Kohlenöfen einzurichten sind, aus dem Schwed. von Dichäus, m. Kupf. 4. Lüneb. 80. Lemke   h 30 kr

Fuß, Erläuterung der Anstalten der Wittwenkassen, siehe Kritter.

Gaabs, practische Pferdarzneykunst, neue, umgearbeitete, und mit einem bisher geheim gehaltenen Anhang vom Wallachen vermehrte

te Auflage, mit 2 Kupfern, 8. Erlangen
  90. Palm   A 1 fl 30 kr
Gable, Grundsätze des Dorf- und Bauren-
  Rechts, 8. Halle 80. Whaus   s 1 fl 24 kr
Gabriels, P., Blumen- Küchen- und Baum-
  gärtner, 8. Tübing. 73. Cotta   h 30 kr
Gärtner, der erfahrne, 8. Frankfurt 74.
  Bayerhofer   h 8 kr
- - der wohlunterrichtete, vom Obst- und
  Küchengarten, vornemlich auch der Bienen-
  zucht, 8. Bayreuth 89. Lübek   o 54 kr
Galeati, Abts, Handlungs-Dialogen, 8. Lau-
  ban, 78. Wirthchen   u 1 fl 15 kr
Galiani, Abts, Dialogen über die Regie-
  rungskunst, vornehmlich in Absicht auf den
  Getraydehandel, gr. 8. Lemgo 77. Meyers
                                     q 1 fl 12 kr
Gallerie der Gartenkunst, ein Handbuch für
  Gärtner und Gartenfreunde, 1r Heft, mit
  K. 8. Prag 88. Schönfeld   A h a fl
Gallesky, J. G., Bemerkungen und Versu-
  che über einige Ursachen des unter dem
  Hornvieh vorkommenden Viehsterbens, 1tes
  Stück, gr. 8. Königsb. 72. Hartung d 15 kr
Garsaults, Hr. von, Unterricht für Liebhaber
  der Pferde und Reuter, übers. v. Krünitz
  m. K. 8. Berl. 70. Himburg   h 36 kr
- - der Leinwandhandel, siehe Schauplatz der
  Künste.
- - das Schneiderhandwerk, siehe Schauplatz
  der Künste.

Garten-

Gartenbücher.
> Antophilus, J., wohlerfahrner Blumen-
> Küchen- und Kunstgärtner, m. Kupf. 8.
> Augsp. 79. m 45 kr
> Anweisung, praktische, zur Gartenkunst für
> alle Monate des Jahres, von Mawe und
> andern Gärtnern, a. d. Englischen gr. 8.
> Leipzig 79. Weidmanns A d 2 fl 15 kr
> Baumgärtner, der deutsche, mit Kupf. 8.
> Eisenach 73. Wittekind m 45 kr
> -- J. Chr., vollständige und annehmliche
> Gartenlust, 8. Nürnb. 81. Seiz c 12 kr
> Beschreibungen von Gärten, 8. Altona 85.
> m 54 kr
> Betrachtungen über das heutige Gartenwesen,
> durch Beyspiele erläutert, 8. Leipzig 71.
> Junius k 45 kr
> v. Brocke, H. Chr., Beobachtungen von
> einigen Blumen, deren Bau und Zube-
> reitung der Erde, 8. Leipzig 79. Hilscher
> h 30 kr
> Mehr hievon s. in alphabetischer Ordnung.

Gartenbelustigungen, perspectivische, beste-
hend in Zierraten von Sommerhäusern
und einer künstlichen Verschönerung der
Gärten, mit Kupf. Fol. 83. Nürnberg
A 1 fl 30 kr
Gartenbibliothek, Hamburgische, 2 Bände, 8.
Hamb. 79. Hertel in Lpz. A 1 fl 30 kr

Gartenbuch, neues englisches. 8. Leipzig 53.
Frommann f 30 kr
Gartengeheimnisse, wohlbewährte, wie Pflanzen und Blumengewächse zu traktiren, 8. Nürnb. 56. Monath h 30 kr
Gaßers, S. P., Einleitung in die öconomischen, politischen und Cameralwissenschaften, 4. Halle 29. Waysenh. m 1 fl
Gatterer, C. W., Abhandlung vom Nutzen und Schaden der Thiere, nebst den Arten sie zu fangen und zu vermindern, 8. Leipzig 81. Weygand B m 5 fl
– – Verzeichniß der Schriftsteller v. Bergwesen, 2 Stücke, 8. Götting. 86. Vandenhöck h 36 kr
Gauppens, G. F., der verbesserte Weinbau, m. K. 8. Stuttg. 76. Mezler f 24 kr
Gautiers, Tractat von der Anlegung und dem Bau der Wege und Stadt-Strassen, mit K. gr. 8. Lpz. 78. Hilscher q 1 fl
Gebrauch des Trokars bey dem Aufschwellen des Rindviehes von Ueberfressen, nebst Bemerkungen über die Kleefütterung, 8. Lpz. 88. Heinsius b 8 kr
– – der Berg- und Wünschelruthe, 8. ebend. 84. Hilscher b 8 kr
Gedanken, öconomische, zu weiterm Nachdenken eröfnet, 1r und 2r Band, und 3ter Band, 1ster bis 8ter Theil, gr. 8. Kopenhagen 57. 69. Pelt D q 7 fl

Gedan-

Gedanken von Abstellung der Natural-Herrn-
oder Frohndienste, 4. Göttingen 77. Boß-
tegel   b 10 kr
- - von der Bevölkerung, 8. Carlsruhe, 49.
   Mezler   b 8 kr
- - von der Verbesserung des Flachbaues, 8.
   Brand. 69.   e 24 kr
- - über das Schlagen der Wünschelruthe, 8.
   Eisenach 57. Wittekind   a 4 kr
- - von der Erfindung des Bergwerks bei
   Freiberg 8. Chemnitz 63. Stößel   b 8 kr
- - über die Handlung und das Bauwesen, 8.
   Berl. 54.
- - von der Möglichkeit und Nothwendigkeit
   der Wohlfeilheit, 8. Chemn. 66.
- - über die Mittel zur Beförderung der Handlung in einem Lande, worinn sie noch nicht
   empor kommen können, 8. Gotha 72. Ettinger   m 54 kr
- - von der Handlung, dem Waarenverschrei-
   ben und dem Buchhalten, 8. Berlin 78.
   Ringmacher   b 10 kr
- - vom Landwesen, der Sparsamkeit und nützlichen Fabriken, gr. 8. Kopenh. 58. Pelt
                                     b 8 kr
- - eines schlesischen Landwirths, aus Haa-
   fer Roggen und Weitzen zu machen, 8.
   Bresl. 60. Meyer   a 4 kr
- - von Anlegung mehrerer Manufacturen und
   Fabriquen, gr. 8. Stuttg. 62.   b 8 kr

Gedan-

Gedanken von der Natur, Eigenschaft und Fortpflanzung der wilden Bäume, 4. Wolfenb. 52. Meisner   f 24 kr

– – Vorschläge zur Stadt- und Land-Oeconomie, 8. Bresl. 67. Korn sen.   e 20 kr

– – eines Patrioten, über den Entwurf zur Wiederherstellung des allgemeinen Credits des Schlesischen Adels, 8. ebend. 70. m 45 kr

– – über den Entwurf, wie die Aufhebung der Gemeinheiten am füglichsten bewerkstelliget werden kann, 8. Berlin 72. Pauli   c 15 kr

– – eines altmärkischen Landwirths, 8. ebend. 74.   c 15 kr

– – über die Verbesserung der Landwirthschaft, 8. Leipz. 75.   b 10 kr

– – über die Rosen und Nelken, so dermalen die Weiden tragen, 4. 50. Hechtel   a 4 kr

– – über die Auseinandersetzung der Gemeinheiten, 8. Berl. 74. Decker   c 12 kr

– – von der Kunst reich zu werden, 8. Schmalkalben 73.   c 12 kr

– – meine, über die Hornviehseuche, 8. Nordhausen 76. Groß   b 8 kr

– – freie, eines Forstliebhabers, 8. Strasb. 76.   b 8 kr

– – ob es für ein Land nützlicher sey, die grossen Pachtungen zu vereinzeln, oder zu verkaufen, 4. Götting. 77. Boßiegel   b 10 kr

Gedan-

Gedanken von Vermehrung der Festigkeit des Erlenholzes zum Gebrauch ausser dem Wasser, 8. Eisenach 79. Wittekind   b 8 kr

— — zufällige, zum Wohl des Landmannes, von einem Patrioten, gr. 8. München. 80.   c 12 kr

— — einige, von der Bevölkerung des platten Landes, 8. Berl. 81. Voß   c 15 kr

— — patriotische, über die Bevölkerung, 8. Frft. u. Leipz. 81. Gutsch   c 12 kr

— — zufällige, über Zucht und Arbeitshäuser, gr. 8. Augsb. 82. Stage   h 30 kr

— — patriotische, von den leibfälligen Leibgütern in Schwaben, 8. Ulm 85. Stettin   c 12 kr

— — zufällige, über die Frage: warum der heutige Landmann mehr arm als reich wird? gr. 8. Halle 86. Waysenh.   k 50 kr

— — über verschiedene Gegenstände der Forst- und Cammeralwissenschaft, nebst einem Forst-Catechismus für Jünglinge, gr. 8. Nberg.   A h 2 fl

— — eines Altgläubigen über den Feld- Wiesen- und Kleebau, 2 Stücke, gr. 8. Leipzig 86. Kummer   d 15 kr

Gee, Traktat von der Handlung der Engländer, 8. Kopenh. 57. Rothe   f 24 kr

Gefahr, die gehobene, beym Eintritte der Rindviehseuche, 8. Berl. 79. Pauli   f 24 kr

vom Ge-

vom Gegenbuche. Ein Beytrag zur sächſiſchen
Bergwerksgeſchichte, 8. Chemnitz 80. Stöſſel
  f 24 kr
Geheimniß des ächten Porzellains, Berlin
50.   b 8 kr
- - 138. bis auf 200. vermehrte, von allerhand magiſchen, ſpagiriſchen, ſimpatetiſch
und ökonomiſchen Kunſt-Stücken, 8. Breslau 62   f 24 kr
- - der Gärtnerey, 4. Frft. 82.   c 12 kr
- - der Kellermeiſter, Weinſchenker und Kie-
per, 8. Lpz. 55. Frommann   d 18 kr
- - alle Flecken aus den Kleidern zu machen,
8.   b 8 kr
- - alle Arten Tinte zu machen. 8. Frankfurt
77.   c 15 kr
- - geheim verſuchte experimentirte, zum Nutzen junger Künſtler und Handwerker, 6 Abtheil. 8. Amſterdam 84.   h 36 kr
- - entdeckte, von Liqueurs, Aquaviten und
allerley köſtlich gebrannten Waſſern, 8.
Danzig 84.   f 30 kr
- - eröfnetes, der Probierkunſt des Münzwe-
ſens, 8. Lpz. 56. Müller   d 18 kr
- - der praktiſchen Münzwiſſenſchaft, ſammt
beygefügter Tariffa über Gold- und Silber-
münzen, mit Kupf. 4. Nürnberg 74. Fel-
ſecker   B q 4 fl
- - der Müller, Becken und Melber, Fol.
Anſpach 69. Haueiſen   c 10 kr

Geheim-

Geheimniſſe, entdeckte, oder Erklärung aller
Kunſtwörter und Redensarten bey Berg-
und Hüttenarbeiten, 8. Helmſt. 78.
Geißl, Chr. Fr, das ächte türkiſche rothbaum-
wollene Garn zu färben, 8. Leipzig 87.
Böhme   c 12 kr
Gellerts, C. E., Anfangsgründe der metal-
lurgiſchen Chemie und Probierkunſt, 2 Theile, mit Kupf. 8. Leipzig 72 - 76. Fritſch
           A m 2 fl 45 kr
Gemberly, C. J., Preißſchrift, wie die in
den Nieder-Oeſtreichiſchen Landen zu zer-
theilenden Viehweiden am beſten anzuwenden, 8. Wien 73.   d 15 kr
- - praktiſche Abhandlung von Verbeſſerung u.
Vermehrung des Dunges, 8. ebend. 78.
von der Gemeinheits-Aufhebung und Verkoppe-
lung in den Braunſchweig-Lüneburgiſchen
Ländern, 8. Götting. 84.
Genete, des Hrn, praktiſche Anweiſung zu einer beſondern Einrichtung einer hölzernen
horizontalen Brücke, die ungeheure Läſten
tragen kann, mit Kupf. gr. 8. Strasb. 72.
König   m 45 kr
Genoveſi, Abts von, Grundſätze der bürgerlichen Oeconomie, 2 Theile, gr. 8. Leipzig
72. Kummer   A h 2 fl
- - Ant., öconomiſch-politiſcher Commenta-
rius, 1ſter Band, gr. 8. Leipz. 88. Heinſius   A m 2 fl 15 kr

           Gerar-

Gerardin von Verschönerung der Natur und Landwohnungen, 8. Leipzig 79. Breitkopf
 m 54 kr
Gerhardi, G., Roßarzneybuch, 12. Nürnb. 32. d 15 kr
Gerlachs, F. W., bestätigte Vorschrift über die beste Erleuchtung einer Ebene mittelst einer Lampe, 8. Wien 73. Ghelen c 12 kr
Germershausen, C. F., das Ganze der Schaafzucht, 1ster Theil, gr. 8. Leipzig 89. Junius q 1 fl 12 kr
– – Hausvater, s. Hausvater.
– – Hausmutter, s. Hausmutter.
Gersdorf, A. T. v., von der Puzzolane und deren nüzlichen Gebrauche zu allerhand Arten Bauanlagen. A. d. Franz. gr. 8. Dresden 84. Walther m 54 kr
Gerthings, Joh., Gedanken, Wünsche und Vorschläge zur Emporbringung der nuzbaren Gärtnerey, gr. 8. Jena 88. Akad. Buchh. k 45 kr
Geschichte, allgemeine, der Handlung und Schiffarth, der Manufacturen und Künste, des Finanz- und Cameral-Wesens, zu allen Zeiten und bey allen Völkern, 2 Theile, gr. 4. Bresl. 51.54. Kornjun. C h 5 fl
– – der Steinkohlen und des Torfs, 8. Mannheim 75. Schwan e 20 kr
– – kurze, der Abgaben in Sachsen, 8. Dresden 82. Gerlach f 24 kr

Geschichte, practische, Europäischer oder einheimischer Naturproducte, 7 Hefte, mit illum. Kpf. gr. 8. Nürnberg 79-82. Stiebner. C m 5 fl 15 fr
-- Ebendasselbe mit schwarzen K. B h 3 fl 30 fr
-- der Einimpfung der Hornviehseuche in Dänemark im J. 70-72. gr. 8. Kopenhagen 75. Rothe f 24 fr
-- der Ost, und Westindischen Handlungsgesellschaften, 2 Theile, gr. 4. Halle 64. Gebauer E q 10 fl
-- einiger, den Menschen, Thieren, Oekonomie und Gärtnerey schädlichen Insekten, a. d. Franz. von J. A. G. Götze, gr. 8. Leipzig 87. Weidmanns u 1 fl 36 fr
-- der Churmärkischen Forsten und deren Bewirthschaftung, gr. 8. Berlin 89. Maurer m 54 fr
-- kurze, der Nelken, gr. 8. Schwerin 87. Bödner d 15 fr
-- verschiedener hierländischer Baumwollarten und ihres öconomischen Nutzens, gr. 8. Salzburg 83. d 15 fr

Getrayde, vom ausgewachsenen, nebst den Mitteln es zu erhalten und zu benutzen, 8. Hamb. 83. Hofmann u 6 fr
-- Magazinen, von, von Lebensmitteln u. von dem Unterhalt des Volkes, gr. 8. Frankft. 71. Andreä f 24 fr

H Geuter-

Geutenbruck, C. A., Gedanken und Anmerkungen über die Einrichtung einer herrschaftlichen Cammerverwaltung, 8. Erfurt 65. Homeyer d 18 kr

- - Anweisung, wie mit dem Anbau des Holzes zu Werk zu gehen, 8. ebend. 57. Weber b 10 kr

- - Unterricht von Schaafen und Schäfereyen, 2 Theile, 8. Lpz. 66. 67. Hilscher A d 1 fl 45 kr

Gibsons, W., Abhandlung von den Krankheiten der Pferde und ihrer Heilung, aus d. Englischen, mit Kupf. 1ter Theil, 8. Göttingen 80. Dieterich B 3 fl 36 kr

Gläsers, J. G., Beyträge zur Naturgeschichte und Bergpolizeywissenschaft, gr. 8. Leipzig 80. Crusius h 30 kr

- - Versuch einer mineralogischen Beschreibung von Henneberg, gr 8. ebend. 75. derf. A d 2 fl 15 kr

Glasers, J. F., Vorschläge, bey Feuersbrünsten Häuser und Mobilien sicher zu retten, 4. Dresd. 56. Richter f 24 kr

- - Eben das, vermehret, 8. Hildburghausen 64. Hanisch s 1 fl 12 kr

- - Ebendasselbe, 3te vermehrte Auflage, gr. 8. ebend. 72. derf. A 1 fl 30 kr

- - Preißschrift, wie das Bauholz in den Gebäuden zu Abhaltung grosser Feuersbrünsten dauerhaft zuzurichten, daß es nicht leicht Feuer fange, 8. ebend. 62. derf. c 12 kr

Glafers,

Glasers, J. F., Beschreibung der grossen
Feuerprobe, welche mit seinem erfundenen
brandabhaltenden Holzanstriche öffentlich gemacht worden, mit Kupf. gr. 8. Leipz. 73.
Böhme   f 24 kr
- - Vertheidigung dieser Feuerprobe, 8. ebend.
80. derf.   d 15 kr
- - Preißschrift, wie die Feuerlösch - Anstalten zu verbessern sind, gr. 8. ebend. 75.
derf.   h 30 kr
- - physikalische Bewegungsgründe, die es
wahrscheinlich machen, daß bey Suhla ein
unterirrdischer grosser Schatz Steinsalz ver-
borgen liege, gr. 8. ebend. 76. derf.   f 24 kr
- - Abhandlung von Raupen, gr. 8. ebend.
74.   k 40 kr
- - fernere Erörterung und Aufklärung der
Preißschrift von Verbesserung der Feuerlösch-
anstalten, gr. 8. 79. Hanisch   h 30 kr
- - Vertheidigung und Beweise für die Güte
seines erfundenen Holzanstrichs, gr. 8. Leipz.
74. Böhme   f 24 kr
- - von der tödtlichen Knotenkrankheit, und
der nicht tödtlichen Maul - und Fußkrankheit
unter dem Rindvieh und dem Rothwildpret,
m. illum. K. gr. 8. ebend. 83. derf. a 54 kr
- - dasselbe mit schwarzen Kupf. gr. 8. ebend.
                                              k 40 kr
- - von den schädlichen Raupen der Obstbäume und den Hülfsmitteln dagegen, m. K. gr.
8. Leipz. 80. Böhme   m 45 kr

Glaser,

Glaſer, J. F., von Raupen an Obſtbäumen, mit illuminirt. Kupf.   s 1 fl 20 kr
- - Feuerlöſchproben, oder Beſchreibung wie ein Brandfeuer geſchwind zu löſchen, gr 8. Marburg 86. Akad. Buchh.   f 24 kr
- - Abhandlung und Vorſchläge, wie die meiſten Feuersbrünſte in den Gebäuden verhütet, und beſſer gelöſcht werden können, gr. 8. Leipzig 88. Haugs   u 1 fl 15 kr

Glaskünſtler, der Gott und Menſchen gefällige, 4. Hildburgh. 70. Haniſch   b 8 kr

Glasſchmelzkunſt, die, bei der Lampe, mit 1 K. 8. Wien 69.   f 24 kr

Glauchen, A. von, Geſpräch vom Bergweſen, aus dem Lat. von Stör, 8. Rothenburg 78. Hermſtädt   m 45 kr

Gleditſch, G. Fr., Anleitung zum Seidenbau, m. K. 8. Jena 70. Cuno   g 30 kr
- - Joh. Gottl., Pflanzenverzeichniß von fremden und einheimiſchen Bäumen, Sträucher und Staudengewächſen, gr. 8. Berlin 73. Haude   A 1 fl 48 kr
- - Abhandlung von Vertilgung der Heuſchrecken, 8. Berl. 54. Voß   b 10 kr
- - vermiſchte phyſikaliſche botaniſch-öconomiſche Abhandlungen, 3 Theile, m. K. gr. 8. Halle 65-67. Curt   C d 6 fl
- - vermiſchte Bemerkungen, aus der Arzneywiſſenſchaft, Kräuterlehre und Oeconomie, m. K. gr. 8. Lpz. 68. Hartknoch   q 1 fl

Gleditſch, Joh. Gottl., ſyſtematiſche Einleitung in die Forſtwiſſenſchaft, 2 Bände, gr. 8. Berlin 76. Weber C 5fl 30kr

- - phyſikal. ökonomiſche Betrachtungen über den Heideboden in der Mark Brandenburg ꝛc. gr. 8. Berl. 82. Decker f 30 kr

- - botaniſche und öconomiſche Abhandlungen, herausgegeben von Gerhard, 3 Bde, gr. 8. ebend. 89. Heſſe B 3 fl 15 kr

- - 4 hinterlaſſene Abhandlungen, das practiſche Forſtweſen betreffend, herausgegeben v. Gerhard, gr. 8. ebend. 88. derſ. m 54 kr

Glockengießer, der künſtliche und harmoniſche, m. K. 8. Augſp. 66.

Gloretz, And., vollſtändige Haus- und Landbibliothek, 2 Theile, mit Kupf. Fol. Nürnberg 19. Lochner M 18 fl

Gmelin, J. F., Abhandlung von den Arten des Unkrauts auf den Aeckern, 8. Lübeck 79. Donatius q 1 fl

- - von giftigen wildwachſenden Gewächſen in Deutſchland, gr. 8. Ulm 75. Stettin m 45 kr

- - allgemeine Geſchichte der Gifte, 1r Theil, 8. Lpz. 76. Weygand q 1 fl 15 kr

- - Geſchichte der Pflanzengifte, oder 2r Th. 7. Nürnberg 77. u 1 fl 15 kr

- - Geſch. der mineraliſchen Gifte, 8. ebend. 77. m 45 kr

- - Beyträge zur Geſchichte des deutſchen Bergbaues, 8. Halle 83. Gebauer A m 2 fl 45 kr

Gmelin,

Gmelin, J. F., Grundsätze der technischen Chemie, 8. Halle 86. Gebauer C 5 fl 40 kr
- - chemische Grundsätze der Probier- und Schmelzkunst, 8. ebend. 86. derf. y 2 fl
- - Abhandlung über die Wurmtrockniß, gr. 8. Leipz. 87. Crusius u 1 fl 15 kr
- - Anhang hiezu, gr. 8. ebend. 87. derf. A d 2 fl 15 kr

Göchhausen, F. von, Notabilia venatoris, oder Jagd- und Weidwerksanmerkungen, 8. Weimar 51. Hofmanns h 24 kr
- - eben dieses, gr. 8. ebend. 64. m 54 kr

Göttling, J. F. A., Beschreibung verschiedener Blasemaschienen zum Löthen, Glasblasen zc. mit 1 Kupf. gr. 4. Erfurt 84. Keyser d 15 kr
- - Almanach für Scheidekünstler auf 1780. 89. 12. Weimar, Hofmann D h 7 fl 48 kr

Gold- und Silberarbeiter, 8. Nürnberg 26. f 24 kr

Gosch, J. L., Entwurf eines Plans zu einem vollständigen System der einem Staatswirthe nöthigen Wissenschaften, 8. Kopenhagen 87. Pelt B 3 fl

Gottschald, J., gemeinschaftlicher Nutzen bei Abschaffung der Frühhütung auf nassen Wiesen, 8. Wittenb. 82. Gerlach d 15 kr

Graf, F. W., Anleitung zur einfachen u. doppelten Buchhaltung für Kaufleute u. Buchhalter, gr. 8. Lpz. Schneider u 1 fl 15 kr

Graß-

Graßmanns, G. L., Abhandl. ein Land in Ermangelung des Düngers fruchtbar zu machen, 8. Berl. 72. Lange c 12 kr
- - Plan zur Auseinandersetzung der Gemeinheiten, 8. ebend. 74. derſ. h 30 kr
- - Bestimmung des Landes zu dem reichlichen Unterhalt einer Bauern-Familie, 8. ebend. 76. derſ. h 30 kr
- - über die allgemeine Stallfütterung des Viehes und die Absicht der Beybehaltung der Brache, gr. 8. ebend. 84. Kunze h 36 kr

Gravenhorsts, 4 Nachrichten, deſſen Fabrikproducte betreffend, 8. Braunſchweig 69. Schulbuchh. c 15 kr

Graumanns, P. B. C., Abhandlung über die Franzosenkrankheit des Rindviehes, 8. Rostock 84. Koppe m 45 kr
- - Licht des Kaufmanns, beſtehend in Wechsel-Arbitragen-Tabellen und einer ausführlichen Nachricht von den Münzen und Wechselgeldern der Handelsſtädte, 4. Berlin 54. Maurer C 5 fl 24 kr
- - europäiſcher Arbitragetractat, oder neublühender Kaufmannswechſel, gr. 8. Hamburg 31. Fritſch A q 3 fl
- - arithmetiſche Geldtabellen, 2 Theile, 8. ebend. 34. m 54 kr
- - geſammelte Briefe vom Gelde, vom Wechsel und deſſen Cours, 2 Theile, 4. Berlin 62. Voß B 3 fl 36 kr

Greſſels, Gedanken von der Hornviehſeuche, 8. Augsb. 54. Merz b 8 fr
Grießheims, Lud. Wilh. von, Verſuch einer neuen Brückenbauart, mit Kupf. gr. 8. Altenburg 73. Richter f 30 fr
- - Beyträge zur Aufnahme des blühenden Wohlſtandes der Staaten, 2 Bände, 8. Zittau 66.67. Schöps A m 2 fl 15 fr
- - Cameralgrundſätze practiſcher Forſtwiſſenſchaft, gr. 8. Lpz. 78. Breitkopf q 1 fl 12 fr
- - C. L., die Stadt Hamburg in ihrem politiſchen, ökonomiſchen und ſittlichen Zuſtand, nebſt Anmerkungen und Zuſätzen, 8. Hamburg 60. Junius A m 2 fl 45 fr
Großkopfs, J. A., Forſt- Jagd- und Weidwerkslexikon, 8. Langenſalze 59. Schneider h 30 fr
Grots, C. G., Entwurf der Forſtwiſſenſchaft, in Abſicht der Tangelwaldungen, 8. Chemnitz 65. Stößel m 45 fr
Grotians, J. A., ergözende Sommerbeluſtigungen, 2 Theile, 8. Nordhauſen 59.64. Groß s 1 fl 12 fr
- - phyſikaliſche Winterbeluſtigungen mit Hyacinthen, Tulpen und Nelken, 3 Theile, 8. ebend. 66. derſ. q 1 fl
- - Kunſt Brantweine zu brennen, 8. ebend. 61. derſ. d 15 fr
- - Calendarium perpetuum, oder immerwährender Land- und Gartencalender zum nützlichen

lichen Gebrauch bey dem Ackerbau, 6 Theile, Frft. 56. 72. Brönner   B 3fl 15kr

— — Abhandlungen von dem Bau der Levcoien, Nelken und Aurikeln, 8. Nordhausen 58. Groß   i 36kr

Gründe, allgemeine, der öconomischen Wissenschaften, vornehmlich des Ackerbaues, der Handlung und des Cameralwesens, 3 Thle, 8. Frft. 70. 71. Ammermüller   Aq 2fl 30kr

Gründe, der wider die Pachtsteigung ergangenen Landesgesetze, 8. Hanau 67. Schulz   c 12 kr

Gründler, C. G., von dem grossen Nachtheile der Monopolien, 8. 86.   b 10kr

— — allgemeine Beyträge zur Handlung, 2 Theile, 8. Berl. 88. Realschule   q 1fl 12kr

— — Beantwortung der Frage: kann die Einfuhr auswärtiger Fabrikate, zum innern Debit der inländischen Fabriken unbeschadet, erlaubt werden? 8. ebend. 88. dies.   c 12kr

Gruft, entdeckte, natürlicher Geheimnisse, oder Künste, die Landgüter merklich zu verbessern ꝛc. 8. Lpz. 52. Frommann   k 45 kr

Grund und Standriß, nebst Profil und Durchschnitt eines neu erfundenen Kornbehälters, und Vorrathgebäudes, mit Kupf. gr. Fol. 39. Saurmann   q 1fl 12kr

Grundriß der practischen Forstwissenschaft, gr. 8. Stuttg. 64. Mezler   m 45 kr

— . zur Kenntniß und Verbesserung der fliessenden Ströhme s. Beckmann.

Grundriß der wahren und falschen Staatskunst, 2. Theile, s. Pfeiffer.
- - der Forstwissenschaft, s. Pfeiffer.
- - der Finanzwissenschaft, s. Pfeiffer.
- - der Staatswirthschaft, zur Belehrung u. Warnung angehender Staatswirthe, siehe Pfeiffer.
- - der Forstwissenschaft, 8. Gießen 89. Krieger jun.   d 15 kr

Grundsätze der Finanzadministration und des Rechnungswesens in Reichsstädten, gr. 8. Nürnb. 86. Grattenauer   h 30 kr
- - der Universal-Cameral-Wissenschaft, siehe Pfeiffer.
- - juristisch-ökonomische, vom Generalverpacht der Domainen in Preußischen Staaten, 8. Berl. 85. Unger   A 1 fl 48 kr
- - der Handlungswissenschaft für Kaufleute, 8. Wien 85. Stahel   q 1 fl
- - der Landwirthschaft in Absicht auf die Verbesserung der Viehzucht, 8. Lindau 70. Otto   q 1 fl
- - des Besteurungsrechts der deutschen Reichsstände, 2 Stücke, 4. Stuttgardt 68. Mezler   b 10 kr
- - der bürgerlichen Baukunst, in 3 Theilen, gr. 8. Lpz. 85. 86. Schwickert   C 6 fl

Grupen, J., von Amts-Verwaltung und Berechnungen, 4. Hannov. 24. Hellwings   f 30 kr

Gudens,

Gudens, P. P., Policey der Industrie, oder Abhandlung von den Mitteln, den Fleiß der Einwohner zu ermuntern, 8. Braunschweig 67. Schulbuchh.   m 54 kr

- - von Wittwenkassen, und der dabey zu vermuthenden höchsten Wittwenzahl, 4. Hannover 71. Schmidt   k 40 kr

- - von den Gränzen der Städtischen und Land-Haushaltung, 8. Gött. 72.   c 15 kr

- - über den Vortheil und Schaden der Landesherren und Unterthanen vom schweren und leichten Münzfuß, gr. 4. Hannover 77. Hellwing   h 36 kr

- - gründliche Theorie und practische Vorschläge zu Wittwenkassen, 4. Braunschweig 81. Schulbuchh.   o 1 fl 8 kr

Güldenstädt, über die natürlichen Producte Rußlands zur Unterhaltung eines auswärtigen Handels, 8. 78. Hartknoch   d 15 kr

Gülichs, J. F., Anweisung zur Färberey auf Schaafwolle, Kameelhaare und Seide, 8. Ulm 86. Stettin   A h 2 fl

Guiots, Hr., Forsthandbuch, 8. Nürnb. 71. Stein   q 1 fl

Gutachten, die Anwendung und Cur der schlimmen Viehseuche betreffend, 8. Braunschweig 45.

- - eines Bau-Directoriums über Stukaturarbeit, Fol. Wezlar 58.   c 12 kr

Haber

Haberkorn, Jof., Landwirthschaft mit ihren Fehlern und Verbesserungen, 8. Breslau 80. Korn sen. k 40 kr

Habel, C. J., Beyträge zur Naturgeschichte u. Oekonomie der Nassauischen Länder, 8. Dessau 84. d 20 kr

Habich, G. E., Angabe zum Kattun- und Leinwanddruck, wie auch Baumwolle, Leinwand und Wolle ächt und unächt zu färben, ꝛc. 8. Lpz. 83. Müller A 1 fl 48 kr

Hänels, C. F., Gedanken über die Handlung und Münzwesen, 8. Chemnitz 77. Stößel d 15 kr

- - Fortsetzung derselben, 8. ebend. 78. derf. c 12 kr

- - Erklärung des einfachen u. doppelten Buchhaltens, der Wechselbriefe ꝛc. 8. ebend. 78. derf. b 8 kr

- - Anweisung zu Handels-Rechnungen, 8. ebend. 80. derf. f 24 kr

Hagar, J. B. M. von, Abhandlung von den Kennzeichen der Hornviehseuche ꝛc. 8. Wien 82. Kraus c 12 kr

Hagedorns, J. D., landwirthschaftlicher Haushalter, 8. Berl. 75. Realsch. A d 2 fl 15 kr

Hagens, H., physikal. ökon. Betrachtungen über den Torf in Preussen, 4. Königsb. 62. Hartung b 8 kr

Hagen, T. Ph. von, Beschreibung der Kalkbrüche bey Rüdersdorf, der Stadt Neustadt-

‑ ‑ Beschreibung der Stadt‑Eberswalde und der dasigen Eisen‑ und Messingfabriken, m. Kupf. gr. 4. Berlin 85. Pauli C h 6 fl
‑ ‑ Beschreibung der Stadt Freyenwalde, des dasigen Gesundbrunnens und Alaunwerks, gr. 4. ebend. 84. A d 2 fl 15 kr
‑ ‑ Regeln der Erfindungskunst, 8. Halle 37. Rengers d 20 kr
‑ ‑ physisch‑chemische Betrachtungen über das feuerbeständige Laugensalz, 4. Königsb. 69. Hartung a 4 kr
‑ ‑ Plan zur Abstellung der Betteley u. Verpflegung der Armen in grossen Städten, 8. Berlin 78. Realschule h 36 kr
‑ ‑ Plan zur bessern Einrichtung der Armenkassen, 8. Halle 87. Curt f 24 kr
Hagers, J. W. F., Unterricht vom Waldbau, 8. Copenh. 64. Proft b 8 kr
Hahns Beschreibung mechanischer Kunstwerke, 3 Stücke, 8. Stuttg. 74. Mezler h 30 kr
Hahnemann, Sam., Abhandlung über die Vorurtheile gegen die Steinkohlenfeuerung, gr. 8. Dresd. 87. Walther k 45 kr
Haid, J. H., öconomische practische Abhandlungen für Schwaben, 4. Ulm 82. u 1 fl 15 kr
Hales, S., Statick, der Gewächse, oder angestellte Versuche mit dem Saft der Pflanzen und ihrem Wachsthum, mit Kupf. 4. Halle 48. Rengers A d 2 fl 24 kr

Hallens

Hallens, J. Sam., Werkstätte der heutigen
Künste, oder die neue Kunsthistorie, 6 Bände, mit Kupf. 4. Brandenburg 61 - 79.
Halle M 21 fl 36 kr
- - Kunst des Orgelbaues, 4. ebend. 79. derf.
u 1 fl 30 kr
- - Technologie oder die mechanischen Künste,
m. K. gr. 8. ebend. 82. derf. B 3 fl 36 kr
- - kleine Encyclopädie oder Lehrbuch aller
Elementarkenntnisse, gr. 8. Berl. 79. u. 80.
Decker C 5 fl 24 kr
- - praktische Anweisung, alle Stahlarten zu
kennen, zu härten und zu bearbeiten, 8.
Berl. 83. Maurer c 15 kr
- - deutsche Giftpflanzen, zur Verhütung der
tragischen Vorfälle in den Haushaltungen 2c.
nebst ihren Hausmitteln, mit gemahlten K.
8. ebend. 84. Pauli A s 3 fl 15 kr
- - Gifthistorie des Thier- und Pflanzenreichs,
nebst den Gegengiften, gr. 8. ebend. 86.
derf. s 1 fl 24 kr
- - Naturgeschichte der Thiere in systematischer Ordnung, 2 Bände, mit Kupf. gr. 8.
ebend. 57-60. Voß B u 5 fl
- - die Tobaksmanufactur, siehe Schauplatz
der Künste.
- - die Leinenmanufactur, siehe Schauplatz der
Künste.
Hallers, A. von, Abhandlung über die Futterkräuter, gr. 8. Bern 71. Serini c 12 kr

Hallers,

Hallers, A. von, Abhandlung von der Viehseuche, gr 8 Bern 73 Haller   b 8 fr

- - Bemerkungen über Schweizerische Salzwerke, 8. Gießen 89. Krieger jun   f 1 fl 12 fr

du Hamel du Monceau, Naturgeschichte der Bäume, übersetzt und mit Anmerkungen vermehrt von Oelhafen, 2 Bände, mit Kupf. gr. 4. Nürnberg 64 - 65. Winterschmidt   H 12 fl

- - von Fällung der Wälder, und gehöriger Anwendung des gefällten Holzes, 2 Bände, mit Kupf. oder Naturg. der Bäume, 3 und 4ter Theil, gr. 4. ebend. 66 - 67. derf.   H 12 fl

- - Abhandlung von Bäumen, Stauden und Sträuchern, 4 Bände, mit K. gr. 4. ebend. 62. derf.   Q 24 fl

- - Erklärung der Kunstwörter aus der Botanik und Landbau, gr. 8 ebend. 65. derf.   q 1 fl

- - Abhandlung von der Erhaltung des Getraides, mit Kupfern, 8. Leipzig, 55. Juntus   A 1 fl 48 fr

- - Begriff des gesamten Feldbaues, s. Begriff.

- - Abhandlung vom Ackerbau, mit Kupf. 8. Dresden, 52 Walther   u 1 fl 30 fr

- - Pomona gallica, oder Abhandlung von Obstbäumen, übersetzt und mit Anmerk. vermehrt von Oelhafen, 3 Bände in 4 Theilen, m. 181 Kupfern, gr. 4. Nürnberg, 75 - 82. Winterschmidt   Y 40 fl

- - Beschreibung der Weinstöcke, mit Kupfern, gr. 4. ebend. 83. derf.   Ad 1 fl 45 fr

du Hamel du Monceau, Naturgeschichte oder Beschreibung der Erdbeerpflanze, mit Kupfern,
gr. 4. Nürnberg, 75. Winterschmidt Ad 1 fl 45

- - die Seifensiederkunst, s. Schauplatz.

- - Abhandlung von den Fischereyen und Geschichte der Fische, übersezt und mit Anmerk.
von Schreber verm. mit Kupf. gr. 4. Königsberg, 73. Pauli   Hm 15 fl 30 kr

Handbuch der gemeinnützigen Chymie zur Ausbreitung guter Kenntnisse in mechanisch. Künsten und andern Wissenschaften im gemeinen
Leben, 8. Leipzig, 85. Hilscher   q 1 fl

- - für Kaufleute, worinn alle Interessen und
Agio-Rechnungen befindlich, 8. Franff 68.
Garbe   k 40 kr

- - zur vollständigen Kochkunst, 8. Schwerin,
74. Möller   h 30 kr

- - ökonomisches, oder der verbesserte Tausendkünstler, 8. Ulm 67.   u 1 fl 15 kr

- - über die Verbesserung der vormundschaftli-
chen Verwaltungen, besonders eines vollständigen Inventariums, 4. Hannover 78. m 54 kr

- - für Leute, die keine Aerzte sind, zur Beförderung nützlicher Kenntnisse, 3 Thle, 8. Riga
79-81. Hartknoch   B 3 fl

- - für Frauenzimmer, enthaltend eine Wäsch-
und Küchen-Inventur, 8. Leipzig, 47. Dyk
       c 15 kr

- - nützliches und bequemes, für galante Frauenzimmer, 8. Eßlingen, 56. Stettin   q 1 fl

Handbuch, neues, für Künstler auf alle Fälle, 2 Theile, 8. Bambg. 65. Göbhard B 3 fl
- - neues, für Frauenzimmer, 2 Thle, 8. Hamburg, 74. Möller A h 2 fl
- - für den Landmann, oder Verzeichniß der in jedem Monath zu verrichtenden Arbeiten, 8. Berlin, 76. Weber c 15 kr
- - allgemeines, und Lehrbuch für den Haus- und Landwirth, mit Kupf. gr. 4. Nürnb. 80. A m 2 fl 15 kr
- - landwirthschaftliches, worin die Gewerbe des Landmanns kurz und deutlich anzutreffen, 8. Stuttgart, 79. Cotta q 1 fl
- - der praktischen Vieharzneykunst, 8. Leipzig, 83. Hilscher q 1 fl
- - und Haushaltungsbuch für Hausväter und Hausmütter, gr. 8. Stralsund, 83. A m 2 fl 15 kr
- - für Gartenfreunde und angehende Botaniker, 8. Frankenhausen, 88. Groß in Nordhausen p. 1 fl.
- - für Bürger und Landleute, 8. Nürnberg, 85. Zeh o 54 kr
- - für alle Handwerksmeister, Gesellen und Lehrpurschen, 8. Potsdam, 785. Horwath h 30 kr
- - öconomisches, für Guthsbesitzer, Verwalter, Pächter ꝛc. 4 Theile, 8. Altona 787. Kave A d 2 fl 15 kr
- - für Weinhändler, 8. Berl. 788. Himburg, h 36 kr

Handbuch für Liebhaber der Natur und Oeconomie, 8. Grätz 88. u 1 fl 15 kr
- - für Kaufleute sowohl Wechsel als Waarenberechnung, gr. 8. Leipzig 87. Böhme A h 2 fl
- - für junge Kaufleute, 1-3 Abtheil. 8. Nördlingen, 87. Beck u 1 fl 15 kr
- - für Becker, Brauer und Brandteweinbrenner, 8. Berlin 89. Unger q 1 fl 12 kr
der Handel in Compagnie, oder die Handlungsgesellschaft nach Vortheil und Schaden betrachtet, 8. Leipzig 64. Hilscher b 8 kr
Handelsmann und Hauswirth, der beym Einkau-
fe inn- und ausländischer Weine klüglich ver-
fahrende, 8. Leipzig, 66. Hilscher i 36 kr
Handelszeitung, neue europäische, gr. 8. Leipz.
Schwickert 86. u. 87. E 9 fl
die Handlung verschiedener Völker auf der Küste
von Guinea und Westindien, 8. Kopenh. 58.
Rothe d 15 kr
- - von Holland, gr. 8. Leipzig, 69. Schwickert A m 3 fl
Handlungsbibliothek, herausgegeben von Büsch
und Ebeling, 8 Stück, gr. 8. Hamburg, 86.
bis 89. Herold und Bohn C h 6 fl
Handlungsgeschichte der Stadt Leipzig, worinnen der Ursprung, das Wachsthum ꝛc. der
Handlung beschrieben werden, 8. Leipzig, 72
Heinsius m 45 kr
- - Wörterbuch oder Erklärung der Redensarten
der Kaufleute, 8. Regensb. 68. Montag d 15 kr

Hand-

Handlungszeitung, oder Nachricht vom Handel,
Manufakturwesen und Oekonomie, 4. Gotha,
89. Ettinger
- - Grundsätze zur Aufnahme der Länder, nebst
Beytrag, gr. 8. Bremen 68. Cramer g 30 kr
der Handwerker und Handwerkszünfte Ursprung
und Verfall, 8. Kopenhagen 43. Rothe b 8 kr
Handwerkswesen, vom, aus Bergius Cammeral-
Magazin genommen, 8. Hof, 73. Vierling
c 12 kr
Hanker über die Rechte und Freyheiten des Han-
dels, 8. Hamburg, 82. Bohn e 24 kr
Hannäus, G., historische Betrachtung der Vieh-
seuche, 8. Hamburg, 46. König b 8 kr
Hanovs Entwurf der Erfindungs- und der Lehr-
kunst, 8. Berlin, 40. Rüdiger k 45 kr
- - Seltenheiten der Natur und Oeconomie, 3.
Bände, 8. Leipzig, 53-55. Junius B d 4 fl
Hard, Carl le, Abhandlung vom Hanfe, 8. Wien
85. Schönfeld h 30 kr
Hartenfels, A. F., neuer Gartensaal, 2 Theile,
8. Frankf. 46. Brönner f 1 fl 12 kr
Hartig, F. G. v., Betrachtung über die Feld-
wirthschaft, 8. Prag 86. Schönfeld A 1 fl 30
Hartmanns, J. J., neue Garten-Erforschun-
gen, 4. Theile, mit Kupf. 8. Erfurt 61-62
Ettinger q 1 fl 12 kr
- - G., Pferde- und Maulthierzucht, gr. 8.
Stuttg. 86. Mezler A 1 fl 30 kr

Hartmanns, L. Freih. von, Abhandlung von Verbesserung der Staatswirthschaft in Bayern, 4. München, 784. Stein   d 15 kr

– – vom Nationalstolz aus Vaterlandsliebe, 8. ebendas. 89. Stein   f 24 kr

– – der Stadt Leipzig und aller großen Handelsplätze Wechselbaum, 4. Leipzig   u 1 fl 30 kr

– – Unterricht von Verbesserung der Sackuhren, 8. Jena, 52   d 18 kr.

– – – – von Verbeff. aller Uhren, m. 50 Kupf. 8. Halle, 56. Whaus   u 1 fl 36 kr

– – L. v, geprüfte und auf Erfahrung gegründete ökonomische Abhandlungen vom Acker- und Wiesenbau und der Holzkultur, 8. Nürnberg, 86. Stein   h 30 kr

– – Abhandlung von dem blühenden Zustande der Staaten, 4. Nürnberg, 86. Stein   f 24 kr

– – von Erkenntnis und Verbeff. der Erde, 4. München, 72. Stein   c 12 kr

– – von Verbeff. und Vermehrung der Wiesen, 4. Ebd. 75. Derf.   c 12 kr

– – vom Wachsthum und Krankheiten der Pflanzen, 4. Ebd. 74. Derf.   c 12 kr

Harttropf, S. C., Sammlung von Kunststücken für Hausväter und Künstler, 8. Breslau, 83. Korn sen.   h 30 kr

Harzmagazin, neues allgemeines, öconomischer, moralischer zur Policey, Staatswirthschaft, 2c. gehörigen nützlichen Wahrheiten, 12 Stücke und

und ein Register, 8. Blankenburg 768. 71.
Reusner   A 1 fl 48 kr
Hasens erklärte Waaren-Calculation, 4. Frkf.
765. Andreä   A q 2 fl 30 kr
- - doppelter und einfacher Buchhalter. 4.
Frkf. 767 ebenderſ.   C h 5 fl
- - Münzmeister und Münzwardein, 8. Frkf.
756. ebenderſ.   A 1 fl 30 kr
- - Fruchtmaaß-Reduction der österr. Kreis-
lande gegen Darmstadt, 8. Frkf. 63. Brön-
ner   q 1 fl
- - Beschreibung 7 Arten von Ram-Ma-
schinen, mit Kupf. 4. Berl. 71. Haude
                                       A h 2 fl 24 kr
- - (J. A.) Sammlung verschiedener Vor-
schriften die Viehseuche betreffend. 8. Wit-
tenberg 64. Kühne   b 8 kr
Hastfers, F. W. Unterricht von der Zucht und
Wartung der besten Art von Schaafen, gr. 8.
Leipzig 85. Heinsius   h 30 kr
- - Goldgrube eines Landes, in Verbesserung
der Schaafszucht, gr. 8. Copenhagen 756.
Proft   c 12 kr
Haßlang von Bereicherung eines Landes durch
den Flor der Handlung mittelst Fabriken u.
Manufacturen, 4. München 73. Stein c 12 kr
Hausapotheke, kleine, für das Frauenzimmer, 8.
Tübingen 61. Cotta   d 15 kr
- - darinnen viele Kräuter und Wurzeln be-
schrieben, desgleichen die von Thieren, Vö-
                J 4   gel

gel und Fischen zur Arzney dienlichen Sachen
ꝛc. 8. Leipzig 71. Hilscher h 30 kr.
Hausapotheke, kleine, oder Sammlung von
Hausmitteln für Kranke, 8. Augsburg 76.
Rieger e 20 kr
Haußbuch, Schweitzerisches, zum Acker- Wie-
sen- und Gartenbau, 8. Basel q 1 fl
Haußhaltungs-Künste, nutzbare, 8. Lissa 55.
b 10 kr
Haußhaltung und Landwissenschaft, allgemeine,
aus den neuesten Erfahrungen und Entdeckungen, 5 Theile, mit Kupf. aus dem Engl.
gr. 8. Hamburg 59. 68. Heinsius 1r A m 2r
A m 3r A 4r s 5r A E. s 10 fl 24 kr
Haushaltungskunst, wohleingerichtete, wie allerhand Getraide, Früchte ꝛc. zu rechter Z. it
einzukaufen, auch zu erkennen sind, 8. Nürnberg 60. e 20 kr
Haushaltungs-Calender, fränkischer, 4 Schwabach 70 — 90. Mizler á b A. s 3 fl 9 kr
- - - - Stuttgardter, s. Sprenger.
Haushaltungskunst im Kriege und in der Theurung, nebst den dazu gehörigen Policeyanstalten, 4. Stuttgardt 771. Mezler m 45 kr
- - in der Theurung, besonders, 4. ebendas.
Mezler d 15 kr
- - - - des menschlichen Lebens, 8. Mainz
85. Varrentrapp m 45 kr
Haushaltungs-Lexicon, s. Lexicon.

Haus-

Haushaltungs-Taschenbuch für Frauenzimmer, aufs Jahr 85. 86. u. 87. 8. Stuttgardt Mezler á m Am 2 fl 15 kr

Haushaltungs-Zeitung, oder Tagebuch zum Nutzen des Landmanns, 12 Stücke, 8. Heilbronn 781. Eckebrecht Am 2 fl 15 kr

Haushaltung eines Studirenden auf der Universität, 8. 782. c 12 kr

Haushaltungs-Register über Einnahme und Ausgabe, s. Claproth.

Haus- und Landwirthschaftsregeln, allgemeine und stets währende, mit Kupf. gr. 4. Nürnberg Riegel Aq 2 fl 30 kr

Haus- und Landwirth, der wohlerfahrne, 8. Leipzig 51. Hilscher f 24 kr

Haus- und Land-Arzt, 8. Tübingen 56. Wohler k 40 kr

Hausmutter, die, in allen ihren Geschäften, von Germershausen, 5 Bände, gr. 8. Leipzig 78-81 Junius H 14 fl 24 kr

- - - dasselbe im Auszug, gr. 8. ebendaselbst, 782. ders. Ad 2 fl 15 kr

Hausmutterkalender über die vorfallenden Geschäfte, von Ebendemselben, gr. 8. ebendas. derselbe f 30 kr

Haus- und Kunstübung für alle Künstler, 8. Nürnberg 17. k 40 kr

Hausvater, der kluge, oder der von Gott verordnete Haus- und Nährstand, 3 Thle, 8. Tübingen, 32. Heerbrand o 54 kr

J 5 Haus-

Hausvater, der kluge, beym wirthschaftlichen Geschäfte der Aufbehaltung verschiedener Produkte, 8. Leipzig, 769. Hilscher d 15 kr
- - in der Stadt und auf dem Lande, 8. Ulm 67. Bartholomäi e 20 kr
- - eine öconomisch-periodische Wochenschrift, 6 Bände in 12 Stücken, und einem Anhange, vom Hrn. v. Münchhausen, m. K. gr. 8. Hannover 64·75. Helwings Ku 19 fl 30 kr
- - der, in systematischer Ordnung, vom Verfasser der Hausmutter, 5 Bände, gr. 8. Leipzig 83·86. Junius, 1·3 r à A. q 4 r B. d 5 r A h H. m 16 fl
- - bayrisch ökonomischer, 1r Band gr. 8. München 83. Friz A 1 fl 30 kr

Haus-Vieh-Arzneybuch, 8. Tübingen 87. Heerbrand h 30 kr

Haussorge oder Arzneybuch, 8. Nürnberg 27. Felseker h 30 kr

Hauswirth, der sorgfältige, und curieuse Bauersmann, 8. Leipzig 32. b 8 kr
- - der belehrende und rathgebende, zum Gebrauch sowohl in Städten als auf dem Lande, 8. Frkft. 86. f 24 kr

Hauswirthes, des sorgfältigen, nöthige Wissenschaften bey Pferden, 8. Langensalz 773. Schneider h 30 kr

Haus- und Wirthschafts-Verwalter, 2 Theile, Breslau 64. Scheidhauer u 1 fl 15 kr

Haus-Wirthschafts-Kunst, die adeliche, nebst
    Arzney gegen die Gebrechen der Pferde, 8.
    Erfurt 57.   f 24 kr
Hauschild, von Bauern und deren Frondiensten,
    4. Dresden 71. Gerlach   q 1 fl
- - Beyschriften von Bauern und Frohnen,
    8. ebendas. 44. derf.   e 20 kr
Hausmanns (H.) wohleingerichtete Feuerord-
    nung, 8. Jena 45. Melchior   b   10 kr
Heimburgers (J.) neueröfneter Bau- und Zim-
    merplatz, oder Anweisung zum Zimmerwerk,
    mit Kupf. gr. Fol. Duisb. Böttiger q 1 fl 12 kr
Heimlichkeit, die eröfnete, der vornehmsten
    natürlichen Künste und Wissenschaften, 3
    Sammlungen, 8 83. Hersf. Hermstädt 1 36 kr
Heinemanns, J. W. Abhandlung über die Feuer-
    löschungsanstalten, 8. Lemgo 77. Mayers c 15 kr
Heinholds, J. Andr. Vorzugsrechte der Sta-
    pel- und Meßgerechtigkeit in Leipzig, 4.
    Leipzig 41. Clanner   c 15 kr
v. Heinik über die Producte des Mineralreichs
    in Preussen, gr. 8. Berlin 86. Rottmann
                                         f 30 kr
Heins, von den Vortheilen, die Ziegeldächer ohne
    Kalk und Moos zu verwahren, 8. Frankf.
    756. Koppe   a 4 kr
Heinze, B. A. öconomische und statistische Rei-
    sen durch Meklenburg und Pommern rc. mit
    Kupfern, gr. 8. Kopenhagen 86. Proft
                            Ad 1 fl 45 kr

                                           Hel.

Helfenzrieder, Jo. Abhandl. von der Geodesie, oder dem praktischen Feldmessen, 4. Ingolst. 75. Krüll   A h 2 fl
- - Abhandlung von Verbesserung der Feuerspritzen, m. Kupf. 8. Ingolst. 79. Crätz f 24 kr
- - Beschreibung einer neuen Art Dachziegel von besserer Gestalt, gr. 8. Salzburg 86.   e 20 kr
- - Beyträge zur bürgerlichen Baukunst, 2 Thle gr. 8. Augsp. 87. Riegers   A u 2 fl 45 kr
- - Beschreibung einer Trokenungsscheune, 8. ebendas. 87. dersf.   c 12 kr
- - Feuerschütz oder Mittel die schon erbauten Häuser wider Feuersgefahr zu versichern, 8. ebendas. 88 dersf.   c 12 kr

Heller, J. B. Gedanken von Führung einer Buchdruckerey, 8. Frft. 40. Homeyer c 15 kr

Hellots Färbekunst, oder Unterricht Seide und Wolle zu färben, a. d. Franz. v. Kästner, 8. Altenburg 65. Richter   o 1 fl 8 kr

Hellwigs, J. G. Haus- Reise- und Armenapotheke, 8. Frft. 30.   e 20 kr

Hellwig, S. F. Beyträge und Berechnungsarten zur Erläuterung seiner Anweisung zur italienischen doppelten Buchhaltung, gr. 8. Berlin 78. Wever   A d 2 fl 15 kr

- - Anweisung zur Erlernung der italien. doppelten Buchhaltung, 8. Berlin 74. Realschule, 74.   B m 4 fl 30 kr

Hell-

Hellwig, Chr. von, wohleingerichteter hundertjähriger Haushaltungscalender, 8. Leipz. 70.
Stößel   c 12 kr
- - eben dieser, mit einem öconomischen Anhang, von allerhand Haus- und Wirthschaftsregeln, 8. Chemnitz 70. Stößel   g 30 kr
- - eben dieser, neu umgearbeitet, mit 39
Kupf. gr. 8. Leipzig 86. Schwikert A 1 fl 48 kr
Hemmers, J. J. kurzer Begriff und Nutzen der
Wetterableiter, gr. 8. Mannheim. 83. c 12 kr
- - Anleitung Wetterableiter an alle Gebäude
anzulegen, mit 1 Kupf. gr. 8. Offenbach 86.
Weiß   m 45 kr
- - ebendasselbe, vermehrte Auflage m Kupf.
gr. 8. Mannheim 88. Ak. Bhdl.   u 1 fl 15 kr
- - - - Verhaltungsregeln bey einem Gewitter in Gebäuden, mit Kupf. 8. Mannheim 89 Akad. Buchhandl.   e 20 kr
Hennemann, W. J. E. Sammlung der neuern
Schriften über die Vieharzneykunst, 2 Stücke, 8. Stendal 85. Franz   p 1 fl 8 kr
- - Anweisung zur Kenntniß und Heilung der
der innern Pferdekrankheiten, von einem Schüler Kerstings, s. Anweisung.
Hennert C. W. Anweisung zu einigen geome-
trischen Hülfsmitteln, welche den Forstbe-
dienten nützlich und nothwendig seyn können, mit Kupf. gr. 8. Berlin 89. Nicolai m 54 kr
Hennigs, A. öconomische Beobachtungen auf
einer Reise durch Jütland, gr. 8. Kopenhagen 86. Proft   k 40 kr

Hennigs,

Hennigs, A. kleine öconomische Schriften, 2 Samm‑
lungen, gr. 8. Kopenhag. 87. Pelt   A d   1 fl 45
- - über die wahren Quellen des National‑
zustandes, gr. 8. ebendas. 85. derselbe
                                    A 1 fl 30 kr
Henze, J. C. G. Entwurf eines Verzeichnis‑
ses veterinarischer Bücher und einzelner Ab‑
handlungen, 8. Stendal 81. Franzen p 1 fl 8 kr
- - Nachricht von veterinarischen Werken, als
Commentar über das vorige, 1r Bd. gr. 8.
ebendas. 85. derselbe   s 1 fl 24 kr
Heppe, C. W. von, einheimisch und ausländi‑
scher wohlredender Jäger, gr. 8. Regensp.
63 Montag   A d 1 fl 45 kr
- - C. von, aufrichtiger Lehrprinz, oder prac‑
tische Abhandlung vom Leithunde, 8. Augsp.
751. Lotter   . m 45 kr
- - der sich selbst rathende Jäger, 8. ebendas.
54. derf.   m 45 kr
- - Encyclopädischer Kalender, s. Calender.
- - J. C. die Jagdlust oder die hohe und nie‑
drige Jagd, 3 Theile, 8. Nürnb. 83. 84.
Raspe   B q 4 fl
- - Nichts ohne Absicht und Nutzen, eine ge‑
meinnützige Zeitschrift, 8. Nürnberg 781.
Monath   h 30 kr
Herbachs europäische Wechsel-Handlung und
Banco-Wesen, Fol. Nürnberg 57. Monath
                                   B q 4 fl
Herberts, Versuch einer allgemeinen Kornpo‑
licey, 8. Berlin 752. Voß   h 36 kr

Her‑

Herberts Versuch einer allgemeinen Kornpo-
licey, gr. 8. Wien 780. Kurzböck m 45 kr
Herings, C. öconomischer Wegweiser und be-
glückter Pachter, 8. Jena 750. Cuno o 1fl8kr
Hermann, B. F. über die Einführung des Stu-
biums der Technologie, 8. Wien 781. Wappler   e 15 kr
- - Beschreibung des Silberschmelzprocesses zu
Neusohl in Ungarn, 8. Wien, 81. Kurzböck
         e 20 kr
- - wie in Steyermark, Kärnten und Krain der
Brescianer Stahl verfertiget wird, 8. ebendas.
81.   m 45 kr
- - Beyträge zur Physik, Oekonomie, Mineralogie, Chemie, Technologie ꝛc. besonders der
rußischen Länder, 3 Bände, gr. 8. Berlin,
86. Nicolai   C d 5 fl 45 kr
- - Abriß der physical. Beschaffenheit der Oesterreich. Staaten, gr. 8. Petersb. 82. Logan
         A d 2 fl 15 kr
- - über die Frage, wie sind die verschiedenen
Arten von Mergel ꝛc. 8. Wien 87. c 12 kr
- - O. G., Beschreibung des Flachsbaues im
Erzgebürge, gr. 8. Leipzig 86. Müller d 18 kr
- - J. C., allgemeiner Contorist, welcher von
allen Gegenständen der Handlung Nachricht er-
theilt ꝛc. 1r u. 2r Band, gr. 4. Leipzig 88 · 89
Schwickert   F 11 fl
Hermbstädt, S. F., Bibliothek der neuesten physischen, chemischen, metallurg., technolog. und
pharmaceutischen Litteratur, 1 und 2r Band,
         jeder

jeder in 3 Stücken, gr. 8. Berlin 88 - 89.
Mylius à k B m 4 fl 30 kr
Hermbstädt, S. F., neues und vollkommnes Berg-
 buch, Fol. Dresden 34 A 1 fl 48 kr
Hernwurst, J. G. Befruchtung der Brache,
 8. Regensburg 786. Montag c 12 kr
Hertels, C. G. Anweisung zum Glasschleifen,
 8. Halle, 785. Rengers o 1 fl 12 kr
Hertwigs, C., Bergbuch, bestehend in raren
 Berghändeln, Gebräuchen ꝛc. Fol. Dresden
 Gerlach A 2 fl
Hervieux Nachricht von denen Canarienvögeln,
 mit Kupf. 8. Nürnberg 71. Raspe h 24 kr
Herwig, E. Beschreibung, des Eisenschmelzens
 und Schmiedens, nebst Anleitung zum Stahl-
 machen, 8. Biedenk. 78. Krieger sen. b 8 kr
- - Briefe über die Bergkunde, über Eisengru-
 ben und Rothschmelzen, mit Kupf. 8. Mar-
 burg 89. Akad. Buchh. h 30 kr
Herzbergs Vorschläge zur Verbesserung der bis-
 her üblichen Dächer, gr. 8. Breslau 74 · 79.
 Korn jun. k 40 kr
Herzogs, J. A., neuentdeckte Oberfläche der Erde auf dem Ackerland, oder Ackertheorie ꝛc. 4.
 Magdeburg 49. Scheidhauer d 15 kr
Hesse, d. W. G. praktische Abhandlung zu Verbesserung der Feuerspritzen, 2 Thle, gr. 8.
 Gotha, 78 · 79. Ettinger u 1 fl 30 kr
- - öconomische Betrachtungen vom Holzanbaue,
 gr. 8. ebendas. 79. ders. m 54 kr

Hesse

Heſſe, d. W. G. 4 Abhandl. zur Verbeſſerung der großen Brauöfen, der übelrauchenden Schornſteine, vom wohlfeilen Bauen des Landvolkes, und von geſchwindwachſenden Hölzern, mit Kupfern gr. 8. Leipzig 782. Kummer
 m 45 kr
- - (H.) neue Gartenluſt, 2 Thle, mit Kupf. 4. Leipz. 42. A 1 fl 48 kr
- - hiſtor. Luſt- Küchen- und Baumgärtner, und verſtändiger Blumengärtner, 3 Theile, mit Kupf. 4. Königsberg 14. 34. Hartung, B 3 fl
- - vollſtändiger Blumengärtner, 4. Leipzig 43.
- - deutſcher Gärtner, mit Kupf. Königsberg 4. Hartung A h 2 fl

Heun H. C. über Vererbungen und Verpachtungen, 8. Dresden, 87. Walther d 18 kr

Heun, F. W. Verſuch der Kunſt, alle Arten Biere nach engliſchen Grundſätzen zu brauen, 8. Leipzig 77. Junius m 54 kr

Hildebrand Auflöſung der Preisfrage, welches ſind die leichteſten Mittel, den Wachsthum der Bäume in den Forſten ohne Nachtheil der Feſtigkeit des Holzes, zu verbeſſern und zu beſchleunigen, 8. Frft. 77. Andreä b 8 kr

Hills, J. Abhandlung von dem Urſprung und Erzeugung proliferirender Blumen, mit Kupf. gr. 8. Nürnberg 68. Monath h 30 kr

Hills, J. der Schlaf der Pflanzen, und die
Urſache der Bewegung an dem Fühlkraut,
gr. 8. Nürnberg 68. Monath   d 15 fr

- - daſſelbe mit Hahns Anmerkungen, 8. Carlsruh, 76. Maklot.   f 24 fr

- - Entwurf eines Lehrgebäudes, von Erzeugung der Pflanzen, mit K. gr. 8. ebendaſ.
61. Stein   h 30 fr

- - Art und Weiſe, gefüllte Blumen aus einfachen zu ziehen, gr. 8. ebendaſ. 66. Selig-
mann   f 24 fr

- - Kräfte der Salbey zur Verlängerung des Lebens, a. d. Engl. 8. Altenb. 78. Richter e 24 fr

Hiltebrands, J. L. irrländiſche Preißſchrift, auf
welche Weiſe alle Armen, Wittwen und Wai-
ſen verſorgt werden können, 8. Frkft. 66. Eſ-
linger   e 20 fr

- - neue Beyträge zur Verbeſſerung der Staats-
und Landesöconomie, 8. Frkft. 71. derſ. h 30 fr

- - U. öſterreich. Weinbaucatechiſmus, 8. Leipz.
77. Hilſcher   e 20 fr

Hinderer, G. C. Anweiſung zur Kenntniß und
Heilung der innern Pferdekrankheiten 2te Auflage, 8. Marburg 88. Krieger jun. m 45 fr

Hinze, Beobachtungen und Reflexionen über den
Ackerbau, gr. 8. Deſſau Gel. Handl.   b 10 fr

Hippographia, d. i. Beſchreibung eines Pferdes,
nach ſeiner Schönheit ꝛc. gr. 8. Leipzig 65.
    d 18 fr

Hippophili, Zaumkunſt, für Reit- u. Kutſchpferde,
mit Kupf. Fol. Herborn, 28. Andreä k 30 fr

Hirſch

Hirsch, J. C. Sammlung öconomischer Nachrichten, wie der Holzwachs befördert werben könne. 2 Thle, mit Kupf. 8. Anspach 64 Haueisen . . . . A 1 fl 30 kr
- - öconomische Nachrichten, 3 Jahrgänge, 4. ebendas. ders. (rar) . . . . . H h 13 fl 30 kr
- - Sammlung verschiedener Nachrichten aus der Policey- Cameral- und Landesökonomie, 2 Thle, m. K. 8. ebendas. 64 ders. A d 1 fl 45 kr
- - fränkischer Haushaltungs- u. Wirthschafts-kalender, von 770-90. 4. Schwabach, Mizler á b . . . . A s 2 fl 48 kr
- - fränkischer Bienenmeister, ⎫ s. Bienen-
- - Anweisung zur Bienenzucht, ⎭ Bücher.

Hirschfeld, C. C. L. Theorie der Gartenkunst, mit Kupf. 5 Bände, gr. 4. Leipz. 79-85. Weidemanns . . . . S h 36 fl
- - Gartencalender, aufs Jahr 782-89. gr. 12. Wolfenbüttel, Schulbuchh. á s F 10 fl 48 kr
- - Handbuch der Fruchtbaumzucht, 2 Theile, 8. Braunschweig 38-89. Schulbuchh. u 1 fl 30 kr
- - Anweisung zur Anlegung der Baumschulen u. Baumgärten, 8. Altenb. 88. Richter m 54 kr
- - Anmerkungen über Landhäuser und Gartenkunst, 8. Leipzig 73. Weidemann m 1 fl
- - Theorie der Gartenkunst, 8. ebendas. 75. derselbe . . . . q 1 fl 15 kr
- - das Landleben, mit Vignetten, 8. Leipz 76. Crusius . . . . A f 2 fl 15 kr

Hirts Beweis, daß das kaufmännische Rechnen eine Veränderung verdient, 8. Frft. 82. Palm c 12 kr

Hirts prakt. Handelsrechner, 8. Frft. 86. Palm 1 36 k

Hirzel H. C. die Wirthschaft eines philosophischen Bauern, 8. Zürich 75. Orell q 1 fl 12 kr

Hivers, J., Englische Zucht und Behandlung der Pferde, 8. Wien 83. Wappler f 24 kr

Howe, J. W. v., Etwas von Anbau, Erhaltung und Benutzung der Weiden, 8. Greifswalde 87. Röse d 18 kr

Hochgesang, G. L., historische Nachricht von Verfertigung des Glases, 8. Gotha 80. Ettinger f 27 kr

Hobsons Stallmeister, und bewährter Roßarzt, 8. Leipzig 65. Crusius f 27 kr

Hoecks, J. D. A., biographisch-litterarische Nachrichten von Oeconomen und Cammeralisten, 8. Gießen 84. Krieger iun. f 24 kr

- - kammeralische statistische Aufsätze, 8. Frft. 88. Keßler k 40 kr

Hönerts, J. W., Beyträge zur Landwirthschaft, 2 Samml. 8. Bremen 72. Förster l 45 kr

- - Etwas von der Teicharbeit, vom nützlichen Gebrauch des Torfmoores, und von Verbesserung der Wege, 8 ebend. 72. derf. e 20 kr

- - Anweisung zum Anlegen und Unterhalten eines Blumengartens, 2 Theile, 8. ebendas. 74-80. derf. A d 1 fl 45 kr

Hofers Abhandlung vom Caffee, dessen Ursprung, Zubereitung, Nutzen und Schaden, 8. Leipz. 81. Stettin h 30 kr

Hoff, C., Beschreibung einer neuen Handmühle, mit Kupf.—4. Mannh. 67. Schwan c 12 kr

Hoff,

Hoff, C. F., allgemeine Buchhaltungsregeln für angehende Kaufleute, 8. Magdeburg 86. Creutze 24 kr

— — vollständiges Rechenbuch für angehende Kaufleute und Oeconomen, gr. 8. ebend. Creutz 87. Aq 3 fl

Hofmanns, G. A., Klugheit Haus zu halten, 5 Theile, 8. Dresden 44 - 55. Breitkopf B 3 fl 35 kr

— — Landwirthschaft für Herrn und Diener, gr. 8. Prag 84. Schönfeld q 1 fl

— — Abhandlung über die Eisenhütten, 2 Theile, 4. Hof, 83 - 85. Vierling Aq 2 fl 30 kr

— — C. G. von der Geschichte und dem Recht der Seidenwürmer, der Seide und der Maulbeerbäume, 4. Frft. 58. Eckebrecht f 24 kr

— — Entwurf von dem Umfange und Gegenständen des Policeywesens, 4. Cassel 65. Cramer m 45 kr

— — Anleitung zur Chemie für Künstler und Fabrikanten mit Anmerk. von Wiegleb, gr. 8. Gotha 79. Ettinger u 1 fl 30 kr

— — Chemie für Haus- Land- und Stadtwirthe, Künstler ꝛc. mit Kupf. 8. Leipzig 57. Fritsch m 54 kr

— — Unterricht in der Chemie, Metallurgie, Oekonomie für Handwerker und Künstler, 8. Gotha 74. Ettinger h 36 kr

Hogels, G. J., Erfahrungen vom Gipse, 8. Erfurt 80. Albrecht b 10 kr

Hogreve, J. L., Anweisung zur topographischen Vermessung der Länder, gr. 8. Hannover, 73. Schmidt   A 1 fl 48 kr

Hohbergs, Hr. von, adeliches Land- und Feldleben, auf alle in Deutschland übliche Land- und Hauswirthschaften gerichtet, mit Kupf. 3 Theile, fol. Nürnberg 16 (rar) U 36 fl

- - Oesterreichisches Haus- und Wirthschaftsbuch, 8. Wien 45. Monath   i 36 kr

Holbergs, L. Bedenken über die regierende Viehseuche, a. d. Dänisch. 8. Wismar, 46. Bödner
          a 4 kr

Holschens, F. Grundsätze in Bauanschlägen, 8. Berlin 77.   C 5 fl 30 kr

- - neu inventirte Backöfen bey der Feuerung von Steinkohlen Brod zu backen, gr. 4. ebendas. 81. Pauli   h 36 kr

Holyks vierfaches Gartenbuch, 8. Frkft. 50. Adami   f 24 kr

Holzhausens, J. G., Beylage zu Schubarts ökonom. kameralistischen Schriften, gr. 8. Leipzig 84. Müller   c 15 kr

Holz- Mast- und Jagordnung, Fol. Bresl. 56.
          m 54 kr

Home, F, Grundsätze des Feldbaues, gr. 8. Bern 62. Serini   f 24 kr

- - Grundsätze des Ackerbaues und des Wachsthums der Pflanzen, gr. 8. Berlin 63. Realschule   h 36 kr

- - Versuch im Bleichen, 8. Leipzig 77. Hilscher
         m 45 kr

         Home,

Home, F., Grundsätze des Ackerbaues und des Wachsthums der Pflanzen mit Anmerkungen von J. C. Wöllner, gr. 8. Berlin 79. Petit m 54 kr

Hoppens, T. C., Abhandlung von der Begattung der Pflanzen, gr. 8. Altenb. 73. Richter f 30 kr

- - kurzer Bericht von den knollichten und eßbaren Erdäpfeln, 4. Wolfenbütt. 47. Meißner b 10 kr

- - Nachricht von Eichen- Weiden- und Dorn-Rosen, 8. Leipzig 48. Crull a 6 kr

- - Antwortschreiben über Dornrosen, 4. Gera 48. a 6 kr

Horatii, P., Kunstbüchlein für Menschen und Vieh, 8. 702. b 8 kr

Horizon, Jos., politisch und öconomischer Zustand des berühmten Findelhauses zu Venedig, 8. Wien 82. f 24 kr

Hornecks, Joh. v., Bemerkung über die österreichische Staatsöconomie, neu umgearbeitet von B. F. Herrmann, gr. 8. Berl. 84. m 54 kr

Horst, Tielemanns v. d., neue Treppenbaukunst für Tischer, Zimmerleute und Liebhaber, a. d. Holländ. mit Kupf. neue Aufl. Fol. Nürnberg 89. Weigel Bq 4 fl

Howard über Gefängnisse und Zuchthäuser, mit Kupf. 8. Leipzig 80. Weygand u 1 fl 36 kr

Hube, J. M., Aufgabe, auf was für Art kann ein festerer und stärkerer Damm, als sonsten ge-

gebräuchlich gewesen, aufgeführet werden ꝛc. mit Kupf. 4. Danzig 70 Jacobäer   d 18 kr
Hube, J. M. Landwirth, 2 Bände, gr. 8. Warschau 79. 82. Gröll   Bq 4 fl 48 kr
Huberti, J. C. Abhandlung von dem allgemeinen Holzmangel, und dem Mittel, solchem zu steuern, 8. Frft. 65. Eßlinger h 30 kr
Hückels, B. L. Abhandlung vom Schaafvieh, 8. Starg 45.   c 15 kr
— — Abhandlung von dem Hornvieh, 8. Cüstrin 47.   d 18 kr
— — — — von den Ziegen und zahmen Schweinen, 8. Frft. 56. Kunze   b 10 kr
Hüpsch, J. W. C. A v. neue Entdeckung des wahren Ursprungs des cölnischen Umbers, oder cölnischen Erde, 8. Frft. 71. Fleischer   c 12 kr
— — Vorschläge, die schädlichen Ackermäuse zu vertilgen, 8. Cöln 67. Metternich   b 8 kr
— — — — wider die Hornviehseuche, 8. Frft. 76 Brönner   b 8 kr
— — Beschreibung einer Maschine, die Ameisen und andere schädliche Insecten zu vertilgen, mit Kupf 8. Cöln 77. Fleischer d 15 kr
Hugo, C. F. Abhandlung aus dem Finanzwesen, 8. Berlin 74. Realschule   m 54 kr
Hunrichs, J. W. A. praktische Anleit. zum Deich-Siel u Schlengenbau, 2 Thle, nebst Zusätz. m. K gr. 8 Bremen, 70-82. Förster, E 7 fl 30 kr
Hurels, Hr. Abhandlung über den Wurm der Pferde, 8. Breslau, 771. Gutsch   c 12 kr

Huth,

Huth, J. C. Nachricht von dem Entstehen des Schwammes in den Gebäuden, 8. Halberstadt, 76. Groß a 6 kr
- - den Zug des Rauchs durch die Schornsteine zu befördern, 8. ebendas. 76. derſ. c 15 kr
- - Unterſuchung ſder Urſachen von der Feſtigkeit des alten Mauerwerks, nebſt Unterricht von der Zubereitung des Kalks, 8. ebendas. 77. derſelbe c 15 kr
- - Unterricht zu Bauanſchlägen, 2 Thle, Fol. ebendaſ. 77. Cd 5 fl 40 kr
- - - - zu Zeichnung u. Anlegung der Wohn- und Landwirthſchaftsgebäude, 4. Halle 87. Hemmerde A d 2 fl 15 kr
- - nöthige Kenntniſſe zu Anlegung der Waſſermühlen, 8. Halle 87. Waiſenhaus o 1 fl 15 kr

Hutung und Brache, das Wohl und die Erhaltung der Wirthſchaft, 8. Leipz. 786. Hilſcher c 12 kr.

Huyler, Thom. warnendes Beyſpiel für alle Staaten aus dem Verfall der holländiſchen Fabriken ꝛc. gr. 8. Wien, 84. d 15 kr

Jacobi, C. G. Preisſchrift von der beſten Zubereitung des Mauerkalks, gr. 8. Bern 63. e 20 kr

- - Abhandlung, von der rechten Art die Eichbäume zu ſäen, zu pflanzen und zu erhalten, 8. Halle 61. Curt. c 15 kr

Jacobi, A. L., Betrachtung einiger Zweifel vom Nutzen der Fabriken, 4. Hannover 79. Helwing   c 15 kr

Jachtmanns, H. Anweisung zur Holzersparung, 1r Theil, mit Kupf. gr. 8. Berlin 86. Spener   h 1 fl 12 kr

Jacobsons, J. C. G. Schauplatz der Zeugmanufacturen, von Leinen- Baumwollen-, und Seidenwürkerarbeiten, 4 Bände, mit Kupf. gr. 8. Berlin, 73-76. Myliiis F m 11 fl 45 kr

- - technologisches Wörterbuch oder Erklärung aller Künste, Manufacturen, Fabriken und Handwerker, 4 Theile, gr. 4. Berlin 81-84. Nicolai   P m 27 fl 54 kr

- - technologisches Compendium, 1ster Band in 2 Stück. 8. Berl. 87-88. Hesse A m 2 fl 45 kr

Jäger, der gewehrgerechte, 8. Stuttgard 62. Mezler   h 30 kr

Jägers J. H. Beyträge zur Kenntniß und Tilgung des Borkenkäfers der Fichte, 8. Jena 84. Mauke   f 30 kr

Jänsch, Abhandlung wie sich Landleute vor Krankheiten bewahren sollen, 8. Breslau 65. Korn sen.   d 15 kr

- - - - Abhandlung von der in den Jahren 66 u. 67 in Schlesien geherrschten Rindviehseuche, nebst Börners Gutachten über die Abwendung und Cur der Hornviehseuche, 8. Breslau 68. Korn sen.   d 15 kr

Jagdgeschichte, kayserliche und Königliche, 8. Cöln 49. Fritsch in Leipz.   m 54 kr

Jagd-

Jagdkunſt, neue luſtige und vollſtändige, ſowohl
von denen Vögeln, als auch andern Thieren,
mit Kupf. 8. Leipz. 62. Junius m 54 kr
- - die Parforce, zu Beßungen, 8 80. c 15 kr
Janeke, O. B. Anmerkungen, über den Unter-
ſchied der hollſteiniſchen und meklenburgiſchen
Landwirthſchaft, 8. Hamb. 88. Hofmann c 15 kr
Jars, G. metallurgiſche Reiſen zur Unterſuchung der vornehmſten Eiſen - Stahl - Blech-
und Steinkohlen - Werke in Deutſchland,
Schweden, Norwegen ꝛc. a. d. Franz. von
Gerhard, 4 Bände, mit Kupf 8. Berlin 77 -
85. Himburg 1 u. 2r Bq 3 u. 4r D. Fq 12 fl
Jaſters, Münz- und Wechſel-Anmerkungen,
den Grund des Leipziger Fußes und Gold-
und Silberpreiß betreffend, 8. Frankfurt 51.
Eßlinger s 1 fl 12 kr
Ickſtadt, von den Jagdrechten, 4. Nürnberg 49.
Lochner, A m 2 fl 15 kr
Jefferies, von den Demanten und Perlen, ih-
ren Werth zu beſtimmen, m. K. gr. 8. Dan-
zig 56. Knoch q 1 fl 12 kr
Jeitler, J. M. ſyſtematiſches Handbuch der
theoretiſchen und praktiſchen Forſtwiſſenſchaft,
gr. 8. Tübingen, 89. Cotta A b 2 fl
Jeze, gemeinnützige Praxis, auf dem Felde u.
Papier ohne Winkelmeſſer - Inſtrumente alle
Winkel zu meſſen, mit Kupf. 8. Breslau 76.
Gutſch q 1 fl

Jez-

Jetzler, Beschreibung der hölzernen Brücke über den Rhein in Schaafhausen, gr. 8. Winterthur, 78. Steiner h 30 kr

Jester, Th. E. practische Abhandlung zur Civil-Baukunst, gr. 8. Königsberg 85. Hartung
Am 2 fl 15 kr

Imagine, L. Ab. Gedanken von der Landwirthschaft, 12 Stücke, 8. Gotha 57. Ettinger
m 54 kr

Inbegriff aller Wissenschaften zu Einrichtung einer guten Oeconomie und Hauswirthschaft, 8. Nürnberg 70. Monath e 20 kr

Intelligenz-Blätter, Lippische, von gemeinnützigem Inhalt, auf das Jahr 1767 u. 68. 4. Lemgo, Meyer A q 3 fl

— — dergl. der Stadt Hof, zur Aufnahme des Nahrungsstandes, auf die Jahre 1771 u. 72. 4. Hof, Vierling A h 2 fl

— — Erfurtische, in gemeinnützigen öconomischen und moralischen Abhandlungen, aufs Jahr 1769-72. 4 Bände, 4. Erfurt H 15 fl

Interesse-Resolvirung über Capitalien zu 5 und zu 6 pro Cento, 4. Rotenb. 46. Haueisen
c 12 kr

Inventarienbuch für grosse und kleine Haushaltungen, 8. Berlin 85. Rellstab f 30 kr

Journal für die Gartenkunst, 16 Stücke, 8. Stuttgard, 83-89. Mezler, jedes f. D 6 fl 24 kr

— — bergmännisches, 1788. 1ter Jahrg. in 9 Stücken, 8. Freyberg, Craz, C 5 fl 24 kr

Jolly.

Journal, bergmännisches, 1789. 2ter Jahrg.
8. Freyberg, Craz, 12 Stücke   D 7 fl 12 kr
– – für Kaufleute, 2 Bände, 8. Hamb. 80 · 81.
Herolds   A h 2 fl 24 kr
Juhelirer, der aufrichtige, in Kenntniß d. Edelgesteine, 8. Frft. 63. Raspe   d 15 kr
– – oder Anweisung, alle Arten Edelgesteine,
Diamanten und Perlen recht zu kennen, zu
schätzen, zu schneiden, und allen dabey vorfallenden Betrug entdecken zu lernen, mit Kupf.
und Tabellen, 8. Frft. 72. Keßler   q 1 fl
Jugels, J. G., Anleitung zur Baukunst, mit
Kupf. gr. 8. Berlin 44. Rüdiger A b 2 fl 24 kr
– – C. Oeconomie oder Unterricht von der Haushaltung, Ackerbau und Viehzucht, mit Kupf.
4. Leipzig 705. Frommann   h 36 kr
– – mineralogischer Hauptschlüssel, d. i. sonderbare Entdeckung aller seiner Röst- u. Schmelz-
arbeit, 2 Theile, 8. Zittau, 53 - 54. l 48 kr
– – Geometria subterranea, oder Markscheidekunst, gr. 4. Leipzig 73. Kraus   C h 5 fl
– – Nachricht vom wahren metallischen Saamen,
8. Zittau 54. Schöps   d 15 kr
– – natürl. Berg-Schmelz- und Figir-Kunst,
3 Theile, gr. 8. ebend. 73. derf. A q 2 fl 30 k
– – Bericht vom Gold- und Silberdrathziehen,
mit Kupf. 8. Lübeck 44.   f 30 kr
– – Kunststücke, die schönsten Farben zu verfertigen, 2 Theile, 8. Zittau 68. A q 2 fl 30 kr
– – die vollkommne Bergwerkskunst, oder der
Bergmann von Leder und Feuer, 2 Theile,
                                       mit

mit Kupfern 8. Berlin, 771. Ringmacher
Ah 2 fl 30 kr
Jugels, C., Beantwortung der Preisfrage: welches ist der wahre Endzweck des Arseniks in den Bergwerken? 8. ebend. 71. Himburg
e 24 kr
– – nützliches Berg- und Schmelzbuch, 2 Thle., 8. Berlin 43. f 30 kr
Julien, de Saint, Unterricht von der Theorie und Praxi der heutigen Büchsenmeisterey, mit Kupf. 8. Frkf. 33. u 1 fl 30 kr
Jungs, J. H., Versuch eines Lehrbuchs der Forstwissenschaft, 2 Theile, 8. Mannheim, 787. Akad. Buchh. Am 2 fl 15 kr
– – Versuch eines Lehrbuchs der Landwirthschaft, gr. 8. Leipzig, 83. Weygand Ad 2 fl 15 kr
– – Lehrbuch der Vieharzneykunde, 2 Thle, gr. 8. Heidelberg, 85. 86. Pfähler Am 2 fl 24 kr
– – Versuch eines Lehrbuchs der Fabrikwissensch. gr. 8. Nürnberg 85. Grattenauer Aq 2 fl 30 kr
– – Lehrbuch der Handlungswissenschaft, gr. 8. Leipzig 85 Weygand Ad 2 fl 15 kr
– – Versuch einer Grundlegung sämtlicher Cameralwissenschaften, 8. Mannh. 79. Akadem. Hbl. Ad 1 fl 45 kr
– – Lehrbuch der Cammeralwissenschaften, gr 8. Marburg 90 Ad 1 fl 45 kr
– – Anleitung zur Cammeral-Rechnungswissenschaft, gr 8 Leipz. 786 Weidemanns m 1 fl
– – Jubelrede über den Geist der Staatswirthschaft, gr. 8. Mannheim 87. c 12 kr

Jungs

Jungs Rede über den Ursprung und die Lehr-
methode der Staatswirthschaft, gr. 8. Mar-
burg 87. Akad. Buchh. b 8 kr
- - Lehrbuch der Staats-Polycey-Wissenschaft,
gr. 8. Leipzig 88 Weidemanns A m 3 fl
- - Lehrbuch der Finanzwissenschaft, gr. 8. Lpz.
89. Weidemanns m 1 fl
- - Abhandlungen, öconomischen u. statistischen
Inhalts, gr. 8. Kopenhagen, 88. Faber und
Nitschke k 30 kr
Justi, J. H. G. von, Gutachten von dem ver-
nünftigen Zusammenhange und practischen
Vortrage aller Oeconomischen- und Cammeralwissenschaften, gr. 8. Leipz. 54. e 24 kr
- - Abhandlung über die Frage: wie die Ku-
pfererzte, mit Ersparung der Zeit und der
Kohlen, auf den Kupferhütten besser bear-
beitet werden können, gr. 8. Leipzig 776.
Kummer f 24 kr
- - Grundriß aller ökonomischen und Cameralwissenschaften, 8. Frkft. a. d. O. 59. Kunze c 15 kr
- - Staatswirthschaft, oder systemat. Abhandlung aller Oeconomischen und Cammeralwissenschaften, 2 Thle gr. 8. Leipz. 64. Breitkopf B h 4 fl 15 kr
- - entdeckte Geheimnisse der neuen sächsischen
Farben, 8. Wien 61. b 8 kr
- - Abhandlung von den Mitteln, die Erkenntniß von öconomischen Wissenschaften dem
gemeinen Wesen nützlich zu machen, 4. Göttingen 55. Vandenhök a 6 kr

Justi,

Justi, J. H. G. von, Grundsätze der Policeywissenschaft, gr. 8. Göttingen, 59. Vandenhök   u 1 fl 30 kr
- - Ebendasselbe, neue Ausgabe, mit Verbesserungen und Anmerkungen von Beckmann,
gr. 8. ebendas. 82. derf.   A 1 fl 48 kr
- - der handelnde Adel, welchem der kriege-
rische Adel entgegengesetzt wird, gr. 8. ebendas. 56. derf.   m 54 kr
- - vollständige Abhandlung von denen Manufacturen und Fabriken, 2 Thle, gr. 8. Copenhagen 67. Proft   Au 2 fl 45 kr
- - Ebendieses 2te Auflage mit Vermehrungen
von Bekmann, 2 Theile, gr. 8. Berlin 80 Pauli   Bh 4 fl 15 kr
- - Ebendieses 3te Auflage, 2 Thle, gr. 8. ebend.
88.   Bq 4 fl 48 kr
- - Manufacturen und Fabriken-Reglement,
gr. 8. ebendas. 62. Realschule   d 18 kr
- - Grundfeste der gesammten Policeywissenschaft, 2 Bände, gr. 4. Königsberg 60. Hartung   E 9 fl
- - öconomische Schriften über Gegenstände der
Stadt- und Landwirthschaft, 2 Bände, gr. 8.
Berl. 66 u. 67. Realschule   Aq 3 fl
- - deutscher Patriot, in einigen physikalischen
Vorschlägen, 8. Berlin 62 Rüdiger   e 24 kr
- - Abhandlung von der Vollkommenheit der
Landwirthschaft und Kultur der Länder, 8.
Ulm 61. Stettin   d 15 kr

          Justi,

Jufti, J. H. G. von, von der Macht, Glückseligkeit und Credit eines Staats, 8. Ulm 60. Stettin   c 12 kr

- - Abhandlung von den Steuern, 8. Königsb. 762. Hartung   h 30 kr

- - System des Finanzwesens, gr. 4. Halle 66. Rengers   B m 5 fl

- - Kunst, das Silber zu raffiniren, gr. 4. Königsberg, 65. s. Schauplatz.   h 36 kr

- - Natur und Wesen der Staaten, als die Grundrisse der Staatskunst, der Policey und aller Regier. Wissensch. gr. 8. Berlin, 60. Hartknoch   A d 2 fl 15 kr

- - gesammlete politische und Finanz-Schriften über Gegenstände der Staats-Kunst, Cameral- und Finanzwesen, gr. 8. Kopenh. 61-64. Proft   C u 5 fl 45 kr

- - Abhandlung von Eisenhämmern und hohen Oefen in Deutschland, s. Schauplatz.

- - Göttingische Policey-Amts-Nachrichten auf 1755. 56. 57. 3 Theile, 4. Göttingen, Vandenhök   B q 4 fl 48 kr

- - entdeckte Ursachen des verderbten Münzwesens in Teutschland, 4. Leipzig 55. Breitkopf   d 18 kr

- - Chimäre des Gleichgewichts in Europa, 2. Theile, 4. Altona, 58-59. Hellmann   o 1 fl 8 kr

- - gesammelte chymische Schriften, 3 Bände, gr. 8. Berlin, Realsch   B k 3 fl 30 kr

Justi, J. G. G. von, Grundriß des Mineralreichs aller Foßilien, gr. 8. Göttingen 65. Vandenhök k 45 kr
- - Geschichte des Erdkörpers aus seiner äusserlichen und unterirrdischen Beschaffenheit, gr. 8. Berlin 71. Himburg A 1 fl 48 kr
- - neue Wahrheiten zum Vortheil der Naturkunde und des gesellschaftl. Lebens, 12 Stücke, 8. Leipzig 54 - 58. Breitk. A m 2 fl 45
- - fortgesetzte Bemühungen in der Naturkunde, 4 Stücke, 8. Berlin 60. Himburg u 1 fl 30
- - deutsche Memoires oder Samml. vermischter Anmerkungen der Staatsklugheit, Oeconomie, Policey ꝛc. betreffend, 3 Theile, 8. Wien, 61. Kraus B 3 fl
Jzzo, P. J. P., Anfangsgründe der bürgerlich. Baukunst, gr. 8. Wien 73. Kurzböck Ah 2 fl

Kämmerer, F., Preißschrift über die Frage: warum wird die Landwirthschaft so tief unter ihrer wahren Würde geschätzt? 8. ebend. 75. derf. f 24 kr
Käplers, M. C., Anleitung zum Forstwesen, 8. Eisenach 76. Wittekind m 45 kr
- - Naturzeugniß der besten Abholzungszeit, 8. Meinungen 75. Hanisch a 4 kr
- - von Verbesserung des Forstwesens, 8. Eisenach 64. Wittekind h 30 kr
- - das Allernothwendigste bey den Jägergeschäften, 8. Meinungen 75. Hanisch c 12 kr

Käplers

Käplers, M. C., Beweiß, bey welcher Abholzungszeit die Laubholzstöcke am besten wieder ausschlagen, 8. Eisenach 72. Wittekind b 8 kr

- - Gutachten, wie bey dem An- Fort- und Ausgang eines Kiefern-Waldes zu verfahren, 8. ebend. 72. derf. a 4 kr

- - Erläuterung einiger Sätze über die Beckmannische Schrift von der Holzsaat, 8. ebend. 79. derf. b 8 kr

- - W. H., kleiner Forstcatechismus für junge Anfänger im Forstwesen, 8. ebend. 89. derf. d 15 kr

- - ebendasselbe 2te verm. Auflage, 8. ebend. 89. Wittekind f 24 kr

Kahn, Fr., Sammlung gemeinnütziger Recepte so bey den Fehlern der Pferde zu gebrauchen, 8. Lübeck 89. Donatius c 12 kr

Kameralist, der, von einem Opfer des Patriotismus, 8 Leipzig 85. Jacobäer m 54 kr

- - der vollkommene, 8. Lemgo 68. Meyer c 15 kr

- - der vollkommene von Machiavell, 8. Venedig 65. c 15 kr

Kampens, N. von, Beschreibung der schönsten Hyacinthen und Tulipanen, 8. Quedlinburg, 72. Ernst c 15 kr

- - Abhandlung von Zwiebelgewächsen, 8. Regensburg, 69. Montag f 24 kr

Kanold, J., Jahrhistorie von Viehseuchen von 1701-17. 8. Budiss. 21. Drachstädt e 24 kr

Kaovenhofers, A., Abhandlung von den Rädern
  der Waſſer-Mühlen und Schneide-Mühlen,
  m. Kupf. gr. 4. Riga 70. Hartknoch s 1 fl 20 kr
Kapfs, Fr., Beyträge zur Geſchichte des Für-
  ſtenberg. Bergbaues im Kinzinger Thale, 8.
  Caſſel 85. Cramer   c 12 kr
- - Unterſuchung der Frage: ob der Torf zu den
  Regalien gehöre, 4. Tübing. 69. Cotta c 12 kr
Karſtens, W. J G., Abhandlung über die vor-
  theilhafteſte Anordnung der Feuerſpritzen, mit
  Kupf. 4. Greifsw. 73. Röſe   A h 2 fl 24 kr
- - Anleitung zur gemeinnützigen Kenntniß der
  Natur, beſonders für Aerzte, Cameraliſten
  und Oeconomen, 8. Halle, 83. Rengers
                             A h 2 fl 30 kr
- - Theorie von Wittwencaſſen ohne Gebrauch
  allgebraiſcher Rechnungen, gr. 8. ebend. 84.
  derſ.   u 1 fl 36 kr
- - Entwurf der Naturwiſſenſchaft, vorzüglich
  der chem. mineralog. Theile, mit Kupf. 8.
  ebend. 85. derſ.   A 1 fl 54 kr
- - F. C. L., Abhandlung über den Zuſtand der
  gegenwärtigen Aufklärung in der Oeconomie,
  8. Roſtock 85. Koppe   i 36 kr
Kauf und Verkauf, wie auch Pacht und Verpachtung der Landgüter, 2 Theile, 4. Dresden 89.
                         C 5 fl 24 kr

Kaufmann, der vernünftige, oder theoret. und
  pract. Grundſätze der Handlung, gr. 8. Hamburg 67. Holle   m 54 kr

Kaufmann, der englische, oder Grundsätze der englischen Handlung, gr. 8. Leipzig 64. Holle
A 1 fl 48 kr

- - oder Beyträge zur Aufnahme der Handlung, 1 Theil, gr. 8. ebend. 73. derf. Am 2 fl 45
- - eine Wochenschrift, 2 Quart. gr. 8. Berlin, 70. Winter A 1 fl 48 kr
- - der patriotische, bey dem Verfall der Handlung, 8. Leipzig 72. Sommer h 36 kr

Kaysers, J. C., gründliche Nachricht vom brandigen Weizen, nebst Anhang von Vertreibung der Kornwürmer, 8. Bernburg, 68. Cörner
b 10 kr

Keferstein, Chr. Fr., Anfangsgründe der bürgerlichen Baukunst, mit Kupf. gr. 8. Leipzig 76. Böhme Am 2 fl 15 kr

- - Anfangsgründe zu practisch-geometrischen Zeichnungen und Vermessungen, mit Kupfern gr. 8. ebend. 78. derf. u 1 fl 15 kr

Kellermeister, der zu allerley guten Getränken anweisende, 2 Theile, 8. Nürnb. 31. Lochner A 1 fl 30 kr

Kellners, L., nützliche Scheidekunst, 8. Chemnitz 27. Stößel c 12 kr

Kenntniß derjenigen Pflanzen, für die Mahler und Färber, 8. Leipzig 76. Hilscher Ad 1 fl 45

Kennzeichen einer rechtschaffenen Hauswirthin, 8. Frft. 65. b 10 kr

Kern der sämtlichen öconomischen Schriften des Herrn Schubart von Kleefeld, 8. Prag. 87. Schönfeld h 30 kr

Kerners, J. S., Handlungsproducte aus dem Pflanzenreich, 1 - 6tes Heft, mit 42. gemahlten Kupf. Fol. Stuttgart 82 - 86. Mezler
N s 22 fl

– – Beschreibung und Abbildung der Bäume und Gesträuche, welche im Herzogthum Würtemberg wild wachsen, 6 Hefte, gr. 4. ebendas. 87. ders. jedes Heft B q Q 24 fl

– – giftige und eßbare Schwämme, mit 16 gemahlten Kupfern, gr. 8. ebendas. 86. ders.
B s 4 fl 30 kr

Kerstings, J. A., wohlerfahrner Huf- und Rettschmidt, 8. Cassel 60. h 30 kr

– – patriotischer Unterricht für den Landmann, 8. Rinteln 76. b 8 kr

– – Unterricht Pferde zu beschlagen, und die an den Füßen vorfallende Gebrechen zu heilen, 8. Göttingen 77. Dieterich q 1 fl 12 kr

– – nachgelassene Manuscripte über die Pferdarzneywissenschaft, mit Kupf. gr. 8 Berlin, 89. Viehweg sen. A q 3 fl

Khunraths, C., Destillir- und Arzneykunst, 2 Theile, 4. Frft. A q 2 fl 30 kr

Kiesling, J. G., Nachricht von dem Bergbau und Schmelzwesen in der Grafschaft Mansfeld, 4. Leipzig 47. Junius f 30 kr

– – Erzehlung, wie alle Mineralien auf gewisse Metalle probirt und geschieden werden, 8. ebend! 52. Blochberger f 30 kr

Kies-

Kießling, J. G., Erzehlung, wie bey Freyberg die Mineralia und Erzte untersucht und geschmolzen werden, 8. Dresd. 41. Walther b 10 k
- - Magazin oder öconomische Vorrathskammer, besonders für Frauenzimmer, 8. Leipzig 51. Blochberger u 1 fl 30 kr

Kinsky, Gr. von, Abhandlung vom Druck der Erde auf Feuermauern, mit Kupf. gr. 8. Wien 83. Stahel A m 2 fl 15 kr

Kisling, F. J., Gespräch über Verwaltung eines Landguts, 8. ebend. 83. o 54 kr

Kirchmann, A. A. Anleitung zur Deich-Schleusen- und Stackbaukunst, mit Kupf. gr. 4. Hannover 86. Schmidt E m 9 fl 54 kr

Kirschbaum, J. M. neues Bild- und Musterbuch der Leinen- und Bildweberkunst, mit Kupfertafeln, gr. 8. Heilbronn 71. Eckebrecht C h 5 fl

Kleeblat, vierfaches, worinn 300 Hülfsmittel für Horn- Schaaf- Pferd- und Federvieh, gr. 8. Wien 64. A 1 fl 30 kr

Kleins, J. G. F., Beschreibung der Metall-Löthe und Löthungen, mit Kupfern, 8. Berlin 59. Realschule h 36 kr

Kleiners, G., Garten- und Blumenlust, 8. Hirschberg 83, Gutsch q 1 fl

Kling, der Tabaksbau, 8. Mannheim 78, Löfler b 8 kr

- - Unterredung mit dem Landmann, nebst Anleitung einen unauflöslichen Mauermörtel zu machen, 8. ebend. 79, derf. d 15 kr

Kling, vermischte Schriften, meist physikalisch und ökonomischen Inhalts, 8. Mannheim 89 Akad. Buchh. m 45 kr

Klingners Sammlung zum Dorf- und Bauern-Recht, 4 Theile, 4. Leipzig 49-55, Felseker H 12 fl

Klockenbring, F. A., Aufsätze verschiedenen Inhalts, 2 Bände, 8. Hannover 87, Schmidt Ah 2 fl 24 kr

Klipsteins Lehre von der Auseinandersetzung im Rechnungswesen, gr. 4. Leipzig 81 Weygand Am 3 fl

- - Grundsätze der Wissenschaft Rechnungen einzurichten, 8. ebend. 78. derf. o 1 fl 12kr

Klügel, G. S., Abhandlung von Feuerspritzen, gr. 4. Berlin 74. Realsch. h 36 kr

Klugs, Chr., Bauernfreund, 8. Bauzen, 67. Drevenstädt b 8 kr

Knauers, hundertjähriger curiöser Hauscalender, 8. Ausp. 76. Riegers c 12 kr

Knechts, F. J., Anweisung einen Weinberg mit Schnittlingen wohlfeil anzulegen, 8. Stuttgart 78, Mezler e 20 kr

- - von Vermehrung der Futterkräuter, 8. ebend. 80, derf. h 30 kr

Kniphofs, J. H., physikalische Untersuchung des Pelzes auf Wiesen, 4. Erfurth 53 b 8 kr

Knobloch, J., Sammlung der vorzüglichsten Schriften aus der Thierarzneykunst, 2 Bände, 8. Prag 85, Schönfeld Am 2 fl 24 kr

Knob-

Knobloch, J., Lehrbegriff der Pferdarzneykunst
s. la Fosse.
Knörs, L. G. von, das mit Früchten, Pflanzen,
Kräutern ꝛc. angefüllte Magazin, oder Anlei‐
tung zum Küchen- und Blumengarten, 8.
Leipzig 55. Müller   f 27 kr
Knoop, J. H. Pomologia, oder Beschreibung u.
Abbildung der Aepfel, Birnen, Kirschen und
Pflaumen, 2Theile, m. K. gr. Fol. Nürnberg
60 u. 66. Endters   O 21 fl
Kob, J. A., die wahre Ursache der Baumtrock‐
niß der Nadelwälder ꝛc. mit 3 illum. Kupfern,
gr. 4. Nürnberg 86, Bischoff   A k 2 fl 15 kr
Koch, J. G. F., Anweisung für die Behandlung
der Pferde, 8. Hannov. 84, Hellwings i 40kr
- - J. Bapt., Handbuch für angehende Büchsen‐
meister und Feuerwerker, 8. Bamberg, 70.
Göbhard   f 24 kr

Kochbücher.

Allgemeines und vollständiges Kochbuch, mit
Kupf. 4. Nürnberg 34. Endters B d 3fl 15kr
Anweisung zum Kochen, nach französischer Ma‐
nier, 8. Breslau 760. Pietsch   u 1fl 30 kr
- - auf eine feine Art zu kochen, backen und
einzumachen, 8. Stettin 86. Kaffe A 1fl 30 kr
- - verschiedene Gelees, Blancmangers, Gal‐
lerte ꝛc. zu verfertigen, 8. Halberstadt, 84.
Groß   e 24 kr

Kochbücher.

Augsburgisches Kochbuch, von S. J. Weilerin, 8. Augspurg 88. A 1 fl 30 kr

Christs, A. C. neues Kochbuch, 8. Quedlinb. 70. Bisterfeld h 36 kr

Coccei, allerneuestes Kochbuch, 8. Arnst. 53. k 45 kr

Frauenzimmer, das in der Küche und Haushaltung wohlunterrichtete, 8. Leipzig 783. e 24 kr

Handbuch, bequemes, zur vollständigen Kochkunst, 8. Schwerin 75. Möller in Hamb. i 40 kr

der Koch u. die Köchin, 8. Halberstadt 84. Scheidhauer p 1 fl

Koch, der geschickte und wohlerfahrne Engländische, 8 Leipz. 42. Dyks c 15 kr

Kochbuch (neues) nach alphabetischer Ordnung eingerichtetes, 8. Nordhausen 66. Groß f 24 kr

- - (neues) wohleingerichtetes, aus mehr dann 1500 Speisen bestehend, nebst Anhang von Fastenspeisen, 2 Theile, 8. Tübingen 77. Cotta u 1 fl 15 kr

- - der Anhang von Fastenspeisen besonders, 8. ebendas. h 30 kr

- - (neues Berlinisches) für herrschaftliche Tafeln, 8. Berlin 85. Horvath m 45 kr

- - (neuestes Berlinisches) oder Anweisung Speisen, Saucen und Gebackenes schmackhaft zuzurichten, 2 Theile, 8. Berlin 85 - 89. Unger. A 1 fl 48 kr

- - neues, oder die wolerfahrne Köchin, 8. Römhild 79. Wendler h 30 kr

Koch-

Kochbücher.

Kochbuch selbstlehrendes, 8. Erfurt 57. c 12kr
- - Brandenburgisches, 4. Berlin 732. Voß
A. h 2 fl 24 kr
- - Leipziger, 8. Leipz. 74 Junius o 1fl 12kr
- - Pariser, allerneuestes, 8. Straßburg 52. König m 45 kr
- - Wienerisches, 8. Bamb. 79. Göbhardt h 30kr
- - Braunschweigisches, von Förster u. Knopf, m. K. 8. Braunschw. Schulbuchh. u 1fl 30kr
- - Thüringisches, besonders für Hausmütter mittlern Standes, 2 Theile, 8. Weimar 89 – 90. Hofmanns d 20kr
- - vollständiges und auf die neueste Art eingerichtetes Nürnbergisches, 1r Theil, 8. Nürnberg 89. Stiebner s 1fl 12kr
- - wohleingerichtetes für alle Liebhaber der Kocherey, 2 Bänd. 8. Halle 84. Löffler h 30kr
- - Hamburgisches, oder Anweisung zum Kochen, insonderheit für Hausfrauen in Hamburg und in Niedersachsen, 8. Hamb. 88. Herold Aq 3fl
Köchin, Nürnbergische wohlunterwiesene, 2 Thle, 8. Nürnberg 53. Raspe A. h 2fl
- - die Schwäbische, welche Arten von Koch- und Backwerk zuzurichten lehret, 8. Stuttgart 63. Mezler u 1fl 15kr
- - die wohlunterwiesene, 8. Hamburg 89. Donatius q 1fl
die Kunst zu Kochen, 1r Band, 8. Rinteln 85. Helwings y 1fl 40kr

Lexicon,

Kochbücher.

Lexicon, neues, der französischen, sächsischen, österreichischen und böhmischen Kochkunst, gr. 8. Prag 85. Schönfeld   A 1 fl 30 kr

– – vollständiges Koch- Back- und Confituren-Lexicon, gr. 8. Ulm 86. Stettin   A. h 2 fl

Looft, niedersächsisches Kochbuch, 8. Altona 89. Korte   m 45 kr

Magazin für junges Frauenzimmer, die ganze Kochkunst u. Zuckerbäckerey zu erlernen, m. Fig. 2 Thle, 8. Carlsruh 76. Macklott   A q 2 fl 30 kr

Meßerer, wohlunterrichtetes Kochbuch, 8. Halle 84.   h 36 kr

Müllers, J.O. gründlicher Unterricht in der feinen Kochkunst, 8. Berlin 85. Mylius   A 1 fl 48 kr

– – die Küche, ein Handbuch für junge Köche und Frauenzimmer, gr. 8. Leipzig 89. Schwickert   A. h 2 fl 24 kr

Neubauer, J. neues Kochbuch, 8. Wien 76.   h 30 kr

– – allerneuestes Kochbuch, 8. München, 783. Lentner   A 1 fl 30 kr

Niedersächsisches Kochbuch, oder Bemerkungen und Zusätze zu Loofts Niedersächsischen Kochbuch, 8. Göttingen, 86.   m 54 kr

Portefeuille der Kochkunst und Oeconomie nach systematischer Ordnung, 2 Theile, 8. Danzig 85. Brükner   B 3 fl

Rubisch, M. A. mein eigenes geprüftes Kochbuch, 8. Wien 87. Wappler   q 1 fl

Samm-

Kochbücher.

Sammlung vieler Vorschriften von Koch- und Backwerk, oder das Göppinger Kochbuch, 8. Stuttgard 86. Erhard   s 1 fl 12 kr

Schenkens, J. G. compendieuses und allerneuestes Kochbuch, 8. Langens. 66. Schneider e 20 kr

Schregers, der vorsichtige und nach heutigem Geschmack wohlerfahrne Speißmeister, 8. Augspurg 78. Rieger   o 54 kr

Schwedisches Koch- u. Haushaltungsbuch, v. Chr. Warp, gr. 8. Greifsw. 72. Röse A. h 2 fl 24 kr

Schuppens traiteur à la mode, oder Kochbuch, 8. Lübeck 27.   m 54 kr

Unterricht, nach welchem unterschiedliche Speisen gut zubereiten sind, gr. 8. Speyer 743.
    h 30 kr

Unterricht für ein junges Frauenzimmer, das Küche und Haushaltung selbst besorgen will, 4 Theile, 8. Magdeburg und Danzig, 86–89. Creuz und Brückner   D 6 fl

— — für alle Haushaltungen, wie die in jedem Monath des Jahres vorkommende Speisen schmackhaft zuzubereiten, 8. Magdeburg 87. Scheidhauer   m 45 kr

Vogelsang, Joh. unentbehrliches Küchenbuch für alle Haushaltungen, 8. Altona 88. Kave f 24 kr

Wienerisches bewährtes Kochbuch, von Gartler, 8. Wien 85.   k 45 kr

Wingstrans neues Kochbuch, 8. Strahlsund 81. Lange   A. d 2 fl 15 kr

Wolf,

Kochbücher.

Wolf, J. C. neues Leipziger Kochbuch, mit Kpf. 8. Frft. 79. Böhme o 54 kr

⁂   ⁂   ⁂

Koczians, A. Prüfung der Ursachen von der Hornviehseuche, gr. 8. Wien 70. Gräffer g 30 k

Köhlreuter, J. G. Anweisung zur Seidenzucht sowohl, als auch zum Pflanzen und Beschneiden der Maulbeerbäume, 8. Carlsruh 776. Macklot d 15 kr

Köhlers bergmännischer Calender fürs J. 1790. 12. Freyberg, Craz A 1 fl 48 kr

— — Anleitung zu den Rechten und der Verfassung bey dem Bergbaue, 8. ebendaselbst. 86. derf. s 1 fl 20 kr

Königs, E. Schweizerisches Haushaltungs-Buch, 8. Basel 706. Thurneisen q 1 fl

Körners, G. Abhandlung von dem Alterthum des böhmischen Bergwerks, 8. Schneeberg 58. Richter a 6 kr

Kohlbrenners, J. F. baierischer Landmann in der verbesserten Landwirthschaft, gr. 8. München, 74. Stage f 24 kr

Kolbs, J. B. von dem Wachsthum, Pflanzung und Fortkommen des Getraydes, 8. Frankft. 64. Eßlinger b 8 kr

Kopps, U. F. Beytrag zur Geschichte des Salzwerks in den Soden zu Allendorf an der Werra, 8. Marburg, 88. Ak. Buch. k 40 kr

Korge,

Korge, J. E. Unterricht zum Anbau des Tobacks, 8. Breslau 79. Löwe   d 15 kr

Korn- und Brod-Aernte, die einem jeglichen Landwirthe leicht mögliche, zweymalige und zweymal reichere, gr. 8. Leipzig 72. Aq   3 fl

Kornhandel, der freye, als das beste Mittel, um Mangel und Theurung zu verhüten, gr. 8. Hannover 72. Hellwings   b 36 kr

Kortums, G. M. neue Versuche der Färbekunst, 4. Breslau 749. Korn jun.   c 12 kr

Krämers, J. J. landwirthschaftliche Belehrungen für alle Gegenden, gr. 8. Dresd. 86. Walther   i 40 kr

- - Schreiben an Riem, über die Schubarth- und Holzhausensche Wirthschaft, gr. 8. Dessau, Breitkopf   b 10 kr

Kräuter- und Küchel-Gärtner, 8. Lissa 769.
                                              b 10 kr

Kräutermanns, V. compendieuses deutsch und lateinisches Blumen- und Kräuterbuch, 8. Arnstadt 51. --   h 36 kr

- - Beschreibung der Ost- u. Westindischen Bäume, Stauden, Kräuter ꝛc. 8. ebendas. h 36 kr

Kraft des Hebels, die zum Dienst des Forstwesens verstärkte, m. K. 8. Erfurt 51. e 24 kr

Kramers, O. Chr. Tabellen den cubischen Gehalt eines Stammes zu finden, 8. Göttingen 86. Dietrich   i 40 kr

von Krankheiten, besonders dem Kropf u. Rotz der Pferde, 8. Brandenb. 78. Holle   h 36 kr

v. Krap

v. Krapf, K. Beschreibung der eßbaren Schwämme, mit illum. Kupf. 1 u. 2s Heft, 4. Wien 82. Gehlen   Fq 10 fl

Kratzer, J. A., practische Ausmessung und Berechnung der Felder, 8. Grätz 85   e 20 kr

Kraus, J. E. F., Anleitung zur Gestütt- und Pferdezucht, 12. Nürnberg 24   e 20 kr

Krausens, C. B., erfahrungsmäßiger Unterricht von der Gärtnerey, gr. 8. Breslau 73, Decker   B 3 fl 36 kr

- - L. P., kluger und sorgfältiger Gärtner, m. Kupfern, 8. Langensalz, 72, Schneider   h 30 kr

Kregting, A. J., mathematische Beyträge zur Forstwissenschaft, 8. Gießen, 88, Kriegersen.   o 54 kr

Kretschmars, P., Beweiß, daß das doppelfurchige Pflügen mit ordinairen Gespann verrichtet werden könne, 8. Berlin 56, Haude a 6 kr

- - Neujahrsgeschenk, 8. ebend. 50, derf. b 10 k
- - Auszug der neuen Ackerverbesserung, 8. ebd. 50, derf.   a 6 kr
- - öconomische Praktik von Verbesserung des Ackerbaues, 8. Leipzig 55, Frommann k 45 kr
- - Entwurf, wie das Holz zu vermehren, 8. Berlin 44, Frommann   a 6 kr
- - Sendschreiben an Kretschmar, die Verbesserung der Landwirthschaft betreffend, 8. Frft. 50   a 6 kr

Kretſchmars, P., ökonomiſche Vorſchläge, wie das Holz zu vermehren, Obſtbäume zu pflanzen ꝛc. 8. Leipzig 46, Frommann d 18 fr
- - Bedenken über v. Borns neuerfundene Ackerbau-Maſchiene, 8. Berlin 52, Haude a 6fr
- - Unterricht, wie der Kornertrag beym Ackerbau wieder zu erhöhen ſey, 8. ebend. 59. derſ. b 10fr
- - Abhandlung von den ſogenannten Stuffenjahren, 4. Dresden 45, Heckel f 30fr
Krieg, C. G., Unterricht von Anlegung u. Nutzung der Bergwerke, 8. Frft. 52. Brandt b 10fr
Kritters, J. A., Erfahrungen bey den zu Grunde gegangenen Wittwenkaſſen und deren Nutzen, 8. Leipzig 80 c 15 fr
- - Erfolg der Calenbergſchen Wittwenpflegſchaft und Nachricht von der Däniſchen, 4. Hamb. 79, Schneider c 12 fr
- - Grundſätze zu der Abänderung des Calenbergſchen Wittwenpflegſchaftsinſtituts, 8. Leipzig 83, Hilſcher c 12 fr
- - Sammlung wichtiger Erfahrungen bey denen zu Grunde gegangenen Wittwen- und Wayſenkaſſen, 8. ebend. 80, derſ. b 8 fr
- - ökonomiſch-politiſche Auflöſung der wichtigſten Fragen, wegen der Errichtung der Wittwenkaſſen, 8. Götting. 68. Vandenhöck e 24 fr
- - Antwort auf Dies Briefe über die Calenbergiſche Wittwenkaſſe, ebb. 70 derſ. c 15 fr
Kritters, J. A. Antwort auf die Betracht. ſeiner Schrift: Warnung vor Schaden d. Bremiſchen Wittwenkäſſe, 8. Götting. 70 Vandenhöſt a 6fr

Kritters,

Kritters, J. A. Beweiß, daß die Männer in den Wittwenverpflegungs-Gesellschaften über 135 Jahr alt werden, 4. Gött. 69. Vandenhök d 18 kr

- - Prüfung der Schrift des Herrn Guden von Wittwenkassen, 4. ebend. 71, derf. b 10 kr

- - drey Aufsätze über die Calenbergische Preuß. und Dänische Wittwenversorg-Anstalt nebst Anhang, 4. Hamburg, 77, Reuß h 36 kr

- - Prüfung der Schrift von Guden, die Theorie zu Wittwenkassen betr. 4. Dresd. Walth. d 18 kr

- - Erläuterung über die Anstalten der Wittwen- und Sterbfälle, 4. Altenb. 82. Richter h 36 kr

- - ökon. polit. Auflös. der Fragen bey Einrichtung dauerhaft. Wittwenkassen, 8. Gött. 68. Vandenhök 24 kr

Krubsacius, F. A., Vorschlag, wie man die wohlfeilsten Dächer anlegen soll, mit Kupfern gr. 8. Dresden 84, Walther d 18 kr

Krügelsteins, J. F., allgemeine deutsche Raths- und Gemeinde Bibliothek, 8. Gotha 77, Ettinger i 40 kr

Krüger, J. G., Gedanken von Steinkohlen, 8. Halle 76, Hemmerde a 6 kr

- - Gedanken vom Kaffe, Thee und Tobak, 8. ebend. 46, derf. b 10 kr

- - Diät oder Lebensordnung, 8. ebend. 63, derf. u 1 fl 30 kr

Krüger, C. L., Ausrechnung des Inhalts roher Stämme, 8. Berlin 80, Realsch b 10 kr

- - C. A G., Beschreibung einer Rindviehkrankheit, 8. Eisenach 81, Wittekind b 8 kr.

Krü.

Krügers, C. L. Anzeige seiner hinlänglichen Be-
schützungs- und Heilungsart gegen die Horn-
viehseuche, 8. ebend. 71, derſ. b 8 kr
- - - Dan., neue Spinn- und Weberschule,
8. Frankf. 44, Kunze b 10 kr
Krünitz, J. G., ökonomische Encyclopädie, oder
allgemeines System der Land- Haus- und
Staatswirthschaft in alphabetischer Ordnung,
49 Bände, mit Kupf. gr. 8. Berlin 73-90.
Pauli 147 Rthl. 255 fl 36 kr
- - Auszug hieraus von M. C. v. Schütz, 1-10r
Band, gr. 8. ebend. 86-90, derſ. Y d 39 fl 54 kr
- - Verzeichniß der vornehmsten Schriften von
der Rindviehseuche, 8. Leipz. 76, Hilscher b 8 kr
- - die Dreschkunst, gr. 8. Berlin 77, Horvath
q 1 fl
- - Gesindewesen nach Grundsätzen der Oeconomie
und Policey, gr. 8. ebend. 79, derſ. k 40 kr
Krusens, J. E. Hamburgischer u. allgemeiner Con-
torist, 3 Thle. 4. Hamb. 71. Wever D m 8 fl 15 kr
- - Anhang zum Kontoristen v. Wördemann, oder
Anweisung zur Waaren- und Wechselberech-
nung, 4. ebend. 76, Wever A m 2 fl 45 kr
- - Verzeichniß der gebräuchlichen Wörter in
Handlungssachen, 12. ebend. 48, Breitkopf
A h 2 fl 24 kr
Krygers Gedanken vom Stadt- Land- und Nah-
rungszustande, 8. Wezlar 77, Winkler c 12 k
Küchen- Blumen- und Kräutergärtner, 8. Al-
tenburg 86, Richter g 30 kr

M 2 Kühns,

Kühns, J. Melch., Anweisung zur Holzkultur, 8. Nürnb. 63, Felsecker   b 8 kr
- - Abhandlung von der Conservation des Holzes, 8. ebd. 64, derf.   c 12 kr
Kühnholdts, C. H., 110 probirte ökonomische Experimenten, 8. Erfurt, 55, Homeyer   A h 2 fl 24 kr
Kühnst, J. C., medic. Gutachten von der sogenannten Hornviehseuche, gr. 8. Leipzig, 61, Gleditsch   c 15 kr
Künste, auserlesene, für das Frauenzimmer, 8. Tübingen 56, Cotta   e 20 kr
- - grosser Künstler für Mahler, Bildhauer, Schwerdtfeger, Uhrmacher, Buchbinder ꝛc. 8. Prag 69, Höchenberg   h 36 kr
- - und Geheimnisse von Philadelphia, 8. Amsterdam 86, Rothe in Gera   m 45 kr
- - bildende, für Frauenzimmer, bestehend im Zeichnen, Wasserfarben, Mahlerei, Mahlen und Taffent, Sticken, Stricken, Färben, Waschen, 3 Bändchen, mit illum. Kupfern, 8. Wertheim 85, Wendler   B m 3 fl 45 kr
- - grosser Künstler, 8. Leipzig 88, Widmann   h 30 kr
Künstler, ökonomische, der Brandweiner, Liqueurs, Essig und dergleichen zu verfertigen, 2 Theile, 8. 85   m 54 kr
Küsters, C. D. Wittwen- und Waisenversorger, 4. Leipzig 72, Junius   h 36 kr
Kunkel, J. vollständige Glasmacherkunst, 2 Thle. mit K. 4. Nürnb. 85, Riegel   A q 2 fl 30 kr

Kunst

Kunſt der Wein- und Bierkünſtler, nebſt Unterricht vom Thee, Kaffee und Chokolate, 8. Tübingen 55, Cotta   d 15 kr

- - die Wirkung des Feuers zu vermehren, und die Koſten zu vermindern, vermittelſt neuerfundener Oefen, 8. Hannov. 17, Hellwing,   m 54 kr

- - ertrunkene Menſchen wieder zu erwecken, 4. Augſpurg, 56   c 15 kr

- - zu tuſchen, 8. Nürnb. 61, Monath d 15 kr

- - ohne Mißwachs theure Zeiten zu machen, gr. 8. Frankfurt, 72, Schwickert   e 24 kr

- - ebendaſſelbe, 8. ebend. 77   c 15 kr

- - den Zitz nach engliſcher Art zu machen, 8. ebend. 72, Varrentrapp.   c 12 kr

- - ſich geſchwind durch den Ackerbau zu bereichern, 8. Augſpurg, 68, Stage   f 24 kr

- - geſchwind und mit wenig Mühe eine Stickerin zu werden, 3 Theile, mit illum. Kupf. Berlin, 84-86, Unger   G 12 fl 36 kr

- - rohe und calzionirte Potaſche zu machen, a. d. F. v. Kausler, 8. Stuttgart, 80, Cotta   m 45 kr

- - italiäniſche Pappelbäume aufzuziehen, 8. Leipzig, 64

- - Nelken zu ziehen, 8. Nürnb. 77, Hauſe b 8 kr

- - gebrannte Waſſer und dergleichen zu verfertigen, 8. Dresden, 89, Hilſcher d 15 kr

Kunſtpforte, neu eröfnete, allerhand rarer Curioſitäten, Künſte und Wiſſenſchaften, 2 Thle, 8. Nürnberg, 76, Hauffe   A m 2 fl 15 kr

Kunst- und Werkschule, darin allerley Feuerkünste, von Erkenntniß der Erze und Metallen ꝛc. enthalten, 2 Theile, mit Kupf. 5te Aufl. 4. ebend. 84, Raspe   A 1 fl 30 kr

– – sehr geheim gehaltene, und nunmehr frey entdeckte, die schönsten und rarsten Farben zu verfertigen, 8. Wasserdrüdingen, 54   c 12 kr

– – geheime für alles Frauenzimmer, 8. Frkf. 76o   b 8 kr

– – Sammlung unterschiedlicher der Menschen dienlicher Wissenschaften und Kunststücke, worinnen von allerhand Farben Holz-Laquiren u. andern Dingen Nachricht gegeben wird, 8. Nürnberg, 57   k 40 kr

– – unterschiedlicher Wissenschaften und Kunststücke, 8. Frankfurt, 54   c 12 kr

– – Sammlung, neue, von Kunststücken, 8. ebend. 78   m 45 kr.

Kuntze, D. E Anweisung zum Anbau des Nadelholzes, 8. Detmold 88, Helwing e 2½ kr

Kurella, E. G. patriotische Vorschläge, wie bey dem herrschenden Getraydemangel, besonders der dürftige Landmann wohlfeiler Brod haben könne, 8. Berl. 71, Haude   c 15 kr

Kutscher, der vollkommene, gr. 8. Münster 78, Perrenon   A 1 fl 30 kr

Labats, P. Abhandlungen vom Zucker, dessen Bau, Zubereitung und mancherley Gattungen, a. d. Franz. 8. Nürnberg 85, Raspe   A 1 fl 30 kr

Lach-

Lachneaulico, allgemeine u. stetswährende Haus- und Landwirthschafts-Regeln, m. K. gr. 4. Nürnb.   A m 2 fl 15 kr

Lackirer, der vollkommene, oder Handbuch eines Lakierers, m. K. 8. Frankfurt 73. Varrentrapp   h 30 kr

Lackierkunst, neu entdeckte, oder Anweisung wie man kostbare Lacke verfertigen kann, mit einem Anhang ökonom. Kunststücke, 8. Dresden 66. Gerlach   d 15 kr

Lackiermeister, der gründlich lehrende, nebst Kunst aus Wachs und Gips allerley Sachen zu verfertigen, 8. Leipz. 68. Heinsius   d 15 kr

Lackmann (A. H.) Zeugnisse v. ausserordentlichen Viehsterben, aus alten und neuern Scribenten, 4. Kiel 46.

Lafosse, s. la Fosse.

Lahner, L. C. Entwurf von der Staatswirthschaft, in Tabellen, Fol. Frft. 71. Grattenauer   h 30 kr

- - Inbegriff der Polizeywissenschaft, in Tabellen, Fol. Nürnb. 72. Grattenauer s 1 fl 12 kr

Lamotte, Vorschläge zur Abfuhr der Unreinigkeiten von den Straßen einer großen Stadt, gr. 8. Göttingen 77. Dietrich   e 24 kr

- - Anleitung zu einer ordentlichen und gründlichen Abnahme der Rechnungen, gr. 8. Lpz. 78. Breitkopf   d 20 kr

- - praktische Beyträge zur Cammeralwissenschaft für die Cameralisten in den preußischen Staaten,

ten, 3 Bände, gr. 8. Leiz. u. Halle, 82 - 86.
Breitkopf u. Waysenhaus . . . . . Du 10fl

Lamotte, neue practische Beyträge, 1r Theil, gr. 8.
Berlin 89, Kunze . . . . m 54 kr

- - Abhandl. von den Landesgesetzen und Verfassungen, die Landstrassen und Wege in den Preuß. Staaten betref. gr. 8. Leipzig 789,
Fleischer y 1fl 40kr

Lamprecht Versuch eines Systems der Staatslehre, mit Inbegriff der Policey- und Cameral- oder Finanzwissenschaft, 1ter Band gr. 8. Berlin 84. Hesse Bf 4fl 15 kr

- - Entwurf einer Encyclopedie u. Methodologie d. öconomisch- politischen u. Cameralwissenschaften, gr. 8. Halle, 785. Hemmerde s 1fl 24kr

- - Lehrbuch der Technologie, oder Anleitung zur Kenntniß der Handwerker, Fabriken ꝛc. gr 8. ebendas. 87. derf. Ad 2fl 15kr

- - über das Studium der Cammeralwissenschaften, gr. 8. ebendas. 83. derf. c 15kr

Landanbauer, der, 8. Gött. 85. Dietrich b 10kr

Landapotheke nebst einigen Hauskuren, 8. Kopenhagen 70. Faber k 40kr

Landleben, das vertheidigte, unter dem Bilde eines rechtschaffenen Landmannes, 8. Leipz. 760 Hilscher f 24 kr

Landmann, der Baierische und Pfälzische, in der verbesserten Landwirthschaft, 1ste Samml. gr. 8. München, 772. Lentner e 20kr

- . der in Ungarn, was er ist, und was er seyn kann, 8. 84. Korabinsky u 1fl 15kr

Land-

Land- und Haus-Arzt, der wohlerfahrne, 8. Nürnb. 27. m 45 kr

Landschaftsgemählde für Freunde der schönen Natur und ländlicher Anlagen, von Keßel, mit 4 schönen Vignetten, 8. Erlangen 786. Palm
u 1 fl 15 kr

Landschafts-Reglement, Schlesisches, fol. Breslau 70. s 1 fl 20 kr

Landwirth, der wohlerfahrne, welcher unterrichtet, wie man Rindvieh, Schaafe, Schweine, Hüner und Federvieh auferziehen, füttern, vermehren, mästen und ihren Krankheiten abhelfen kann, 8. Leipz. 51. Frommann f 30 kr

- - der wohlerfahrne, oder Anleitung, wie die Landwirthschafts-Oeconomie, nemlich der Feldbau, der Wiesenwachs, die Hutwaiden, Waldungen, ꝛc. in einen verbesserten Stand gebracht werden könnten, 2 Thle, mit Kupf. gr. 8. Leipzig 77. Krauß Bq 4 fl

- - der wohl unterwiesene, oder der Freund des Landmannes, 8. Nürnb. 68. Endters m 45 kr

- - Ebendieses, gr. 8 Wien 70. Trattner q 1 fl

- - der Schlesische, 2 Theile, gr. 8. Breslau 71. Korn jun. Ad 1 fl 45 kr

- - der, in und nach dem Kriege, gr. 8. Berlin 79. Mylius A. h 2 fl 24 kr

- - der sächsische, in seiner Landwirthschaft, was was er jetzt ist, und was er seyn könnte, 1r und 2ter Band, gr. 8. Leipz. 88-89. Hilscher
C 4 fl 30 kr

Landwirthin, die wohlunterwiesene, 8. Nürnb. 74. Stein o 54 kr

Landwirthschaft, die nach Grundsätzen und Erfahrungen abgehandelte Schlesische, 3 Thle, gr. 8. Breslau 71-78. Korn sen. A o 2 fl 30 kr

- - die gesegnete, in dem Feldbau und Viehzucht durch den Zehenden, 4. Wallerstein 778. Bek e 20 kr

- - die Hollsteinische, 8. Hamburg 83. Hofmann k 45 kr

Landwirthschafts-Calender aufs Jahr 770-84. Stuttg. s. Sprenger.

- - dergl. für die in jedem Monath vorfallende Haushaltungsverrichtungen, 8. Wittenb. 787. Zimmermann f 24 kr

Lange, J. J. Entwurf einer Anleitung zu den öconomischen Rechnungen, 8. Halle 54. Waphaus b 10 kr

- - Anleitung zu einer vernünftigen Vormundschaftsführung für den gemeinen Mann, 8. Wallerstein 74. Bek d 15 kr

- - J. J. Einleitung in die bürgerliche Rechtsgelehrsamkeit, für die so keine Rechtsgelehrte sind, 4 Thle, 8. Schwerin, 82-84. Böhnet A m 2 fl 24 kr

- - H. A. Abhandlung von Zerschlagung der Domainen und Bauren-Güther, 4. Bayr. 78. Lübeck f 24 kr

- - - von Gemeinschaft der Güter unter Eheleuten, 4. ebendas. 66. ders. q 1 fl

Lange,

Lange, H. A. Abhandlung vom Rechnungswesen und den dahin einschlagenden Rechten, 4. Bayreuth 75. Lübecks . A h 2 fl

- - Anmerkungen und Berichtigungen zu Becks Abhandl. von der Nachsteuer und Handlohn, 4. ebendas. 81. ders. B 3 fl

- - J. G. Gedanken über die Bauart auf dem Lande, gr. 8. Bresl. 79. Korn sen. A m 2 fl 15 kr

- - Abhandlung über wetterfeste Dächer, gr. 8. Leipzig 785. Schneider k 40 kr

Langemacks, C. F. Abbildung einer vollkommenen Policey, 4. Berlin d 18 kr

Langners J. F. Entwurf zur Anlegung einer Wittwen- und Waisenverpflegung, nebst der Berechnung, 8. Stett. 71. Strauß. A f 2 fl 15 kr

Langsdorf K. C. über die vortheilhafte Benutzung der Feuerung, 4. Erfurt 84. Kayser b 10 kr

- - J. W. ausführlichere Abhandlung von Anlegung und Verbesserung der Salzwerke, 2 Theile, mit Kupf. 4. Giessen 81. Krieger jun. D m 6 fl 45 kr

- - mechanische und hydrodinamische Untersuchungen nebst Anwendung auf das Maschinenwesen bey Salzwerken, mit Kupf. 4. Altenburg 83. Richter B m 4 fl 30 kr

- - Beytrag zur Aufnahme Salzwerkskunde, gr. 8. Frkft. u. Giessen 88. Brönner u. Krieger jun. i 36 kr

Langs-

Langsdorf, J. W. vollständige auf Theorie und Erfahrung gegründete Anleitung zur Salzwerkskunde, mit Kupf. 4. Altenb. 84. Richter D m 8 fl 15 fr

- - drey öconomisch-physikalisch-mathematische Abhandlungen, mit Fig. gr. 4. Erfurt 785. Keyser e 24 fr

- - Sammlung practischer Bemerkungen und einzelner zerstreuten Abhandlungen über die Salzwerkskunde, 2 Stücke, gr. 8. Altenburg 85-88. Richter B q 4 fl 48 fr

- - Einleitung zur Kenntniß von Salzsachen, 8. Frankfurt 71. Varrentrapp h 30 fr

- - Untersuchung über die Bewegungskräfte auf Salzwerken, 8. Mannheim 81. Ak. Buchh. f 24 fr

Laugier, des Abts, Versuche über die Baukunst, 8. Jena 758, Fischer h 36 fr

- - neue Anmerkungen über die Baukunst, mit Kupf. gr. 8. Leipz. 68, Weidmanns A 1 fl 54 fr

Lauhn, Bernh. Friedr., Abhandlung von den Frohndiensten der Teutschen, 8. Frankfurt, 59, Varrentrapp sen. b 8 fr

- - Eben dieses mit Anmerkungen und Urkunden vermehrt von Kühn, gr. 8. Weissenfels, 86, Severin k 45 fr

Laurence, E. Pflichten eines Verwalters, und Regeln für einen Landpachter, 8. Leipzig, 51, Hilscher k 40 fr

Leber-

Ledermüllers mikroskopische Zergliederung des
Korns mit Beobachtung seines Wachsthums,
2 Theile, mit 4 illum. Kupf. gr. Fol. Nürnb.
64, Winterschmidt B 3 fl
- - physikal. mikroscopische Vorstellung einer sehr
kleinen Winterknospe des wilden Roßkastanien-
baums, mit 3 illum. Kupf. gr. Fol. Nürnberg,
64, Winterschmidt Ah 2 fl
Lehmanns, J. G. Beschreibung des Bergboh-
rers, 8. Züllichau, 50, Frommann e 24 kr
- - Einleitung in einige Theile der Bergwerkswissenschaft, mit Kupf. 8. Berlin, 51, Nicolai e 24 kr
- - Probierkunst, 2 Thle, mit Kupf. 8. daf.
61, Weber Aq 3 fl
- - Cadmiologie oder Geschichte des Farbenko-
bolds, 2 Theile, mit Kupf. Berlin, Nicolai,
61 - 66 z 1 fl 45 kr
- - dieselbe im Auszug, mit Kupf. 8. Ebd. 75,
Weber q 1 fl 12 kr
- - Abhandlung von Phosphoris, deren Bereitung, Nutzung und andern dabey vorkommenden Anmerkungen, 4. Dresden, 50, Walther b 10 kr
- - J. C. allgemeine öconomische Holzsparkunst,
2 Thle, m. K. 4. Leipzig, 54, Frommann
Ah 2 fl 24 kr
- - Anweisung zum Anbau und Zubereitung des
Flachses, 8. Leipzig, 88, Crusius c 15 kr
- - vollkommener Blumengarten im Winter, 8.
Züllichau, 51, Frommann c 15 kr

Leh-

Lehmanns Beschreibung einiger neuerfundenen
 Puchwerke, m. K. 4. Leipz. 54. Fromann c 15 kr
- - Entwurf einer Mineralogie, 8. Nürnberg
 69: Felsecker f 24 kr
- - Abhandl. von Metallmüttern u. Erzeugung der
 Metallen. m. K. 8. Berlin 53 Nicolai h 36 kr
Lehrbegrif sämtlicher öconomischer und Cameral-
 wissenschaften, s. Pfeiffer.
- - kurzer, der Landwirthschaft und Haushaltung, 8. Wiesbaden, 80, Fleischer h 30 kr
Lehrbuch, wirthschaftliches, für die Jugend, 8.
 Berlin, 78, Horvath f 24 kr
- - der brauchbarsten Wissenschaften für Mäd-
 chen von reiferem Alter und der gesitteten
 Stände, 2 Thle, gr. 8. Bern, 88 Bh 3 fl 30 kr
- - für die Pfalzbaierschen Förster, 2 Theile,
 von Grünberger und Däzel, 8. München, 88,
 Strobel B m 3 fl 45 kr
Lehrjung, der in der Buchdruckerey wohlunterrichtete, oder Anfangsgründe der Buchdruckerey, 8. Leipzig, 43, Müller u 1 fl 30 kr
Leibs, J. G. wie ein Regent Land und Leute
 verbessern, die Landesgewerbe und Nahrung
 erheben, seine Gefälle billigermaßen vermehren, und sich dadurch in Macht und Ansehen
 setzen könne, 4 Thle, 4. Lpz. 708. Junius k 45 kr
Lempe, J. E. Magazin der Bergbaukunde, 7 Theile.
 gr. 8. Dresd. 85 - 89. Walther, I. m II. q III. u
 IV. m. V. A VI. m VII. A. compl. E 9 fl
- - J. F. zur Markscheidekunst, gr. 8. m. Kpf.
 Leipzig, 82, Crusius B 3 fl 36 kr

Lengen-

Lengenfels Anmerkungen über die Tannen, Fichten und des Kienbaums, welche zur Vermehrung eines Waldes beytragen, mit illum. K. 4. Nürnb. 62, Felseker q 1 fl

Lentin, Leb. Fried. Grundsätze zu der zu Hannover publicirten Vorbauungscur gegen die Viehseuche, 8. Göttingen, 76. Vandenhöcks
e 24 kr

Leo, J. C. O. reizendes Beyspiel zu Abschaffung der Brache, 8. Frft. 77. Eichenberg
m 45 kr

– – landwirthschaftliche Briefe zur Aufnahme der besten und neuesten Feldbauart, gr. 8. Leipzig. 87. Müller A. h 2 fl 24 kr

Leonhardi F. G. forstwirthschaftliche Briefe, 8. Leipzig 89. Barth q 1 fl 12 kr

– – theoretisch-praktische Stadt- und Landwirthschaftskunde, 1sten Bandes 1 u. 2s Stück, 8. ebendas. 89. ders. q 1 fl 12 kr

Leopolds, J. G. Einleitung zur Landwirthschaft, 5 Theile, mit Kpf. 4. Berlin, 59, Günther
B q 4 fl 48 kr

– – öconomische Civilbaukunst, mit Kupf. 8. Leipzig, 59, Fritsch h 36 kr

– – J. C. der durch vieljährige Erfahrung klug gewordene Landwirth, 8. Leipzig, 788, Kape
h 30 kr

Leporins Schreiben an Kritter, die Wittwenverpflegungsgesellschaft betreffend, 4. Zelle 70 Richter a 4 kr

Lese-

Lesebuch fürs Landvolk, 3 Bände, in 12 Stück.
gr. 8. Quedlinburg, 779 . 784, Reußner
        D 7 fl 12 kr

Leske, N. G. vom Drehen der Schaafe und dem
Blasenbandwurm im Gehirn derselben, gr. 8.
Leipzig, 80, Müller   f 28 kr

- - Leipziger Magazin der Naturkunde und Oeconomie, s. Magazin.

- - Reise durch Sachsen in Rücksicht der Naturgeschichte und Oekonomie, mit Kupf. gr. 4.
Leipzig 85. Müller, illumin.   Q 28fl 48 kr

- - Ebendieses mit schwarzen Kupf. F 10fl 48kr

Leßek, J. K. kurzer und vorsichtiger Förster, od.
Unterricht für Forstbediente, 8. Augsb. 81,
Kletts   e 20 kr

Leutmanns, J. G. sonderbare Feuerung durch
Einrichtung der Stubenöfen, mit Kupf. 8.
Wittenb. 35, Zimmermann   s 1 fl 12 kr

- - Anmerkungen zum Glasschleifen, mit Kupf.
8. Halle 38. Rengers   k 48 kr

- - Nachricht von gezogenen Büchsen, mit Anmerkungen von Schiessen, mit Kupf. gr. 8.
Petersburg 33.   f 30 kr

- - Ebendieses, m. K. 8. Frft. 52. Fleischer b 8 kr

- - Nachrichten von Uhren und deren Verfertigung, 2 Theile, mit Kupf. 8. Halle 38. Rengers   A f 2 fl 24 kr

Lewis, W. physikalisch-chymische Abhandlungen
u. Versuche zur Beförderung der Künste, Handwerke und Manufacturen. 2 Theile, m. K. 8.
Berl. 64 . 66, Weber   B 3 fl 36 kr

             Lewis

Lewis, W. Zusammenhang der Künste, zur Beförderung der Künste und Gewerbe, aus dem Engl. von Ziegler, 2 Thle, mit Kupf. gr. 8. Zürich 64 u. 66, Orell C 5 fl
- - Historie des Goldes u. der Künste u. Gewerbe so davon abhangen. gr.8. ebb. 64. derf. s 1fl 20 kr
- - Historie der Farben, gr. 8. ebb. 66. derf. o 1fl

Lexica.

Lexikon, allgemeines öconomisches, von G. H. Zinken, vermehrt von Volkmann, 2 Theile, m. K. gr. 8. Leipz. 80. Gleditsch D 7fl 30 kr
Bergmännisches Wörterbuch, gr. 8. Chemnitz 78. Stößel A.d 1fl 45 kr
Cammerallexicon der in der Kaif. Kammer. Ger. Ordn. u. dasigen Praxi recipirten terminor. iurid. technic. gr. 8. Frft. 66. Andreä f 24 kr
Lexikon, ökonomisch physikalisches, f. Chomel.
- - - - compendieuses und nutzbares Haushaltungs., 8. Chemnitz 40. Stößel u 1fl 15 kr
- - Haushaltungs- allgemeines, worinnen alles zu finden, was zu Vermehrung jedes Vermögens und zu Erhaltung der Gesundheit nöthig, 2c. 3 Theile, 4. Leipz. 749 · 52. Gollner l 15 fl 30 kr
- - vollständiges und sehr nutzbares Haushaltungs., worinnen alle die beym Feld- Acker- Garten- u. Weinbau, Wiesenwachs, Holzungen 2c. vorkommende Sachen beschrieben werden, 2 Theile, 8. Bamberg 52. Göbhardt A 1fl 30 kr
- - nutzbares Frauenzimmer-, worinnen alles, was ein Frauenzimmer in der Hauswirthschaft, Koch-

Lexica.

Kochkunſt, Zuckerbeckerey, Kellerey ꝛc. zu wiſ-
   ſen nöthig hat, nach alphabetiſcher Ordnung,
   2 Theile, gr. 8. Leipz. 73. Gleditſch   D 8fl

Grobkopfs Forſt- Jagd, und Weidwerks- Lexikon, 8. Langenſalz 59. Schneider   h 30kr

Vollſtändiges Lexikon aller Handlungen und
   Gewerbe, oder Schatzkammer der Kaufmann-
   ſchaft, 5 Theile, Fol. Leipzig 41-43. Heinſius
                                  M 18fl

Nützliches Handlungs-Wörterbuch, 8. Regensburg 68. Montag   d 15kr

Hübners reales Natur- Kunſt- Berg- Gewerk-
   und Handlungs-Lexicon, gr. 8. Leipzig 76.
   Gleditſch   B h   4fl 30kr

Jacobſens technologiſch. Wörterbuch, ſ. Jacobſen.

Lemery vollſtändiges Materialien-Lexicon, Fol.
   Leipzig 21. Hilſcher   B m 3fl 45kr

Ludovici eröfnete Akademie der Kaufleute, oder
   vollſtändiges Kaufmanns-Lexikon, 5 Theile
   gr. 8. Leipz. 52-56. Breitkopf.   M 25fl

Macquers chemiſches Lexicon oder allgemeine
   Begriffe der Chemie, 6 Theile, gr. 8. Leipz.
   81-83. Weidemanns   H h 16fl

-- daſſelbe neue Auflage, 1-5r Band, gr. 8.
   88-90.   G u 15fl 30 kr

Millers engliſches Gartenbuch, oder Gärtner-
   Lexicon, 4 Theile, mit Kupf. gr. 4. Nürnb.
   69-76.   Q 24 fl

Minerophili, Mineral- und Bergwerks-Lexikon,
   8. Chemnitz 43. Stößel   q 1fl 12kr

                                    Lexi-

Lexica.

- - - Onomatologia curiofa artificiofa et magica, oder natürliches Zauberlexicon, gr. 8. Nürnberg 64. Stettin   A q 2 fl 30 kr

- - Onomatologia foreftalis pifcatorio-venatoria, oder vollſtändiges Forſt- Fiſch- und Jagd-lexicon, 4 Theile, gr. 8. Frft. 72-80. Stettin   F q 10 fl

- - Onomatologia oeconomico practica, oder öconomiſches Wörterbuch, 3 Theile, gr. 8. Ulm 60-63. Stettin   E 7 fl 30 kr

- - Onomatologia hiſtoriae nat. oder Wörterbuch der Naturgeſch. 7 Theile. gr. 8. ebendaſ. 58 — 77. Derſ.   L q 17 fl 30 kr

- - - - botan. completa, oder vollſtänd. Wörterb. 9 Thle. gr. 8. ebendaſ. 72-77. derſ.   M 18 fl

Overbecks Bienen-Wörterbuch, gr. 8. Bremen 65. Förſter   h 30 kr

Riedels Gartenlexicon, 8. Nordh. 69. Groß   A. d 1 fl 45 kr

Strelins Real-Wörterbuch für Cameraliſten und Oeconomen, 1-5r Band, gr. 8. Nördlingen 84-89. Beck   K 15 fl

Vochs allgemeines Bau-Lexicon, oder Erklärungen der Kunſtwörter der Baukunſt, 8. Augsb. 81. Rieger   q 1 fl

⁎   *⁎*   *⁎*

Lichtenſteins, J. D. Zweifel und Bedenken bey der wichtigen Frage von der freyen Aus- und Einfuhr des Getraydes, gr. 8. Braunſchw. 72. Schulbuchh.   e 24 kr

Lichtensteins, G.R. entdeckte Geheimnisse, od. Erklärung aller Kunstwörter und Redensarten bey Bergwerken und Hüttenarbeiten, 8. Helmstädt, 78. Kühnlein m 45 kr

Liegelsteiners wohlgezogener Zwergbaum oder Unterricht von Wartung der Franzbäume, mit Kupf. 8. Leipz. 47. f 30 kr

Linguet und Tissot, über das Brod und Getraide und Geschichte einer giftigen Art Erbsen, gr. 8. Zürch 80. Steiner i 36 kr

Linnei, C. Versuch einer Natur- Kunst- und Oeconomiehistorie, mit Kupf. gr. 8. Stockholm 56. Heinsius q 1 fl 12 kr

Linnei, Beschreibung aller Zwiebelgewächse, mit Kupf. gr. 8. Nürnberg 84. Raspe B 3 fl

- - über Fütterung einheimischer Thiere, 8. Wien 85. Krauß u 1 fl 15 kr

Lipius, A. M. Einleitung zur Finanzwissenschaft, gr. 8. Breslau 61. Korn sen. m 45 kr

Liths, J. W. von der, politische Betrachtungen über die verschiedene Arten der Steuern, gr. 8. Ulm 66. Stettin A 1 fl 30 kr

Litteratur für Kaufleute, 8. Nbrg 88. Grattenauer c 12 kr

Löscher, C. J. kurzer Unterricht von Spähnkolben, wie selbige geschwind verfertiget und zur Ersparung des Lederwerks bey Saugwerken können gebraucht werden, nebst Beschreib. einer Spähnmühle, m. K. gr. 8. Lpz. 83 Crusius e 24 kr

- - historisch bergmännische Briefe über den Freyberg. Bergbau, m. K. 8. Leipz. 86. k 45 kr

Löscher,

Löſcher, Angabe zu einer Schwamm - Maſchine, Waſſer aus der größten Tiefe emporzubringen, 8. Leipzig 88. Cruſius   h 36kr
- - Angabe einer beſondern Hängewerksbrücke, welche mit wenigem ſchwachen Holze ohne Bogen ſehr weit über einen Fluß kann geſpannet werden, mit Kupf. gr. 4. ebendaſ. 84. derſ.   q 1fl 12kr
Löwens, C. T. Anleitung zur Roßarzney, 8. Büdingen 77.   b 8kr
- - J. L. E. öconomiſch - cameraliſtiſche Schriften, 2 Theile, gr. 8. Breslau 88-89. Löwe   A d 1fl 45kr
- - und Riems, phyſikal. ökonomiſche Zeitung, aufs Jahr 84 u. 85. 2 Jahrgänge, 8. Breslau, Derſ.   F 1 1fl
- - Handbuch der Kräuterkunde für Jedermann, 8. ebendaſ. 87. Derſ.   A 1fl 30kr
Lohneiſens Hof - Kriegs - und Reitſchule, vermehrt von Trichter, mit Kupfern, gr. Fol. Nürnberg 29. Lochner u. Mayer   F q 10fl
Lommer C. H. wie waren die Bergwerke bey den Alten beſchaffen, 4. Freyberg 84. Craz f 24kr
- - Abhandlung vom Hornerze als einer Gattung Silbererze, m. K. gr. 8. Leipz. 76. Böhme   f 24kr und illuminirt i 36kr
Lorenz, A. von den Urſachen der Viehſeuchen, 8. Salzburg 88. Mayers   h 30kr
Lori Sammlung des baieriſchen Bergrechts, mit Einl. in die Bergrechtsgeſchichte, Fol. München 64. Stein   D b 6fl 30kr

Lorioths, Abhandlung über eine neue Art Mörtel, gr. 8. Bern 75. Typ.Gef. d 15kr

Lovers Haferbeschreibung für Krankheiten, 8. Frankfurt 44. Bartholomäi a 4kr

Lucan, J. G. neues wohl eingerichtetes Roßarzneybuch, 8. Leipz. 28. f 30kr

Ludewigs, P. von, öconomische Anmerkungen, gr 8 Ulm 53. Stettin A 1 fl 30 kr

Ludovici C. G. Grundriß eines vollständigen Kaufmanns-Systems, gr. 8. Leipz. 68. Breitkopf Aq 3 fl

- - neueröfnete Akademie der Kaufleute, oder vollständiges Kaufmanns-Lexicon f. Lexica.

Ludwigs, Joh. Ad. Jac. Abhandlungen von den Erdäpfeln, gr. 8. Bern 70. Typ.Gef. k 40kr

Lüdecke, J. C. Alt-Märkisches Magazin, 8. Berlin 74. l 48kr

- - Vorschlag zur Verbesserung der Bauergüter, 8. ebendas. 74. Realsch. c 15kr

- - Gedanken von den Vortheilen einer Gemeinheitsaufhebung 8. ebendas. d 18kr

- - Naturgesch. der Altmark, 8. ebendas. d 18kr

Lüders, P. E. öconomische Unterredungen über die Verbesserung des Ackerbaues, 8. Flensb. 72 Korte A 1 fl 30 kr

- - Anleitung für die Landleute auf der Heide, wie sie Feld- und Ackerbau benutzen sollen, 12. ebendas. 69. derf. c 12kr

- - Gespräch zwischen einem Prediger und einem Landmanne, von dem Einfluß der Witterung in die Erde. 8. ebendas. 63. derf. c 12kr

Lüders,

Lüders, P. E. Beschreibung vom Leinbau, 8.
Flensburg 60. Korte f 24 kr
- - Anleitung zum Leinbau, 8. ebendas. 770.
derselbe b 8kr
- - Anleit. zum Ackerbau auf der Heide, 8. ebb.
64. derf. e 20kr
- - Bedenken über die Erforschung und Gebrauch der Erdarten, 8. ebendas. 70. derf.
d 15kr
- - Grundriß einer zu errichtenden Ackerschule
für die Jugend, 8. ebendas. 69. derf. e 20kr
- - Beyträge zur Aufnahme öconomischer Wissenschaften, 4. ebendas. derf. h 30kr
- - Abhandl. über das Ackerwesen und den Anbau verschiedener Feldfrüchte, gr. 8. ebendas.
65. derf. x 1fl20kr
- - festgesetzter und erläuterter Ackerplan, 8.
Leipzig 69. Crusius f 28kr
- - Entwurf vom Getreidebau, 8. Flensburg
69. Korte b 8kr
- - Beweiß, daß das schmale und schwache Pflügen bey Leim- und Thonartigen Boden vortheilhaft sey. 8. ebendas. 70. derf. c 12kr
- - Erört. der Frage: wie beym Ackerbau Theorie und Praxis zu verbinden sey, 8. ebendas.
70. derf. e 20kr
- - E. F. v. vollständiger Inbegrif aller bey dem
Straßenbau vorkommenden Fälle, mit Kupf.
gr. 8. Frankfurt 79. Garbe A m 2fl15kr
- - F. H. H. vollständige Anleit. zur Erziehung
aller Fruchtbäume, s. Abercromby.

Lüders,

Lüders, F. H. H. botanisch-practische Lustgärtnerey. nach Anleitung der besten u. neuesten Brittischen Gartenschriftsteller, 4 Bände, m. K. gr 4. Leipzig 83-86 Weidemanns, I. C m. II. D m. III. C m. IV. D h P u 30 fl

– – Briefe über die Bestellung eines Küchengartens, 3 Theile, 8. Hannover 78-83. Helwings, B d 4 fl

– – die in diesen Briefen vorkommende Gewächse in einer Tabelle, 4. Leipz. 75. Hilscher b 8 kr

– – Briefe über die Anlegung und Wartung eines Blumengartens, 8. Hannover 77. Helwings q 1 fl 12 kr

– – Ebendieses, neue Auflage, 86. s 1 fl 24 kr

– – Anleitung zur Wartung aller in Europa bekannten Küchen-Gartengewächse, gr. 8. Lübeck 80. Donatius B u 4 fl 15 kr

Maaß, Getraide-Vergleichung in Sachsen, Fol. Budiß 36. A h 2 fl 24 kr

Machtkunst, fürstliche, od. Abhandl. v. d. Manufacturen u. Comercien, 8. Frft 65. Winkler f 24 kr

Macquers, neuer chymischer Versuch, wie man der Seide vermittelst der Kochenille eine lebhafte rothe Farbe geben soll, 8. Leipz 79. Müller d 18 kr

– – Seidenfärberey, s. Schauplatz.

– – chem. Wörterbuch, s. Lexica.

Mabsens, Ohle, Handbuch für einen Reiter, 8. Altona 63 Iversen c 15 kr

Mälzer und Bräuer, der kunsterfahrne, oder praktische Anweisung viele Arten Bier zu brauen, 8. Sorau, 72. f 24 kr

Märter,

Märter, F. J. Verzeichniß der österreichischen Bäume, Stauden und Buschgewächse, 8. Wien, 781, Gerold   k 40 kr

— — Vorstellung eines ökonomischen Gartens, gr. 8. Wien, 82   f 24 kr

Magazin (Copenhagener) von öconomischen Policey- und Cameral-Sachen, 2 Bände u. 3ten Bandes 1-8s St. gr. 8. Copenh. 59-63, Pelt   Eh 8 ſl

— — allgemeines Forst-, ſ. Stahl.

— — neues dergleichen, ſ. Franzmabhes.

— — fränkisches gemeinnütziges, aus der Naturgeschichte, Naturlehre, Arzneykunde ꝛc. 4 St. 8. Nürnb. 79-80, Zeh   q 1 ſl

— — Hannöverisches, worin Abhandlungen über die Verbesserung des Nahrungsstandes, die Land- und Stadtwirthschaft, Handlung, Manufacturen und Künste, 23 Jahrgänge von 64-86, 4. Hannov. Hellwings 103 Rthl. 12 gr. 188 ſl

— — Hamburgisches, oder gesammlete Schriften, zum Unterricht und Vergnügen aus der Naturforschung und den angenehmen Wissenschaften, 26 Bände, jeder in 6 Stücken, nebst einem Universalregister über alle 26 Bände, 8. Hamb. 48-67, Holle   U 36 ſl

— — Hamburgisches neues, als die Fortsetzung von dem vorhergehenden, 120 Stücke, 8. doſ. 67-84, Ebd.   P 27 ſl

Magazin, Hessen-Darmstädtisches, worin kleine ökonom. Abhandlungen, Nachrichten ꝛc. befindlich, 4 Bde, 4. Frkf. 72 - 75. Ch 5 fl

- - - das neue allgemeine Harz- ökonomischer, moralischer, zur Policey-Staatswissenschaft ꝛc. gehöriger Nachrichten, 12 Stücke, 8. Blankenburg, 68. Ernst Ab 1 fl 40 kr

- - der Bergbaukunde, s. Lempe.

- - Bremisches zur Ausbreitung der Wissenschaften, aus den engl. Monatsschriften, 7 Bde, jeder 3 Stücke, 8. Bremen, 56 - 63, Förster Ef 8 fl 24 kr

- - neues oder Fortsetzung, 1 - 3ter Band und IV. Bds 1s St. 8. Ebd. 66 - 72, ders. Bm 3 fl 54 kr

- - oder Vorrathskammer, was man zur Einrichtung ordentlicher Wissenschaften männlichen und weiblichen Geschlechts zu beobachten hat, 8. Leipzig, 51, Gollner u 1 fl 30 kr

- - Stuttgarter, allgemeines, ökonomischen und phisikalischen Inhalts, aus den größten und kostbarsten Werken gesamelt, auf das J. 67 - 68, in 8 Quartalen, 8. Stuttg. Erhard B 3 fl

- - Schwedisches, oder gesammlete Schriften für die Liebhaber der Naturgeschichte, Chymie und Oeconomie, 2 Bände, 8. Copenhag. 68 und 70, Faber Ad 1 fl 45 kr

- - neues, kleiner Schwedischen Schriften aus der Naturlehre und Haushaltungskunst, 8. Nürnberg, 77. s. Schreber.

Magazin der Kochkunſt ſ. Kochbücher
- - Leipziger, zur Naturkunde und Oekonomie, herausgegeben von Funke, Leske und Hindenburg, mit Kupf. gr. 8. Leipzig, 81 - 87, 7 Jahrgänge, Müller á A. h 1 h 16 fl 48 kr
- - Ebendaſſelbe, 88, 1. 2s St. gr. 8. Ebd.
 q 1 fl 12 kr
- - Stralſundiſches, oder Sammlung von Neuigkeiten zur Aufnahme der Naturlehre, Arzneywiſſenſchaft und Haushaltungskunſt, 2 Bde, 8. Berlin, 67, Lange   B 3 fl
- - fürs Volk, mediciniſch. ökonomiſch. und hiſtoriſch. Inhalts, 2 Theile, 8. Weimar, 89, Hofmanns   q 1 fl 12 kr
- - Göttingiſches, für Induſtrie und Armenpflege, 1r Band, 1 - bis 4s St. Göttingen, 88 - 89, Vandenhöcks à h   A h 2 fl 24 kr
- - der ökonomiſch-praktiſchen Geſellſchaft in Franken, 2 Stücke, 8. 71   d 15 kr
- - der Regierungskunſt, der Staats- und Landwirthſchaft, 3 Stücke, gr. 8. Leipzig, 75 - 79, Weidmanns   A q 3 fl 15 kr
- - der Viehartzneykunſt, 1r Band, 8. Wien, 84, Hartmann   a 1 fl 15

Magelſen, Henr. erſte Gründe des Buchhaltens, 2 Bände, Fol. Altona, 72-79, Iverſen
 A u 2 fl 45 kr

Magens, N. allgemeiner Kaufmann, d. i. theoret. und pract. Grundſätze der Handlung, nebſt Beytrag, 4. Berlin, 62, Horvath
 - fl 15 kr

Magens,

Magens, N. Versuch über Assecuranz, Havereien
ꝛc: gr. 4. Hamb. Bohn　　　　　D 7 fl 12 kr

Magia naturalis, d. i. neues Kunst- und Wunderbuch, 8. Frft.　　　　　　　　　b 8 kr

v. Maire, J. F. Bemerkungen über den innern
Kreislauf der Handlung in den österreichischen
Erbstaaten, a. d. Franz. 2 Theile, mit Char-
ten, 8. Wien, 86. Bargum　　　H 13 fl

v. Mairan, Abhandlung von dem Eisen, m. K.
gr. 8. Leipzig, 62, Junius　　u 1 fl 30 kr

Mangers, J. L. Beytrag zur practischen Baukunst, 3 Stücke, gr. 8. Potsdam, 86, Horvath　　　　　　　　　　　　u 1 fl 15 kr

- - Nachricht von dem neuen Grundbaue in einer Anzahl Häuser in Potsdam, 3 St. gr. 8.
Potsdam, 83, Horvath　　　　A 1 fl 30 kr

- - Bemerkungen über die Zimmerbaukunst,
gr. 8. das. 86, ders.　　　　　　d 15 kr

- - ökonomische Bauwissenschaft zum Unterricht
für den Landmann, gr. 8. Leipzig, 85, Junius　　　　　　　　　　　　A 1 fl 48 kr

- - H. L. vollständ. Anleit. zu einer system. Pomo-
logie, 2 Theile, m. K. Fol. Leipzig, 80-83,
Junius　　　　　　　　　　　C m 6 fl 20 kr

Mannigfaltigkeiten, fränkische, öconomische,
landwirthschaftliche, 3 Bände, 4. Schwab.
78 - 81.　　　　　　　　　　　　B 3 fl

Manufacturen und Fabriken Deutschlands, s. Pfeiffer

Marcandier Abhandl. v. Hanf, a. d. Franz. 8. Sorau, 63, Hebold   e 24 kr

Marchand, J. Anweisung zur Reitkunst, 8. Berlin, 87, Vieweg I.   d 15 kr

− − A. neue Theorie der Gährung, nebst 2 Abhandlungen über Brantweinbrauen und Essigsieden, mit Kupf. 8. Mannh. 87, Schwan   h 30 kr

Maripold, C. P. Briefe über die Kunst, Wergwolle zu machen, 8. Reval, 83, Albrecht b 10 kr

Marpergers, P. J. Montes pietatis, oder Leih-Assistenz- und Hülfshäuser, Leihe-Banquen und Lombards, mit Justi Anmerkungen, 8. Ulm, 60, Stettin   u 1 fl 15 kr

− − Beschreibung des Hanfs und Flachses, und der daraus verfertigten Manufacturen, 8. Leipzig, 70   m 54 kr

− − in Natur- und Kunstsachen neu eröfnetes Kaufmanns-Magazin, 2 Theile, 8. Hamb. 65, Herold   A h 2 fl 24 kr

− − vollständiges Küchen- u. Keller-Dictionarium, 4. Hamburg, 16, Herolds   A m 2 fl 45 kr

− − Beschreibung der Banquen und ihrer Rechte, 4. Halle, 17, Kümmel   m 54 kr

− − moscovitischer Kaufmann, 8. Lübeck, 23, Bödemann   f 30 kr

Marschall, H. G. Geschichte der Hornviehseuche zu Offenbach und den Vorkehrungen dagegen, 8. Offenbach, 78   d 15 kr

Mar-

Marschall, G. H. Beschreibung wildwachsender Bäume und Staudengewächse, 8. Leipzig 83, Crusius   s 1 fl 24 kr

Martfelts, Chr. Vorschlag zu einer Königl. Reformations-Commißion, um einen dauerhaften Plan für das Oeconomie-, Commerz- und Finanzwesen in Dänemark zu legen, 8. Copenhagen, 71, Pelt   d 15 kr

Martini, M. der geschickte Haushalter und fertige Kaufmann, gr. 8. Berlin, 85, Lange   Am 2 fl 15 kr

— — vermehrter vorsichtiger Banquier und accurater Wechsler, 8. Berlin, 47, Lange   A.h 2 fl

— — arithmetischer Wegweiser, 8. Ebd. 76, derf.   Am 2 fl 15 kr

— — vermehrter richtiger Kapitalist u. Wechsler, 8. Ebd. 76, derf.   m 45 kr

— — Em. Etwas über die Weine und deren Verfälschung, 8. Regensb. 89. Montag d 15kr

Mattuschka, Heinr. Grafen von, Anzeige der Beobachtungen einem für Landwirthe sehr nützlichen Natur-Calender, 4. Sagan, 73, Hilscher   c 15 kr

Maupins, Versuche, über die durch die erste Gährung zu bewürkende Verschönerung aller Weine, 8. Zerbst, 73, Zimmermann d 15kr

— — Kunst, Wein zu machen, 8. Wien, 79, Kurzböck   c 12 kr

Maurer, J. M. Betrachtungen über die in der Forstwissenschaft irrigen Lehrsätze und Künsteleien,

steleien, gr. 8. Leipzig, 83, Hilscher m 45 kr

Maurice, P. von, Kunst, italienische Pappelbäume aufzuziehen, 8. Leipzig, 64, Hilscher
b 8 kr

Maus, Js. Etwas über Ackerbau und Landwirthschaft, die Beförderung des ländlichen Wohlstandes betreffend, 8. Frankfurt, 88, Hermann d 15 kr

Mawes und Abercrombie und anderer Gärtner praktische Anweisung zur Gartenkunst für alle 12 Monathe, gr. 8. Leipzig, 79, Weidmanns A d 2 fl 24 kr

Maximen, allgemeine öconomische, 8. Halle, 28 b 10 kr

May, J. C. Versuch einer Einleitung in die Handlungswissenschaft, 2 Theile, gr. 8. Altona, 80, Hellmann B 3 fl

- - Versuch in Handlungsbriefen nach Gellerts Regeln, 8. Leipz. 88, Heinsius h 36 kr

- - Lottologie oder krit. Beyträge zur Lotterielehre, 2 Theile, gr. 8. Altona, 79 A d 1 fl 45 kr

Mayer, J. Pomona franconica, oder natürliche Abbildungen der besten Gattungen Europ. Obstbäume und Früchte, 2 Bände, 4 Nürnb. 76 . 79, Winterschmidt Z C 50 fl

- - J. F. Lehre vom Gyps, als einem guten Dung zu allen Erdgewächsen, 4. Anspach, 69, Haueisen c 12 kr

- Vertheidigung des Gypses, als einer vortreflichen Düngsorte, 8. Frankf. 71, Andreä d 15 kr

Mayer,

Mayer, J. F. Catechismus des Feldbaues, 8. Franff. 85, Andreä   d 15 kr

– – Beyträge uud Abhandlungen zur Aufnahme der Landwirthschaft, mit 10 Fortf. und 3 Anhängen, 14 Theile, 69 - 86, Andreä I. u. II. s. III. o. IV. o. V. o. VI. A. VII. A. VIII. A. IX. A. X. u. XI. A. XII. q. XIII. u. XIV. o.   compl. L m 17 fl 20 kr

– – Auszüge aus allen Theilen der landwirthschaftlichen Beyträge, 1 Theil, 8. Ebd. 85, derſ.   u 1 fl 15 kr

– mein öconomischer Briefwechsel, 3 Lieferungen, 8. Frankft. 78 - 80, derſ. A f 2 fl

– – Anfragen und Antworten über Gegenstände der Landwirthschaft, 2 Lieferungen, 8. Tübingen, 83 - 86, Cotta   A 1 fl 30 kr

– – Lehrbuch für die Land - und Hauswirthe, m. K. 8. Nürnb. 82, Zeh   A d 1 fl 45 kr

– – das Ganze der Landwirthschaft, 2 Theile, gr. 8. Nürnberg, 80, Zeh   C 4 fl 30 kr

– – der Mayenkäfer als Wurm und Vogel höchſt schädlich, nebſt erprobtem Vorschlag wider ihn, 8. Schwabach, 86, Zeh   f 24 kr

– – J. F. Gallerie von Schilderungen guter und böſer Hauswirthe, 8. Nürnberg, 81, Zeh   q 1 fl

– – wie mag ſich der Landwirth in Abſicht ſeines Viehſtandes schützen, 8. Tübing. 85, Heerbrand   d 15 kr

– – J. A. wie hat ſich der Landmann bey Wetterſchäden in Abſicht auf ſeine Getraidefelder zu

zu verhalten, 8. Frankfurt, 79, Andreä
c 12 kr

Mayer, J. F. mein Garten, 8. daſ. 78. A 1 fl 30 kr

‐ ‐ der gründliche Hufſchmidt, 8. Wien, 78,
d 15 kr

‐ ‐ A. C. kurze Anweiſung zur bürgerlichen
Baukunſt, 2 Stücke, mit Kupf. gr. 4. ebend.
84, Weigel   A 1 fl 30 kr

‐ ‐ kurze Anweiſung zum Feldmeſſen für die Ju‐
gend, m. K. 8. daſ. 82, derſ.   f 24 kr

‐ ‐ F. C. S., Anweiſung zur angoriſchen oder
Engl. Kaninchenzucht, 8. Dresd. 89, Wal‐
ther   c 15 kr

Mecks, E. J. von, Preisſchrift wegen der ei‐
genthümlichen Beſitzungen der Bauren, 8.
Riga 72, Hartknoch   b 8 kr

Medicamente, leichte und bewährte, für den
Bürger und Landmann, 8. Ulm 67, Bar‐
tholomäi   d 15 kr

Medicus, F. K., wie kann elender Ackerbau
einer Gemarkung in einen beſſern verwandelt
werden? 8. Mannheim 84, Akad. Buchh.
f 24 kr

‐ ‐ von der Glückſeligkeit eines Staats, in wel‐
chem Ackerbau blühet, 4. ebendaſ. 74. dieſ.
c 12 kr

‐ ‐ von der hohen Cameralſchule zu Lautern, 8.
Lautern 76.   f. Plan.

‐ ‐ Beyträge zur ſchönen Gartenkunſt, 8. Mann‐
heim 82, Akad. Buchh.   u 1 fl 15 kr

Meergraffens, M. F., Versuch einer wahren Verbesserung zur Glückseligkeit eines Staats, gr. 8. Bamberg 65, Göbhard   q 1 fl

Meidinger, K. von, Abhandlung von dem Torfe, oder der brennbaren Erde, 8. Prag 75, Gerle   c 12 kr

Meiers Unterricht von allen im bürgerlichen Leben vorkommenden Handlungen, als Pacten, Testamenten, Contracten ꝛc. 8. Altona 67, Iversen   m 45 kr

Melisantes, Römische Haushaltungs-, Kriegs- und Calenderkunst, 8. Arnstadt, Bäumelburg   f 24 kr

Melons, von, kleine Schriften über die Handlung und Manufakturen, 8. Copenhag. 56, Rothe   b 30 kr

Melzers Bericht von Sächsischen Bergwerken, 12. Leipzig 41, Junius   b 10 kr

Meltzers, A., neue verbesserte Mühlbaukunst, mit Kupf. 2 Theile, 8. Merseburg 84. Creutz in Magdeburg   Dm 8 fl 15 kr

Menons, Hrn. Französischer Zuckerbecker, 8. Strasb. 66, Treutel   q 1 fl

Mensch, der, in bürgerlicher Gesellschaft, 2 Thle, 8. Berlin 64, Horvath   s 1 fl 12 kr

Merkels, C. B., Sendschreiben an die öconomische Gesellschaft zu St. Petersburg über die Einrichtung derselben Societät, 8. Leipzig 68 Hilscher   e 15 kr

Merkels, C. V., politische und cameralische Auflösung der Preisfrage, vom Eigenthum der
Bauren, 4. Leipzig 68. Groß in Hbst. g 30 kr
- - Sendschreiben an die ökonomische Gesellsch.
zu Petersb. über bessere Einrichtung derselben, 8. ebend. 68. ders.   e 20 kr

Meß- und Markthelfer, der allzeit fertige, bestehend in vielerley Ausrechnungen für Kaufleute, 8. Jena 82, Mauke   s 1 fl 20 kr

Methode, kurze, wie ein Pferd leicht zu dressi-
ren, 8. Schwabach 66, Enderes   b 8 kr

- - unauflösliche Malter und Kitte zu machen,
gr. 8. Wien 75, Bader   f 24 kr

- - Fränklinisch Steinarische, das Einschlagen des
Blitzes abzuwenden, 8. Frft. 71. Fleischer a 4 kr

Meyers, G. von, kluger und nützlicher Hausvater, 8. Nürnb. 65, Felsecker   m 45 kr

- - manuale vom Gebrauch und Recht der Wechselbriefe nach der Wienerischen Wechselordnung, 8. Wien 70, v. Ghelen   e 20 kr

- - J. J., Auflösung der Frage: wie kömmt es,
daß die Oekonomie bisher so wenig Vortheile
von der Physik und Mathematik gewonnen hat,
4. Berlin 70,

- - J. R. de Jos., Einleitung in die praktische
Wechsel- und Waarenhandlung, gr. 4 Hanau
82, Streng   B h 3 fl 30 kr

- - Einleitung in die praktische Münzwissensch.
4. Solothurn 76, ders.   B 3 fl

Meysenbougts, C. V. von, Project, wie eines
Potentaten Einnahme um ein grosses erhöhet,

und das Commerzium gefördert werden möge, 8. Frft. 60, Eßlinger b 8 kr

Michaelis, Joh. Dav., Etwas von der ältesten Geschichte der Pferde und Pferdezucht in Paläftina, 8. Frft. 76, Garbe f 24 kr

- - J. H., zusammengelesene allgemeine Baurechte, 8. Braunschw. 81. Schulbh. s 1 fl. 24 kr

Michelsen, J. A. Ch., der vollkommne Haushalter und Kaufmann, gr. 8. Berlin 87., Maurer A d 2 fl 15 kr

Mills, J., vollständiger Lehrbegrif, von der praktischen Feldwirthschaft, 5 Bände, m. K. aus dem Engl. gr. 8. Leipz. 64-67, Weidmann G 13 fl 30 kr

- - Versuch von dem Wetter, nebst Anmerkungen über des Schaafhirten von Banbury Regeln, wie man von den Veränderungen desselben urtheilen soll, 8. Leipzig 72, Schwickert f 30 kr

Millers, P. allgemein. Gärtner-Lexicon, s. Lexica.

- - Abbildung der Pflanzen in dessen Gärtner-Lexicon in 300 gemahlten Kupfern, nebst Text, gr. Fol. Nürnberg, 73-82, Felsecker ZZZO 90 fl

- - Gärtner-Calender, 8. Götting. 50. Vandenhöck m 54 kr

- - Abhandlungen von der Färberröthe, m. K. 8. Nürnb. 76, Felsecker i 36 kr

Milly, Dan Gottf., Kunst das ächte Porcellain zu verfertigen, 4. Brandenb. 74, Halle o 1 fl 12 kr

Milly,

Milly, Dan. Gottf., Kunst das ächte Porcellain zu verfertigen, mit Anmerk. v. Schreber, m. K. gr. 4. Königsb. 74, Dengel   A b 2 fl 24

Minerophilo neues Mineral- und Bergwerks-Lexicon, s. Lexica.

Minerva, zierlich webende, oder neuerfundenes Kunst- und Bildbuch der Weber, u. Züchner-Arbeit, m. Kupf. 4. Nürnb. 51. u   1 fl 15 kr

v. Mirabeau politischer und ökonomischer Menschenfreund, oder praktische Vorschläge zur Bevölkerung der Staaten, 2 Theile, 8. Hamb. 59, Hofmann   A 1 fl 30 kr

Mirmidens Abhandlung von der heutigen Buchhandl. und derselben Verbesserung, 8. Leipz. 56, Hilscher   b 8 kr

Miroudot, des Hn., Abhandlung von dem Ray-Grase, 8. Carlsruhe 62, Maklott   c 12 kr

Mitelli angenehme Jagdlust, die Vögel auf verschiedene Arten zu fangen, mit Kupf. gr. 4. Nürnb. 39, Monath   m 45 kr

Mittel, ein ungemein bewährt gefundenes, wider die Rindviehseuche, 4. Brandenb. 65, Halle   a 6 kr

– – wodurch die Kais. Königl. Erb-Königreiche und Länder in einen glücklichen Zustand gesetzt werden können, mit Kupf. 4. Frankfurt 66,   f 24 kr

– – sicheres, um künftigen Hornviehseuchen vorzubeugen, 4. Glogau 74   c 12 kr

– – – – einen Staat blühend und reich zu machen, 2 Stücke, 8. Gotha 87, Ettinger   d 18 kr

Mittel, chymisches, ein ganzes Haus von Wanzen auf immer zu reinigen, a. d. Engl. 8. 77. a 4 kr

- - die besten, zu Verbesserungen der Feldwirthschaft, besonders für Prediger auf dem Lande, 8. Leipz. 85, Hilscher g 30 kr

Mittelhäusers, J. D. Nachrichten von der bisher unter dem Rindvieh graßirten Seuche, 8. Leipzig, 67, Heinsius h 30 kr

Modelo, Joh. Georg kleine Schriften, bestehend in öconomisch-physikalisch-chymischen Abhandlungen, gr. 8. Petersburg, 73, Wittekind m 54 kr

- - H. Untersuchung des Mutterkorns, 8. Wittenb. 71, Böhme c 15 kr

Möllers, G. F. Anleitung, wie die Pfirsichbäume zu schneiden, 8. Frankft. 53, Kunze a 6 kr

- - Beschreibung der besten Art von Kern-Obst, 8. Berl. 59, Realschule c 15 kr

- - Mittel, eine Fertigkeit zu erlangen, im Fluge und Lauf zu schießen, gr. 8. Frkft. 53, Kunze b 10 kr

- - J. A. A. Hausfabrik für Frauenzimmer, 8. Lemgo, 85, Meyer m 54 kr

Montalegre, J. D. von, deutlicher Unterricht zur Aufreißung der 6 Säulen-Ordnungen nach der neuesten Civil-Baukunst, mit Kupf. 8. Zittau, 78. Schöps m 45 kr

Mönnichs Anleitung zur Anordnung der Maschinen bey Mühlwerken, mit K. gr. 8. Augsb.
79, Klett u 1 fl 15 kr

Motsienkow, mineral. Abhandl. vom Zinnstein, 8.
Leipzig 79. Breitkopf d 20kr

Molitors Anweisung, wie Geh-Schlag-Repe-
tir-und Sackuhren richtig berechnet, probirt
und tractirt werden, 8. Frankf. 62, Raspe
m 45 kr

von Moll, E. oberdeutsche Beyträge zur Naturlehre und Oekonomie für d. J. 87. m. K. 8.
Salzb. 87, Meyer A h 2 fl

Montigny von den faulen und pestartigen Krankheiten des Viehes, gr. 8. Berl. 76, Decker
h 36 kr

Mortimers, J. ganze Wissenschaft des Feld-
und Ackerbaues, 4. Braunschw. 53, Mayer
A d 1 fl 45 kr

- - - Thomas, Grundsätze der Handlungs-
Staats- und Finanzwissenschaften, a. d. Engl.
mit Zusätzen von P. A. Engelbrecht, gr. 8.
Leipzig 81. Junius A m 2 fl 45 kr

Mosers, Joh. Jac. Bibliothek von öconomischen
Cameral- Policey- Handlungs- Manufac-
turen- mechanischen- und Bergwerks-Geset-
zen, Schriften und kleinen Abhandlungen,
gr. 8. Ulm 57. Stettin u 1 fl 15 kr

- - schwäbische Nachrichten von Oeconomie-
Cameral- Policey- Handlungs- und andern
Sachen, 10 Stücke, 8. Stuttg. 56. u 1 fl 20 kr

Moſers, W. G. Grundſätze der Forſt-Oeconomie, 2 Bände, gr. 8. Franfft. 57. Brönner B 3fl
- - W. G. v. Forſtarchiv zu Erweiterung der Forſt- und Jagdwiſſenſchaft, 6 Theile, gr. 8. Ulm 89. Stettin F 9fl
Moshammer, F. X. Gedanken n. Vorſchläge üb. die neueſten Anſtalten teutſcher Fürſten, die Cammeralwiſſenſchaften auf hohen Schulen in Flor zu bringen, 8. Regensb. 82 Montag e 20kr
Mucha Anleit. zur mineral. Kenntniß des Queckſilber-Bergwerks in Hydria, 8. Wien 80. d 15kr
Müller, J. G. Blumen-Arzney-Küchen- und Bauwgartenkunſt, 2 Thle, 8. Stuttgard 72. Mezler m 45kr
- - Ebendaſſelbe oder vollſt. Gartenbuch, 2 Thle, 10tn Auflage, 8. ebendaſ. 89. Derſ. m 45kr
- - Am. leichte Art einige zur Intereſſenrechnung gehörige Fälle zu berechnen, gr. 4. Wien 73. Kurzböck u 1fl 15kr
- - Fr. Chriſt. vom Gebrauch der Taſchenuhren zu geometr. Meſſungen, m. K. gr. 8. Berlin 77. Deker s 1fl 24kr
- - G. A. curieuſer Botanicus, oder ſonderbares Kräuterbuch, nebſt dem curieuſen Chymico, Medico und Chirurgico, mit K. 8. Dresden 49. A q 3fl
- - P. Gedanken vom Jagen, beſonders der Wölfe, 8. Jena, 54. Ritter b 10kr
- - J. F. Anweiſung zum Lackiren, 8. Fraukft. 54. Strauß b 10kr

Mül-

Müller, J. L. Gedanken, wie dem immer mehr zunehmenden Brenn-Holz-Mangel abzuhelfen, gr. 8. Rostock, 36. Koppe a 4fr
- - C. A. allgemeine Anleitung zur sächsischen Weinpflege im Berge und Keller, 8. Dresden 77. Walther u. 1fl30fr
- - J. C. Einleitung in die ökonomische Bücherkunde, 2 Bände, in 3 Thle gr. 8. Leipz. 80-84. Schwikert Dq 8fl 30fr
- - C. C. C. ökonomisch-politische Hefte für Norden u. Süden, gr. 8. Lpz. 89. Walther u 1fl30fr
- - J H. neue Tafeln, welche den cubischen Gehalt u. Werth des runden, beschlagenen Bau- und Werkholzes enthalten ꝛc. gr. 8. Frankft. 88. Varrentrapp y 1fl24fr
v. Münchhausens, Hausvater, }
- - monatl. Beschäftigungen für } Baum- u. Plantagen-Gärt- } f. Hausvater. ner, od. Anhang zum Hausvat. }

Münzels Tabellen über die Rigische Licent-Portorien, Stadtaccise und Sundzolltaxe, von allen ein- und ausgehenden Waaren zu Wasser u. Land, Fol. Riga 68. Donatius Aq 3fl
Mund, S. G. F. vom Unkraute, gr. 8. Leipz. 87. Crusius f 30fr
- - über die Verbesserungsmittel der Wiesen, 8. Cassel 87. Cramer f 24fr
- - landwirthschaftliches Magazin, 4 Quartale, gr. 8. Leipzig 788. Crusius Aq 3fl
Muralts Lustgarten, oder Beschreib. der Gewächse in der Schweiz, 8. Zürrich 715. Lindner h 30fr

Muret, Joh. Lud. Abhandlung vom Mahlen des Korns, gr. 8. Basel 77. Serini u 1fl 15kr
– – und Füllmanns Unterredung über das Mahlen des Korns, 8. Leipz. 76. Weidman b 10kr
Musäus Entwurf einer Einleit. zum Wechselrecht, 8. Göttingen 74. Vandenhöf d 18kr
– – Anfangsgründe des Wechselrechts, 8. Hamb. 77. Bohn e 24kr
Museum rusticum et commerciale, oder auserlesene Schriften den Ackerbau, die Handlung, Künste und Manufacturen betreffend, aus dem Engl. 10 Bände, mit Kupf. 8. Leipz. 64-69. Junius Fq 12fl
Muster von Zimmerverzierungen, welche in der Breitkopfischen Papierfabrik fabricirt werden, gr. Fol. Leipzig 85. Breitkopf s 1fl 30kr

Nachrichten, öconomische, 15 Bände in 180 Stück, 8. Leipz. 49-63. Fritsch P 27fl

– – neue öconomische, 5 Bände in 60 Stücken, nebst Register über alle Bände der alten und neuen öconom. Nachrichten, 8. Leipzig 63-73. Derf. E 9fl

– – der Königl. Großbritt. Braunschw. Lüneburg. Landwirthschafts-Gesellschaft, von der Verbesserung der Landwirthschaft und des Gewerbes, 11 Sammlungen, oder 1 u. 2r Band u. 3ten Bandes 1-3tes St. 8. Zelle 765-71. Gsellius B m 4fl 30kr

– – Die Fortsetzung hievon, s. Abhandl.

Nach-

Nachrichten an das Landvolk, die Erzieh. der Jugend in Absicht auf den Feldbau betreffend, a. d. Italien. mit Anmerkungen, 8. Zürich 769. Orell   m 45kr

- - (vier) der Gravenhorstischen Fabrikproducte betreffend, Salmiack, röther Allaun, Glauber-Salz u. grüne Mahlerfarbe 8. Braunschw. 69. Schulbh.   c 15kr

- - schwäbische, von Oeconomie- Cameral- Policey- Handlungs- Manufactur- ꝛc. Sachen, f. Moser.

- - nützliche, und Abhandlungen das Oeconomie- und Commerzwesen betreffend, 3 Jahrgänge in 36 Stücken, gr. 8. Wien 67-69. Trattner, jedes Stück à f   1 14fl24kr

- - von der Armenpflege in Kopenhagen, 4. Kopenhagen, 72. Faber   b 8kr

- - von vielfältig verderbenden Kaufleuten und Banquerottirern und deren Ursachen, mit K. 8. Hamb. 64. Cramer in Cassel   h 30kr

- - von dem Bauwesen in Franken, mit Ueberschlägen, Rissen und Kupf. 4. Schwabach 75. Mizler   h 30kr

- - vom Caffe und dem Caffebaum, 4. Leipzig 17. Boetius   d 18 kr

- - von wichtigen Land- und Wirthschaftsverbesserungen, 1ter Band, 8. Berlin 79. Lange,   C u 5fl45kr

- - von der Residenzstadt Potsdam, von deren Erbauung, Manufacturen und Handlung, 8. Berlin 54.   d 15kr

Nach-

Nachricht vom warmen Rockentrank statt des Caffees, 8. Berlin 68. Pauli   a 6kr

– – von Erzeugung des Salpeters durch Anlegung dergleichen Pflanzen, 4. Schwabach 77. Mizler   a 4kr

– . Eisenachische, von Policey- und gelehrten Sachen, auf 752-55. 4. Eisenach, Wittekind   B 3fl

– – von dem Waysenhaus zu Frankfurt an der Oder, 8. Frft. 53. Strauß   f 28kr

– – von dem Waysen- Toll- Kranken- Zucht- und Arbeits-Haus zu Pforzheim, mit Kupf. 8. Karlsruh 59. Maklot   k 40kr

– – zuverlässige, von wichtigen Landes- und Wirthschafts-Verbesserungen, 2 Bände, und III. Bdes 16 St. 8. Stettin 78-79. Kaffke Ec 8fl

– – von der polit. und ökonom. Verfassung des Fürstenthums Bayreuth, 8. Gotha 80. Ettinger   m 54kr

– – von Erbauung und Zurichtung des feinen Flachses, wie solcher zu denen Batisten ꝛc. verarbeitet wird. Ingleichen von der Schottländischen Methode, neues und ungenautes Land mit wenigen Kosten anzubauen, aus d. Engl. von Seifarth, 8. Dresd. 80. Walther m 54kr

– – von den Manufacturen der Tücher und andern wollenen Zeugen, 8. ebendas. 65. derf.   d 18 kr

– – von einer Wittwenverpflegungsgesellschaft, 4. 69.   b 8kr

Nach-

Nachrichten, gesammelte, von dem in den vereinigten niederländischen Provinzen gebräuchlichen Cemente aus Traſſe, oder gemahlenen Cöllnſchen Tuffſteine, gr. 8. Dresden 73. Gerlach　　　　　　　　　　　　c 12kr

- - von der Weiſe, die Steinkohlen abzuſchwefeln und zu Zunder zu machen, mit Kupf. 8. Frkf. 69. Andreä　　　　　　　b 8kr

- - vom Kleverbau, ſ. Lüder.

- - von dem Armenhauſe zu Waldheim und dem zu Torgau, mit Kupf. gr. 8. Dresden 775. Walther　　　　　　　　　　h 36kr

- - von dem Verfahren der Holländer, wenn ſie waſſerdichtes Mauerwerk machen, mit Kupf. 2 Stücke, gr. 8. ebendaſ. 77. Gerlach f 24kr

- - öconomiſche, der Patriotiſchen Geſellſchaft in Schleſien, 7 Bände, 4. Breslau 773 - 81. Korn jun.　　　　　　　　M 18ſl

- - dito neue, 5 Bände, 4. ebendaſ. 780 - 84. derſ.　　　　　　　　　　H 12ſl

- - von Glaſuren und Farben auf Fayence oder unächten Porcellan, mit Kupf. 8. Lübek 80. Donatius　　　　　　　　　c 12kr

- - über den Erfolg der eingeführten Stallfütterung der Schaafe, 8. Frankfurt 85 - 86. Brönner　　　　　　　　　b 8kr

- - für den Nahrungsſtand, beſonders für Landwirthe, Hausmütter, Handwerker, Künſtler ꝛc. 4 Q. gr. 4. Leipz. 83. Breitkopf B g 4ſl 48kr

Nach-

Nachruf an das Publikum, 8. Leipzig, 72,
 Hilſcher   c 12 kr
Natur, von der, des Torfes und Zubereitung
 moraſtiger Gegenden zum Ackerbau, gr. 8.
 Bern, 62, Typ. Geſ.   d 15 kr
Naturgeſchichte des Faſans, gr. 8. Frankf. 80,
 Brönner   d 15 kr
– – der Kohl-Raupen, nebſt Mittel, ſie zu ver-
 tilgen, 8. Mannh. 68, Löfler   b 8 kr
Rau, B. S. Anleitung zur deutſchen Landwirth-
 ſchaft, gr. 8. Mainz, 88, Univerſ. Handl.
                                        u 1 fl 15 kr
Naumanns, B. Leipziger Roßarzt, 8. Leipzig 80,
 Schneider   d 15 kr
– – J. A. der Vogelſteller, 8. Leipzig, 89,
 Schwickert   m 54 kr
Nauwerk Verſuch über die jetzige Witterung auf
 Oekonomie anwendbar, 8. Dresden, 787.
 Breitkopf   b 10 kr
Necker, Hr. von, Verſuch über den Kornhan-
 del und über die Geſetze, gr. 8. Dresd. 77,
 Walther   q 1 fl 12 kr
– – abgelegte Rechnung von ſeiner Finanzver-
 waltung, mit Anmerkungen von Dohm, nebſt
 Landcharten, gr. 8. Berlin 81. Voß q 1 fl 12 kr
– – dieſelbe ohne Charten, 8. ebendaſ. 81. derſ.
                                        k 45 kr
– – von Verwaltung des Finanzweſens in Frankreich, 3 Theile, 8. Lübek 85-86. B h 3 fl 30 kr

Neß-

Neh- und Strickbuch, neues für das schöne Geschlecht, Fol. Nürnb. 84. Schneider u 1fl 15kr
Nelkenbrechers, J. C. Taschenbuch eines Bankiers
und Kaufmanns, oder Erklärung der Münzen
und des Wechselfußes, 8. Berlin, 84, We-
ber   q 1fl 12kr
- - logarithmische Tabellen zur Berechnung der
Wechselarbitragen, 4. Leipzig, 52, Autor
                                                        A q 3 fl
Neukastels, Wilh. Herz. von, vollkommener Stallmeister, mit Kupf. gr. Fol. Nürnberg 772.
Raspe   E 7fl 30 kr
Neumanns, J. F. Vorschlag zur Verbesserung
des Ackerbaues im Großen, 4. Berl. 68, Haude
                                                       d 18 kr
- - Diskours vom schlechten Kornbau, 4. Berl.
48, derſ.   e 24 kr
- - Dasselbe weiter ausgeführt, 4. Brandenb.
65, Halle   o 1 fl 12 kr
- - Begriff von der wilden Erde, 4. Berlin
51. Lange   e 20 kr
Nigrisoli, F. M. Gedanken von der Hornviehseuche, a. d. Ital. 8. Leipzig, 49, Junius
                                                       b 10 kr
Nonne, L. F. über die Mittel, die Abschaffung
der Schaafhut und Trift zu erleichtern, 8.
Koburg, 89, Ahl   d 15 kr
- - Abschaffung der Brache, ſ. Abschaffung.
Nonnenmachers, M. architektonischer Tischler,
oder Architektur- Kunst- und Säulenbuch,
mit K. Fol. Nürnberg 51. Riegel A m 2fl 15 kr

Non-

Nonnenmachers, M. Unterredung die Aufhebung der Brache und Anbau der Futterkräuter betreffend, 8. Hildburgh. 85. Hanisch   c 12 fr

v. Normanns Wendisch - Rigianischer Landgebrauch, 4. Stralf. 77, Koppe   A q 2 fl 30 kr

Nose, C. W. Abhandlung vom Mennigbrennen, besonders in Deutschland, mit K. 8. Nürnb. 79. Grattenauer   m 45 fr

Nutzen, von dem, eines gesetzlichen Fruchtpreises, 4. Leipz. 73. Schwickert

Nottelmann von Nutzungen des Bergwerks aus polit. und ökon. Grundsätzen, 8. Frankf. 66, Hilscher   b 8 fr

‒ ‒ ‒ der Holzsparofen in periodischen Blättern, 8. Berl. 85, Hesse   q 1 fl 12 fr

Oberreits, L. Grundregeln zur doppelten Buchhaltung mit und ohne Journal, 8. Lindau, 69, Otto   m 45 fr

Oebschelwitz, L. W. F. von, Holländischer Stallmeister, m. K. gr. 8. Leipz. 66. Heinsius A 1 fl 30 kr

Oeconomia forensis,)
‒ ‒ Auszug hieraus, } s. Benekendorf.
‒ ‒ controuersa,)

an die Oeconomen, von einem Oeconomen, gr. 8. Lpz. 86, Böhme   h 36 fr

Oeconomus, der gute und getreue, 8. Leipzig, 16,   c 12 fr

Oeders Beyträge zur Oekonomie - Kameral - und Polizeywissenschaft, 8. Leipzig, 88, Hilscher   p 1 fl

Oehl‑

Oehlmanns, K. A. Versuch eines chirurgischen Handbuches für neu angehende Hufschmiede ꝛc. 8. Lpz. 89, Schwickert d 18 kr

Oelhafens von Schöllenbach, Carl Chr. Abbildung der wilden Bäume, Stauben und Buschgewächse, 3 Bände, mit 62 Kupf. nach der Natur gemahlt, gr. 4. Nürnberg, 67 - 82, Winterschmidt Oq 25 fl 30 kr

Oerzen, C. D. v. Inoculation der Rindviehseuche, 4. Berl. 80, Himburg m 54 kr

Oesers (J. F.) Tabellen über die steigenden und fallenden Wechselcourse, 1stes Heft, 8. Berlin i 40 kr

- - Haushaltungstabellen, 1te – 12te Tabelle, 8. ebendas. 89. i 40 kr

Oest, Nicol. öconomische Abhandl. vom Ackerumsatz, 8. Flensburg 65. Korte d 15 kr

- - öconomische Anweisung zur Einfriedigung der Ländereyen und Aecker, mit Kupf. 8. ebendas. 67. ders. m 45 kr

Oesterreich über alles, wenn es nur will, oder Vorschlag, die Kaiserl. Königl. Erblande über alle andere zu erheben, 8. Frft. 750. Baber h 30 kr

- - dasselbe, 8. Regensburg, 60. Baber m 45 kr

Oettels, C. E. praktischer Beweis, daß die Mathesis beym Forstwesen unentbehrlich sey, nebst Abschilderung eines geschickten Försters, 2 Thle, 8. Eisenach, 65 - 68. Wittekind q 1 fl

Oettels, L. L. Etwas über die Harzgeschichte, oder Pechnutzung fichtener Waldungen, 8. Eisenach, 89. Wittekindt, c 12 fr

Offermann, P. die Landmeßkunst, gr. 8. Flensb. 81. Korte A 1 fl 30 fr

Osterdingers Anleitung fürs Landvolk die Gesundheit zu erhalten, als eine Fortsetzung von Tissot, 8. Zürch, 82. A 1 fl 48 fr

Ordnungen.

Feuerordnung, allgemeine verbesserte, 4. Stendal 84. Franz b 10 fr

- - der Stadt Göttingen, 4. Göttingen 51. Boßigel c 15 fr

- - Weilburgische, Fol. Wezlar, 51. Winkler b 8 fr

Ordnung, durlachische, der Brandversicherung. Fol. Carlsruh 58. Mäklott c 12 fr

- - der Wittwenkasse für die weltliche Dienerschaft, Fol. Ebendas. 58. derf. c 12 fr

- - des Gesinds in Braunschweig, 8. Braunschweig 58. Schulbuchh. a 6 fr

- - des Gesinds in Breslau, Fol. Bresl. 52. Korn jun. b 8 fr

- - - desgleichen in Eisenach, Fol. 57. Wittekind b 8 fr

- - der Policey in Giessen, 4. 76. Krieger jun. b 8 fr

- - des Arbeitshauses in Nürnberg, Fol. 75. Monath b 6 fr

- - des Brauens in Quedlinburg, 4. 59. Ernst d 15 fr

Ord-

Ordnungen.

Ordnung bey Hochzeiten, Kindtaufen und Begräbnissen in Schwarzburg, 4. Rudelstadt 49. b 10kr
- - wegen des Marktes in Eisenach, Fol. 57. a 4kr
- - der Bergwerke für Magdeburg und Halberstadt, Fol. Berl. 72. Decker m 54kr
- - der Stadt Hamburg Statuten und Gerichtsordnung, Fol. Hamb. 71. König D 7fl 30kr

Forstordnung für Schlesien, Fol. Glogau 77. Günther   m 45kr

Postordnung für die Preußischen Provinzen, Fol. Berlin 82. Decker q 1fl 12kr

Churbraunschw. Lüneburgische Landesordnungen und Gesetze, 5 Bände gr. 4. Göttingen 39. Förster in Br. G 8fl

Landesordnung des Braunschw. Wolfenbüttelschen Landes in Auszug gebracht von Wolteref, gr. 8. Braunschw. 71. Schulbh. B 3fl 36kr

Ruß. Kaiserl. Policeyordnung von Arndt, gr. 4. Petersburg 82. Hartknoch u 1fl 36kr

- - Anordnung wegen der Stadtmagazine für Hanf, Flachs, Toback, Oehl, Talch ꝛc. gr. 4. ebendas. 82. ders. u 1fl 30kr

Policey-Ordnung des Braunschw. Cellischen Theils, 4. Hannover 700. Helwing A m 2fl 45kr

Falliten-Ordnung der Stadt Hamburg, 4. Hamburg 53. König f 30kr

Ruß. Kaiß. Ordnung der Handelsschiffarth auf Flüssen, Seen und Meeren, 2 Thle, gr. 4. Petersburg 82. Hartknoch Aq 3fl

Ordnungen.

Landsverordnungen der Graffschaft Lippe, 2 Bde. 4. Lemgo 79–81. Meyer C s 6fl 45kr

Landesordnungen, Braunschw. Lüneb. im Auszug von Willich, 3.Bände 4. Göttingen 82.
F 11fl

— — dieselben nach chronologischer Ordnung und ihrem summarischen Inhalt, 4. Ebendas. 82.
q 1fl 12kr

Assecuranz und Havereyordnung der Stadt Amsterdam, vom Jahr 1744 an, mit allen Zusätzen, 8. Bremen 82. Förster h 30kr

Badendurlachische Anstalten und Verordnungen, gesammelt von Gerstlacher, 3 Thle gr. 8. Stuttgard 74. — D 6fl

Inhalt aller badischen Gesetze und Ordnungen, 8. Carlsruh Maflott As 2fl 36kr

₊ **₊** *₊*

Ortmann, M. J. G. Versuch einer Auflösung der Preisaufgabe vom Mischelkorn, 8. Eise, nach 81. Wittekind d 15kr

Ostierska, M. S. Plan wegen Besetzung derer wüsten contribuablen Hufen in Brandenb. 4. Bernb. 62. Cörner d 18kr

Offenfelder, H. A. vom Weinbau in den Chursächs. Landen, 8. Dresden 71. Gerlach f 24kr

v. Osten, Niederländischer Garten mit Blumen, Obst und Orangen, mit Kupf. 8. Wolfenb. 51. Meisner f 24kr

Oswald, vom Mauth- und Zollwesen, gr. 4. Wien 64. Ghelen d 15kr

Otia

Otia Metallica, oder Nebenstunden und Abhand-
handlungen von Berg-Sachen, 2 Theile, mit
Kupf. 8. Schneeb. 48. 51. Richter   A f 2fl 15kr

Otts, J. J. Dendrologia Europae mediae, oder
Saat, Pflanzung und Gebrauch des Holzes,
gr. 8. Zürich 63. Orell   q 1fl 12kr

Ottonis freye. Pürschbeschreibung oder von Marksteinen, 4. Ulm 25.   m 45kr

Parci oeconomia in nuce, oder kurzer Begriff,
der ganzen Haushaltungswissenschaft, 8. Erfurt 19. Funk   b 10kr

Parmentiers Kunst, Brod aus Erdäpfel zu backen, 8. Augsb. 79. Barthol.   b 8kr

Parnassus hortensis, oder vollkommene Gartenschule, 8. Magdeburg 14. Scheidhauer d 15kr

Parrot, J. C. Entwickelung der staatswirth-
schaftlichen Verordnungen und Grundsätze des
Sully, 4. Stuttgard 80. Cotta   k 40kr

- - Abhandl. über die Frage: ob es Umstände
geben könne, da man diesen oder jenen Zweig
des Feldbaues einschränken könne, gr. 8. Erlangen 86. Palm   c 12kr

- - gemeinnütz. patriot. Handbuch der Land- und
Stadtwirthschaft, Policey u. Cameralwissensch.
mit wichtigen ganz neuen ökonom. Entdeckungen, nebst 6 Kupf. gr. 8. Nürnb. 90. Schneider
   B 3fl

Patent u. Instruktion, wie bey dem Viehsterben verfahren werden soll, 4. Berl 69. Decker d 18kr

- - und Reglement, für die Preußische Wittwen-
verpflegungsanstalt, 4. ebendas. 77. ders. c 15kr

Patriot, der physikalische und öconomische, oder Bemerkungen aus der Natur-Historie, der Haushaltungskunst und Handlungswissenschaft, 3 Jahrg. in 12 Quartalen, 4. Hamb. 56. u. 58. Holle   E 9fl

– – der Brandenburgische, oder Beurtheilung der Handlungsgesellschaft, gr. 4. Berlin 51. Voß   b 10kr

– – der deutsche, in physikal. Vorschlägen zum gem. Besten, 8. Berlin 62. Realschule f 28kr

Paulet, Beyträge zur Geschichte der Viehseuchen, nebst deren Behandlung und Cur, a. d. Franz. 2 Theile gr. 8. Dresd. 76. Walther A q 3fl

Paulini curiöse Bauern-Physik, 8. Chemnitz 19. Stößel   b 8kr

Pauls, W. J. von der Schaafzucht und dem Tobaksbau, gr. 12. Wien 77. Trattner e 20kr

Paulsen vom Ackerbau der Morgenländer, 4. Helmstädt 48. Weygand,   m 54kr

Paumanns, M. N. Wegweiser öconomischer Verbesserungsanleitungen, 4. Wien 71.

v. Peirouse, Abhandl. über die Eisenbergwerke und Eisenhütten in der Grafschaft Foix, a. d. Franz. von Karsten, gr. 8. Halle 89. Rengers   A 2fl

Pelthners, J. T. A. Versuch über die Geschäfte der Böhmischen und Mährischen Bergwerke, Fol. Wien 80. Gräffer   D q 7fl

– – erste Gründe der Bergwerkswissenschaften, gr. 8. Prag 69 Höchenberg   c 12kr

Peithners, J. T. A. erste Gründe der Bergwerks-Wissenschaften, (vollständiger) gr. 8. Prag 70. Walther in Dresd.   A h 2fl 24kr

Pembrockin, Louis. ganz natürlich öconomisches Wunderbuch für Frauenzimmer, 8. Frft. 63. Stettin in Ulm   u 1fl 15kr

- - Heinr. Gr. von, Anweisung Pferde abzurichten und Soldaten das Reiten zu lehren, mit Kupf. 8. Zelle 68. Gsellius   h 36kr

Penthers, Joh. Friedr. Anleitung zur bürgerlichen Baukunst, 4 Theile, mit Kupf. gr. Fol. Augsp. 62 · 64. Grill   Z A. q 37fl

- - Bauanschlag, mit K. Fol. ebend. 53   B q 4fl

- - Praxis Geometriae, nebst Zugabe, mit Kupf. Fol. ebendas. 68.   C h 5fl

- - Gnonomica fundamentalis et mechanica, d. i. allerhand Sonnenuhren zu verfertigen, m. K. Fol. ebendas. 760.   A h 2fl

Perrets Abhandlung vom Stahl, dessen Beschaffenheit, Verarbeitung und Gebrauch, 8. Dresden 80. Walther   k 45kr

Peschels Vorhof der Meßkunst, mit Kupf. 8. Leipzig 21. Haug   q 1fl 12kr

- - rechnender Feldmesser, 8. ebendas. 69. derf.   d 18kr

- - Vorhof der Rechenkunst nebst der ital. Practik, 3 Theile, 8. Bud. 68.   A m 2fl 15kr

Pesseliers, Gedanken eines Bürgers von den Bedürfnissen, Rechten und Pflichten der wahren Armen, gr. 8. Bamberg 69. Göbhard   q 1fl

Petersens, P. E. Abhandl. üb. verschieb. den Ackerbau betreff. Gegenst. 8. Flensb. 69. Korte e 20kr

Petit, allgemeine Grundsätze zur Einleitung in
die Teich- und Damm-Rechts-Wissenschaft,
8. Zelle 67. Schulz   k 45kr

Peysonell, Verfaß. des Handels auf dem schwarzen Meer, gr. 8. Lpz. 88. Weygand A h 2fl 30kr

Pfaff von der Pflicht der Reichen und Armen
zur Zeit des Mangels an Lebensmitteln, 8.
Langens. 71. Schneider   b 8kr

Pfannenschmidts, A. A. praktischer Unterricht
von der Färberröthe, oder Grapp, 8. Mannh.
69 Löffler   b 8kr

– – Versuch einer Einleitung zum Mischen aller
Farben aus Blau, Gelb und Roth, gr. 8.
Hannov. 81. Gelehrt. Han: l.   m 54kr

Pfarrfrau, die kluge und hauswirthliche, 8.
Leipzig, 57 Junius   d 18kr

v. Pfeiffers Berichtigungen berühmter Staats-
Finanz- und Cameral-Schriften, 6 Bände gr.
8. Frankfurt 82 – 84. Eßlinger   F 9fl

– – Grundriß der wahren und falschen Staatskunst, gr. 8. Berlin 78. Himburg A m 2fl 45kr

– – – – der Finanzwissenschaft, 8. Frankft.
81. Eßlinger   A 1fl 30kr

– – – – der Staatswirthschaft, 8. Ebendas.
82. Varrentrapp   q 1fl

– – – – der Forstwissenschaft, gr. 8. Mannheim 80. Schwan   A 1fl 30kr

– – Grundsätze der Universal-Cammeralwissen-
schaft, 2 Bände gr. 8. Frft. 83.   D 6fl

v. Pfeif-

v. Pfeiffer, Lehrbegriff der sämmtl. ökonom. u. Cameralwissenschaften, 4 Bände in 8. Theilen nebst Anhang, 4. Mannh. 64-79. Schwan, I. Band 1. 2r Th. B m 3fl45. Anh. z. I. B. f 24. II. B. 1r Th. u 1fl15. 2r Th. u 1fl15. III. B. 1r Th. A q 2fl30. 2r Th. A 1fl30. IV. B. 1r Th. q 1fl 2r Th. u 1fl 15 kr.   compl.   H h 12fl45kr
- - - die Manufacturen und Fabriken Deutschlands, 2 Bände, gr. 8. Frft. 79-80. Varrentrapp   C d 4fl 48kr
- - natürliche Policeywissenschaft, 2 Theile 8. ebendas. 79-80. Eßlinger   B h 3fl30kr
- - Verbesserungsvorschläge und freye Gedanken über den Nahrungsstand, die Bevölkerung und die Staatswirthschaft betreffende Gegenstände, 2 Bände in 12 Stücken, 8. ebendas. 78-79. ders.   B 3fl
- - kritische Briefe über wichtige und gemeinnützige Gegenstände, 1 — 48 Heft, 8. Offenbach 85. Weiß   A 1fl35kr
- - Antiphysiokrat, oder Untersuchung des physiokratischen Systems für eine allgemeine Freiheit u. einer einzigen Auflage auf den reinen Ertrag der Grundstücke, 8. Frft. 80. Eßlinger q 1fl
- - Prüfung der Verbesserungsvorschläge zur Vermehrung der Glückseligkeit und Macht Deutschlands, gr. 8. ebendas. 86. Varrentrapp h 30kr
- - von der Nothwendigkeit, dem Nutzen und den glücklichen Folgen der in den kurmaynz. Landen auflebenden Bergwerk- und Schmelzwissensch. gr. 8. Mainz 84. Varrentrapp c 12kr

P 5   Pfeif-

Pfeiffer, J. A. über das allgemeine Eigenthumsrecht, 8. Erfurt 75.   d 18 kr

Pferdarzney, die in allen Fällen richtig befun-
   dene, 8. Frft. 71.   b 8 kr

Pferdearzt, der bewundernswürdige, wider alle
   Krankheiten der Pferde, 8. Bremen 56. Gsellius   b 8 kr

- - der nach medicinischen Lehrsätzen sicher und
   gewiß curirende, 8. Leipzig 75. Müller f 28 kr

Pferdekenner, der unpartheyische, mit Kupf. 8.
   Hannover 787. Schmidt   f 28 kr

- - der vollkommene, durchgesehen und mit einer
   Vorrede vom Hrn. v. Reitzenstein begl. 2 Thle
   mit Kupf. 4. Anspach 80. Haueisen B h 3 fl 30 kr

von Pferdekrankheiten, besonders dem Kropf und
   Rotz, und deren Heilung, 8. Brandenb. 78.
   Halle   b 36 kr

von der Liefländischen Pferdezucht und einigen be-
   währten Pferdekuren, 8. Riga, 74. Hartknoch   c 12 kr

Pfingsten, J. H. Almanach für Cameralisten und
   Policeybeamte, 8. Weimar, 85. Hofmanns
                                       A 1 fl 48 kr

- - Journal für Forst- Bergwerks- Salz-
   Schmelzhütten- Fabrik- Manufactur, und
   Handlungssachen, 2 Jahrgänge in 4 Stücken,
   8. Hannover 87. Helwings, A 1 fl 48 kr

- - Analekten zur Naturkunde u. Oeconomie ꝛc.
   1r Band, gr. 8. Zittau 89. Schöps s 1 fl 12 kr

Pfing-

Pfingſten, J. H. Farbematerialien, eine Saml. von Abhandl. u. Erfahrungen für Künſtler u. Fabricanten, gr. 8. Berl. 89. Himburg   u 1fl30kr
- - Bibliothek der ausländ. Chymiſten, Mineralogen und mit Mineralien beſchäftigten Fabrikanten, 4 Bände, gr. 8. Nürnberg 81-84. Stein   F 9fl
- - Archiv für Kammern und Regierungen, 8. Leipzig 86. Beer   h 36kr
Pflanzbüchlein von mancherl. Luſtgärten, Pfropf- u. Oculirung der Bäume ꝛc. 8. Bresl. 37. c 15kr
Pflanzengeſchichte, ökonomiſche, der Weiden und Pappelbäume, 8. Hanau 82. Schulz   c 12kr
Pflugbeils, allgemeine Regeln der Wechſelarbitragen wie auch Verhältnistabellen, gr. 4. Leipzig 76. Böhme   A m 2fl45kr
- - kaufmänniſche Rechenkunſt, gr. 8. ebendaſ. 72.   A m 2fl45kr
Pfropf- und Oculirmeiſter, der curieuſe, 12. Wolfenbüttel 19. Meisner   d 15kr
Philadelphi, E. öconomiſche Balance von Dännemark, 8. Copenhagen 60. Proft   f 24kr
Philippi, J. A. vertheidigter Kornjude, mit Kupf. gr. 8. Berlin 65. Dengel   q 1fl 12kr
- - Briefe über verſchiedene Gegenſtände der Staatswirthſchaft, Policey und Moral, 8. Berlin 70. Himburg   A 1fl48kr
- - vergröſſerter Staat, gr. 8. Leipzig 59. Breitkopf   s 1fl30kr
- - Mittel zur Vergröſſerung eines Staats, gr. 8. Berlin 53. Haude   h 36kr

Philoco-

Philoconomie, S. arbeitsamer Land- und Hausvater, 8. Frft. 12. h 30kr

Pickels, J. pract. Unterricht wie man sich bey Ausmessung großer Wälder zu verhalten habe, mit Kupf. gr. 8. Augsp. 85. Rieger m 45kr

Pletsch, Joh. Gotth. Abhandlung von Pflanzung der Castanienbäume, 8. Halle, 76. Hemmerde f 28kr

— — Abhandl. von Erziehung des Salpeters, 4. Berlin 50. Haude e 24kr

— — Versuch eines Entwurfs der Grundsätze des Forst- und Jagdrechts, 8. Leipzig 79. Sommer f 30kr

Pini, H. mineralogische Bemerkungen über die Eisengruben bey Rio, a. d. Ital. gr. 8. Halle 80. Gebauer p 1fl 12kr

— — über den Gottharbsberg und seine umliegenden Gegenden, a. d. Ital. gr. 8. Wien 84. Krauß o 54kr

Pipers Abhandl. vom Alterthum der Cammeralwissensch. 4. Halle 60. Waysenhaus c 16kr

— — historisch juristische Beschreibung des Markenrechts in Westphalen, 4. ebend. 63. daßelbe m 45kr

Plan der hohen Cameralschule, 8. Lautern 76. Orell d 15kr

— — von der Abstellung der Bettelley und Verpflegung der Armen in großen Städten, 8. Berlin 78. Realsch. h 36kr.

Planer,

Planer, J. J. über den Holzbau im Erfurtischen, gr. 4. Erfurt 81. Keiser c 15kr
- - von der blauen Farbe im Waldkraute, gr. 4. ebendaſ. 80. derſ. b 10kr
Platierre, (R. de la) die Baumwollen-Sammet-Fabrik, überſetzt von Halle, mit Kupf. gr. 4. Berlin 89. Pauli A d 2fl 15kr
- - Kunſt die Wollenzeuge zuzurichten, a. d. Franz. m. K. gr. 4. Nürnb. 83. Weigel A d 2fl 45kr
Plenciz, M. A. Vorſchlag das Korn, Waitzen ꝛc. friſch zu erhalten, gr. 8. Wien 64. Trattner b 8kr
Plouquet, W. G. Roßarzt, oder Unterricht die Krankheiten der Pferde zu kennen und zu heilen, 8. Tübingen 81. Heerbrand q 1fl
- - über den Holzmangel und die Mittel ihm abzuhelfen, 8. ebendaſ. 80. derſ. d 15kr
- - Warnung an das Publicum für einem in manchen Brandtwein enthaltenen Gift, 8. ebendaſ. 81. derſ. c 12kr
- - von Veredlung der Wolle und Verbeſſerung des Schaafsſtandes, nebſt Nachtrag, 8. ebb. 85. derſ. c 12kr
Plüers, E. E. Gedanken und Nachrichten von den Manufacturen und der Handlung in Dännemark, 8. Copenhagen 58. Proft c 15kr
Plümier, P. C. die Kunſt zu Drechſeln mit Anmerkungen und Zuſätzen und 48 Kupfertafeln, Franzöſ. und Deutſch, gr. Fol. Leipzig 776. Breitkopf P 30fl
Poda, N., Beſchreibung der bey dem Bergbau zu Schemnitz in Niederhungarn errichteten Maſchinen,

schinen, nebst 22 Tafeln zu deren Berechnung, herausgegeben von v. Born, m. Vign.
8. Prag 71, Walther in Dresd. A m 2fl 45
Pöllnitz, C. W. F. L. von, politische Bemerkungen über Gewerbe und Fabriken ꝛc. 8. Bayreuth
786. Lübecks   d 15 kr
- - - - wahre Mittel den Staat blühend u.
reich zu machen, 8. Anspach 87   d 15 kr
- - wahre Mittel der Fruchtbarkeit, 8. Nürnb.
90. Monath   e 20 kr
Pörners, D. Carl Wilh. Chymische Versuche u.
Bemerkungen zum Nutzen der Färbekunst, 3
Theile, gr. 8. Leipzig 772 · 73. Weidemanns
                                   C u 7fl 20 kr
- - Anleitung zur Färbekunst, gr. 8. Leipzig 85.
derselbe   A f 2fl 24 kr
- - - Anmerkungen über Baume vom Thon
und andrer zum Ackerbau geschickten Erde,
gr. 8. Leipzig 71, Weidmanns   m 1 fl
Pötschens ausführlich mineralogische Beschreibung
der Gegend von Meissen, mit Kupf. gr. 8.
Dresden 79   m 54 kr
Polaks mathesis forensis, worinn die Rechenkunst, Geometrie, Baukunst, Mechanik ꝛc.
abgehandelt werden, mit Kupf. 4. Leipzig,
70, Junius   Ah 2 fl 24 kr
Polhems, C. patriotisches Testament oder Unterricht von Eisen, Stahl, Kupfer, Messing,
Zinn und Bley, für die welche von diesen Materien Manufacturen anlegen wollen, gr. 4.
Gräz 70. Felseker   m 45 kr
                                       Policey-

Policeyordnung für Gießen, f. Ordnungen.
die Policey des Ackerbaues, nach den Grundsätzen des Herrn Dithmar und Schreber, 8.
Leipzig 70, Crusius   h 36 kr
Policeywissenschaft, natürliche, f. Pfeiffer
Poners Materialist und Specereyhändler, mit
Kupf. Fol. Leipzig 17, Weidmanns C 5 fl 30 kr
de la Porte Einleitung zur doppelten Buchhaltung,
2 Theile, gr. 4. Wien 64, Trattner D 6 fl
Portefeuille, öconomisches, zu Ausbreitung nützlicher Kenntnisse und Erfahrungen, 3 Bände,
u. 4ten Bandes erstes Stück, 8. Lübeck 86-
88. Donatius   C h 5 fl
Pott, J. B. P. Gedank. v. Acido nebst ein. Gutacht.
üb. d. Viehseuche, 8. Dresd. 47. Gerlach b 8 kr
- - Untersuchung der metallischen Geschirre, ob
solche in den Küchen zuzulassen sind, 8. ebd.
54, derf.   b 8 kr
v. Prade Tobaks - Historie, insonderheit vom
Schnupftobak, 8. Schneeberg 47, Richter
in Altenburg   b 10 kr
Prangen, C. F., Farbenlexicon für Mahler
und Manufacturisten, worinn die möglich-
sten Farben der Natur nicht nur nach ihren Eigenschaften, Benennungen, Verhältnissen und Zusammensetzungen sondern auch nach
ihren Ausmahlungen enthalten sind, mit 48
illum. Kupf. gr. 4. Halle 82. Hendel, S 33 fl
- - von den Mitteln die Unkosten durch richtige
Bauanschläge beym Bauen zu erleichtern, gr.
8. ebendas. 80, Hendel   m 54 kr

Pratje,

Pratje, J. H., landwirthschaftliche Erfahrungen, 3 Quart. gr. 8. Altona 67, Iversen
  A m 2 fl 15 kr
- - allgemeines ökonomisches Magazin, 2 Jahrg. in 12 Stücken, 8. Hamburg 82, 83, Mathiesen
  C 4 fl 30 kr
- - Anleitung zur Anlegung eines Obstgartens, mit K. 8. Göttingen 82, Dieterich s 1 fl 24 kr
Predigers, C. E., wohlanweisender Buchbinder und Futteralmacher, 4 Theile, mit Kupf. 8. Frft. 41, Haueisen
  B q 4 fl
Preisschriften, drey, über die den Büchern und Urkunden schädlichen Insekten, 4. Hannover 75, Hellwings
  d 18 kr
- - nebst zwey Schriften, die das Accessit erhalten haben, über die Fragen: Wie können die Fleischtaxen in Städten am sichersten bestimmt werden ꝛc. 4. ebend. 88. derf. i 40 k
- - drey von der Bienenzucht in Churpfalz, 8. Mannheim 69, Löfler
  f 24 kr
- - vier von den Rebenstichern, 8. ebend. 71, derf.
  e 20 kr
- - derz kaiserl. Ackerbaugesellsch., wie die Oesterreich. Viehweiden am besten anzuwenden, 8. Wien 73, Kurzböck
  d 15 kr
Preuschens, G. C. L., politische Armenökonomie, Wünsche und Aussichten ꝛc. 8. Leipzig, 83, Weygand
  h 36 kr
Prevenhuber, J. A., Versuch einer Abhandlung zur Erlangung mineralogischer Kenntnisse für junge

junge Bergmänner auf Eisen. 8. Grätz 88.
Price's Versuche mit Quecksilber, Silber und
Gold, aus dem Engl. 8. Dessau 82.   d 18kr
Prizelius, J. G. Beschreibung des so bekannten
Sennergestütes in der Grafschaft Lippe. 8.
Lemgo 71. Meyer   d 18kr
– – Handbuch der Pferdewissenschaft. gr. 8. eben-
daselbst 75. ders.   f 30kr
– – vollständige Pferdewissenschaft, mit Kupf.
gr. 4. Leipzig 77. Weidemanns E m 10fl 54kr
– – ebendasselbe auf holländisch Papier H 16fl
– – Bereiter, mit Kupf. gr. 8. Leipzig 77. Gräffe
                                       A m 2fl 45kr
– – Etwas für Liebhaberinnen der feinen Reitkunst,
gr. 8. Leipzig 77. Weidmanns   h 40kr
Probierbuch, neueröfnetes, in allen Geheimnissen bey Zurichtung und Schmelzung der Erzte, 8. Lübeck 44. Voß   f 28kr
– – der Metallen, nebst einem Bericht vom
Salpetersieden, 12. Nürnb. 50. Stein f 24kr
Probstens, J. T. Kräuterwörterbuch, nebst Verzeichniß der inn- und ausländischen Bäume,
Stauden- und Sommergewächse des D. Bo-
sischen Gartens, 8. Leipzig 47. Hilscher f 24kr
Prüfung der Vorschläge eines Ungenannten zur
Verbesserung der Gemeinhutungen und Flachs-
zubereitungen, 8. Bayreuth, 86. Lübecks c 12kr
– – über Guden von Wittwenkassen, 8. Göttingen 71.   b 10kr

Q   Prü-

Prüfung der Mindenschen Wittwenpflegschaft,
8. Minden 75. Cramer c 12 kr
- - der Gedanken Hertels wegen einer allgemeinen und beständigen Pensionskasse für Wittwen und Unmündige, 4. Copenhagen 65. Proft d 15 kr
Puimarets, Baron von, Erfindung bey einer nassen Getraide-Aerndte die Früchte zu trocknen, 4. Münster, 71. Perrenon a 4 kr
Quintinyn, Anleitung zum Gartenbau, mit Kupf. 4. Hamburg 27. Hofmann s 1 fl 24 kr
Radelmayrs, C. Geheimnisse der vornehmsten auserlesenen Haushaltungskünste und Wissenschaften, 8. Wien 768. Kraus b 8 kr
Ramazini, von der ansteckenden Seuche des Rindviehes nebst einem aus dem Lateinischen übers. Hirtengedicht, von Reicher, 8. Hannover 63. Schmidt c 12 kr
- - von den Krankheiten der Künstler und Handwerker, neu bearbeitet von Akermann, 2 Thle gr. 8. Stendal 80 - 85. Franz A m 2 fl 45 kr

Rammelts, G. vermischte öconomische Abhandl. zum Besten der Landwirthschaft und Gärtnerey, 3 Thle 8. Halle 68 u. 71. Trampe A c 2 fl 15 kr

Rango, C. T. Tractat von Kornwürmern und deren Ursprung und Vertreibung, 8. Schneb. 46. Richter in Altenburg b 10 kr

Raseau, B. Kunst des Indigobereitens
f. Schauplatz.

Rathlefs, E. L. M. Beyträge zur Oekonomie
des 18. Jahrhunderts, 8. Lüneburg 785.
Lemke. c 12kr
- - Abhandlung über Gegenstände der Policey,
Finanz und Oeconomie, aus sämmtlichen Jahrgängen des Hannöverschen Magazins, 3 Bände
gr. 8. Hannover 86. 88. Hellwing, I. Theil
A h. II. A h. III. s   C k 6fl 12kr

Rauens, W. T. Gedanken von dem Nutzen einer medicinischen Polyceyordnung in einem
Staate, 8. Ulm 64. Stettin b 8kr

Raumburgers Grundfeste der Rechten und Gewohnheiten in Wechsel- und Commerziensachen, 4. Frft. 23. Mulz   Aq 2fl 30kr

Raynal, Geschichte der Europäischen Handlung
und Pflanzörter in beyden Indien, a. d.
Franz. von Mauvillon, 7 Theile gr. 8. Hannover 74-75. Hellwing   Fh 1 fl 24 kr

- - dasselbe in einer andern Uebersetzung, 7 Thle
gr. 8. Copenhagen 74. Faber   Fq 10fl

- - Ebendieses in einer andern Uebersetzung.
8 Thle gr. 8. Kempten 85. Typ. Ges. H 12fl

Realzeitung, Stuttgarder, siehe Etwas für Alle und neues Stuttg. Magazin.

Reaumur, Hrn. von, die Kunst alles Federvieh
in jeder Jahrszeit häufig zu ziehen u. zum Nutzen
u. Vergnügen zu halten, 8. Leipz 50. d 18kr

- - Anweisung, wie man zu jeder Jahrszeit allerley zahmes Federvieh ausbrüten und auferziehen könne, 2 Theile mit Kupf. 8. Augspurg 67-68. Kletts   B 3fl

Rebenstichern, v.d. 7 Preißschrift. s. Preißschriften.

Rebmann, vom gerichtlichen und aussergerichtlichen Verfahren im Rechnungswesen, 4. Erlangen 89. Palm　　　　　　A d 1fl45kr

– – dessen 2ter Theil, oder von Eintheilung u. Führung des Cameralrechnungswesens und richtiger Aufstellung der Rechnungen, 4. ebendas. 90. ders.　　　　B h 3fl30kr

– – Vorschlag zu einer Reichsritterschaftlichen Brandversicherungsgesellschaft, 4. ebendas. 89. ders.　　　　　　　　　f 24kr

Rechnungsinstruction, hochfürstl. Baadische revidirte und erneuerte, für alle welt- und geistliche Verrechnere, gr. 8. Carlsr. 77.　　i 36kr

das Recht der Assecuranzen und Bodmereyen, gr. 4. Königsb. 71. Dengel　　k 45kr

Rechte der See- und Handelsstadt Danzig, 4. Danzig 49.　　　　　　　h 36kr

Redelykheit, Corn. neuerfundene Vertiefungs-Maschine, um versandete und verschlammte Flüsse zu räumen, mit Kupf. gr. Fol. Wien 76. Kurzböck　　　　A q 2fl30kr

– – Abhandlung über die Mauerarbeit an Festungswerken, gr. 8. Breslau 88. Korn q 1 fl

Regeln, für unerfahrne Reuter, 8. Göttingen 73. Dietrich　　　　　　b 10kr

– – die ein junger Mensch der sich der Haushaltung widmet, zu beobachten hat, 8. Hannover, 81. Schmidt　　　　c 15kr

Regierungsmaximen, die allgemeinsten öconomischen, eines Agriculturstaats, in Absicht auf National-

National-Industrie u. Handel, 2 Hefte, gr. 8. Leipzig 87. Müller k 45kr

Reglement, von Aufhebung der Gemeinheiten und Gemeinhutungen in Schlesien, Fol. Bresl. 71. c 15kr

– – für die Ober-Landes-Justitz-Collegia, wegen Sportelcassen, gr. 8. Berl. 82. Deker f 30kr

– – für die Bau- und Landesvermessung der Preuß. Kriegs- und Domainen-Kammer in Schlesien, 4. Breslau 49. Kornjan. i 36kr

Reichards, C. Land- und Gartenschatz, von Saamenwerk, Bienenzucht, Küchengewächsen, Hülsenfrüchten u. Hopfenbau, 6 Thle, nebst Register u. Anhang, 8. Erfurt 53-74. Hagen A m 2fl 45kr

– – Abhandlung von allerhand Saamenwerk, oder Anhang zum Gartenschatz, mit Kupf. ebendas. 51. ders. e 24kr

– – Einleitung in den Garten- und Ackerbau, 2 Bände 8. ebendas. 59. ders. u 1fl 30kr

– – vermischte Schriften. 8. ebendas. 63. Nonne u 1fl 30kr

– – Art den Hopfen anzulegen und zu bauen, 8. Düsseldorf 72. Fleischer b 8kr

Reimarus, J. A. H. Beantwortung des Beitrags zur Berathschlagung über die Handlungsgrundsätze, 8. Hamb. 72. Herolds b 8kr

Reimarus, J. A. H. Ursache des Einschlagens vom Blitze, nebst dessen natürlicher Abwendung von Gebäuden, 8. Langensalz 72. Schneider d 15kr

– – Vorschriften zur Anlegung einer Gewitterableitung an Gebäuden, 8. Hamb. 78. Bohn a 6kr

Reinders, Gerh. Versuche beym Einimpfen an
dem Rindvieh, 8. Wesel 77. Röder c 15kr
Reineckers, Rud. gründliche, durch sichere Berechnung erwiesene Widerlegungen der gegen
die Verbesserung der Landwirthschaft gemacht
werdenden Einwendungen, 4. Mannheim 73.
Schwan d 15kr
Reinhardt, M. W. vermischte Schriften, 8 Stücke, nebst Register, mit Kupf. gr. 8. Carlsr.
60-69. B u 4fl 15kr
- - Abhandlung von dem Baume Acacia, oder
dem Schotendorne, s. Abhandlungen.
Reinholds, C. B. mathem. ökonom. Gründe für
und gegen die Theilung der Gemeinheiten,
4. Osnabrück 80. Schmidt in Hannov. b 10kr
- - Antwort auf die Frage, welches sind die
besten Grundsätze bey Theilung der Gemeinheiten, 8. Münster 80. Perrenon f 24kr
- - Arithmetica forensis, oder die aufs Recht
angewandte Rechenkunst, 2 Thle, mit Kupf.
8. ebendas. 85. ders. A q 2fl 30kr
- - Architectura forensis, oder die aufs Recht
angewandte Baukunst, 2 Theile, mit Kupfern,
8. ebendas. 85. ders. Ch 5fl
- - - Mechanica forensis, oder die aufs Recht
angewandte Bewegungs-Baukunst, 1r Thl. m.
Kupf. 4. Münster 89. Perrenon A q 2fl 30kr
- - Hydraulica forensis, oder allgemeine Anwendung der Hydrostatik auf die Maschinen- und
Wasserbaukunst, 1r Teihl, mit Kupf. 8. ebb.
90. ders. A d 1fl 45kr

Rein-

Reinholds, C. B. Geometria forensis, oder die aufs Recht angewandte Meßkunst, 3 Theile, 8. Münster, 81. Perrenon I. Am II. A. III. A h Cu   5 fl 45 fr

– – Nachrichten von einem Erdbruche bey Osnabrück, 8. Osnabr. 82. Schmidt   b 10 fr

Reisebeschreibungen.

Reise durch Amerika, ob. Beobacht. üb. d. gegenw. Zustand, Cultur u. Handel der britt. Colonien in Amerika, a. d. Fr. 8. Lpz. 83. Schneider k 40 fr

Benekendorfs kleine ökonomische Reise, 2 Theile, gr. 8. Züllichau, 85. 86. Frommann B u 5 fl 15 fr

Benützte Reise durch Deutsch- und Welschland mit angemerktem Hauswirthschaftlichen eines jeden Landes, nebst 2 Tab 5 Kupf. und einem haus- und landwirthschaftl. Calender, gr. 8. Augsburg, 82. Rieger   A d 1 fl 45 fr

Beroldingen Bemerkungen auf einer Reise durch die Pfalz. und Zweybr. Quecksilberbergwerke, m. K. gr. 8. Berlin, 88.   y 1 fl 40 fr

Carosi Reisen durch die Polnischen Provinzen mineral. u. andern Inhalts, 1r Th. mit 6 Kpf. gr. 8. Leipzig, 81. Breitkopf   s 1 fl 30 fr

Collini Tagebuch einer Reise mineralog. Beschr. über Agate und den Basalt enthaltend, übers. und mit Anmerkungen von Schröter, mit Kpf. 8. Mannheim, 77. Schwan   B 3 fl

Fabricius Reise nach Norwegen mit Bemerkungen aus der Naturhistorie und Oekonomie, gr. 8. Hamburg, 79. Bohn   A 1 fl 48 fr

Reisebeschreibungen.

Fragment einer bergmännischen Reise nach Freyberg, 8. Leipzig, 85. Korte   c 12 kr

Jars metallurgische Reisen s. Jar.

Leske Reise in Absicht auf Naturgeschichte und Oekonomie s. Leske

Oekonomisch-statistische Reise durch Meklenburg ꝛc. a. b. Dänischen mit Anmerkungen von Heinze, mit Kupf. gr. 8. Kopenhagen, 86. Proft   A d 1 fl 45 kr

Kleine ökonomische Reise mit komischen unerwarteten Zufällen, 8. Bremen, 89. Cramer   A 1 fl 30 kr

Olavius ökonomische Reise durch Island, aus dem Dänischen, mit Kupf. gr. 4. Dresden, 87. Brettkopf   C 5 fl 24 kr

Rasumowsky mineralog. und physikal. Reise, a. d. Franz. gr. 8. Dresden, 88. Walther   q 1 fl 12 kr

Romant landwirthschaftliche Reisen, von Mayer übersezt, 4 Theile, mit Kupf. 8. Nürnberg, 75-82. Zehe   D d 6 fl 15 kr

Sestini Beschreibung des Canals von Constantinopel, des dasigen Wein- Acker- und Gartenbaus und der Jagd der Türken, übersezt von Jagemann, gr. 8. Hamburg, 86. Bohn   h 36 kr

Voigts mineralogische Reisen durch Weimar, Eisenach und einige angränzende Gegenden, mit 6 illum. Kupf. 2 Theile, gr. 8. Dessau, 82-85. Hofmann in W.   A h 2 fl 24 kr

Reisebeschreibungen.

Voigts mineralogische Reisen von Weimar durch den Thüringer Wald, 8. Leipzig, 87. Müller
d 18 kr

Reise des Olof Torren nach Suratta und China, nebst Beschreibung der chinesischen Feldökonomie von Linnäus, 8. Leipzig, 72. Hilscher
g 30 kr

Volkmanns neueste Reisen durch England vorzüglich in Absicht auf Kunstsammlungen, Oekonomie ꝛc. 4 Thle, gr. 8. Lpz. 81·82. Em 10 fl

– – neueste Reisen durch Spanien in Ans. der Künste, Handlung, Oekonomie u. Manufacturen, 2 Thle, gr. 8. Lpz. 85. Bq 5 fl

Youngs sechsmonathliche Reise durch England in Absicht auf die Landwirthschaft, Manufacturen, ꝛc. 4 Thle, gr. 8. Lpz. 73·75. derf. Am 10 fl

*** *** ***

Reitkunst, die edle, mit Kupf. und einem Anhange von der Roßarzneykunst, gr. 8. Eisenach 75. Wittekind
A 1 fl 30 kr

Reisigels, F. A. Beantwortung der Frage: wie die Anlaitrechniß ohne Schaden in eine jährliche Gabe zu verwandeln sey? 8. Salzburg, 89. Mayer

Reitemeirs, F. A. Geschichte der Bergwerke bey den alten Völkern, 8. Göttingen, 85. Dietrich
f 30 kr

Reizensteins vollkommener Pferdekenner, 2 Thle, s. Pferdekenner

- - - - Erfindung wider das Koppen der Pferde, mit Kupf. 8. Uffenheim, 64. Felsekkers   h 30kr

Reß, Sammlung landwirthschaftlicher Aufsätze, gr. 8. Leipzig, 80. Weygand   q 1fl 15kr

Resewiz über die Versorgung der Armen, 8. Kopenhagen, 69. Proft   d 15kr

Retzers, Jos. Tobackspachtung in den österreichischen Ländern, 8. Wien, 84. Sonnleithner   f 24kr

Retz's Abhandlung vom Einflusse der Witterung auf die Arzneywissenschaft und den Ackerbau, aus dem Franz. gr. 8. Greiz, 86. Henning   g 30kr

Reus, C. G. Anweisung zur Zimmermannskunst, m. K. Fol. Leipzig, 89. Breitkopf B f 4fl 15kr

- - Anhang hierzu, mit Kupf. Fol. Ebd. 89. derf.   d 20kr

- - Untersuchung des Cyder- und Aepfelweins, 8. Tübingen, 81. Heerbrand   d 15 kr

- - Untersuchung der Eigenschaften und Würkungen eines ächten und verfälschten Puders, 8. daf. 81. derf.   d 15 kr

- - A. C. Beschreibung eines neuen chymischen Ofens, mit Kupf. 8. Leipzig, 82. Hilscher   f 24kr

- - neue Versuche über die Geiß- und Ziegenmilch in Krankheiten, 8. daf. 83. derf. e 20kr

Reyhers,

Reyhers, B. S. Sendschreiben an eine Kaiserliche freye öconomische Gesellschaft zu St. Petersburg, 8. Augspurg, 68.   e 20kr

- - Abhandlung zur Verbesserung der Wittwen- und Waysen-Fiscorum, 8. ebb. 68   e 20kr

Rheingauer Weinbau, aus selbsteigener Erfahrung und nach der Naturlehre beschrieben, 8. Frankfurt, 65. Eßlinger   q 1 fl

Ricards, Sam. Handbuch der Kaufleute, oder allgemeine Uebersicht und Beschreibung des Handels der vornehmsten europ. Staaten, übersetzt von Gadebusch, 2 Bände, gr. 4. Greifswalde, 83. Röse   Gm 14 fl

Riccii Entwurf von Stadtgesetzen, 4. Nürnb. 40. Felseker   A h 2 fl

- - Entwurf der in Teutschland üblichen Jagdgerechtigkeit, vermehrte Auflage, gr. 8. Frft. 72. Andreä   A q 2 fl 30 kr

Richardsons, Joh. Vorschläge zu neuen Vortheilen beym Bierbrauen, mit 1 Kupf. gr. 8. Berlin, 88. Nicolai   s 1 fl 24 kr

Richters, S. unterschiedliche in Kupfer gestochene Verzeichnungen, wie in schönen Gärten anmuthige Luststücke und Blumenbeete anzulegen, 6 Theile, Fol. 56.   Cm 6 fl 30 kr

- - C. F. Anfang von einer neuen Methode, unter Wasser zu bauen, ohne Fangedämme zu machen, m. Kupf. gr. Fol. Berlin 65. A q 3 fl

- - C. S. Anweisung zur guten Pferdezucht und Wartung ꝛc. mit Kupf. 8. Halle, 89. Gebauer   s 1 fl 24 kr

Richters,

Richters, S. abgefaßter expediter Rechnungsbeamter, 8. Ulm, 28. Wohler e 20 kr
- - von Würderung der Inventarienstücke bey
Güterverpachtungen, mit Hübners Zusätzen,
gr. 8. Dresden, 75. Walther d 18 kr
Riedels, J. E. Garten-Lexicon, nebst einem
nützlichen Garten-Calender, 8. Nordhausen,
69. Groß A d 1 fl 45 kr
- - Untersuchung der graffirenden Viehseuche,
nebst Arzneymittel, 4. Erfurth, 49, Groß
a 4 kr
Rieglin, S. D. neues zum Stricken, Nähen,
Würken und Weben dienliches Modelbuch,
8 Theile, 4. Nürnb. 61-68. Riegel B s 3 fl
Riem, Joh. Abhandlung über die Holzsparkunst
durch Oefen, mit Kupf. 8. Mannheim, 73.
Schwan c 12 kr
- - Anleitung, das aufgeblähte Vieh zu retten,
m. K. 8. Berlin, 76. Haude d 18 kr
- - Landwirthschaftlicher Unterricht eines Va-
ters an seinen Sohn zur Verbesserung des
Wohlstandes, 8. Bresl. 77. Korn jun. m 45 kr
- - Prodromus der öconomischen Encyclopedie,
8. Dessau, 83. Müller s 1 fl 24 kr
- - practisch-öconomische Encyclopedie, 3 Bde,
8. Leipzig, 85. derf. I. A. II. B f III. Band
1 x u. 2te Abth. A h E l 9 fl 54 kr
- - Sammlung vermischter öconomischer Schriften, oder Zugabe zur Encyclopädie, 1r Band
1. 2s St. 8. Dresden, 90. Gerlach C u 7 fl

Riem,

Riem, J. über die dienliche Fütterungsart der
Kühe, 8. Leipzig, 85. Müller   e 24 kr
- - Nachtrag dazu, 8. ebend. 86. derſ. b 10 kr
- - die beſte Schrift und Nachricht fürs Land-
volk vom Brand in Getraide, 8. Leipzig, 86.
derſ.   b 10 kr
- - Kenntniß der Entſtehung und Vertilgung
ſchädlicher Raupenarten, 4. Breslau, 84.
Löwe   d 18 kr
- - Anweiſung für Wieſenvögte die Wäſſerung
der Wieſen betreffend, 8. Leipzig, 85. Müller   a 6 kr
- - Erläuterung über die Stallfütterung des
Rindviehes, 8. Dresd. 86. Breitkopf b 10 kr
- - Reiſe nach Gröbzig, oder Antwort an Krämer über Holzhauſens Hordenfütterung der
Schaafe, 8. daſ.   b 10 kr
- - eine beſondere Art Wieſenverbeſſerung ꝛc.
8. Dresden, 87. Breitkopf   b 10 kr
- - und Rauwerk Erklärung der jetzigen Witterung, 8. Dresden, 87. derſ.   m 54 kr
- - und J. C. C. Löwe phyſikal. ökonomiſche Zeitung ſ. Löwe
- - ökonomiſche Monathſchrift, oder Fortſetzung
der Zeitung für 86 u. 87. 8. Dresden Böhme
jeder Jahrgang D 7 fl 30 kr
Mehr von dieſem Verf. ſ. Bienenbücher.
Rieß, W. L. Grundlinien zu öconomiſchen Pacht-
anſchlägen der Landgüther, 8. Breslau, 78.
Wittekind   c 12 kr

Rieß, P. P. Abhandlung von den Eigenschaften
und Zubereitungen des Alauns, 8. Marburg,
84. Krieger jun. e 20 kr
– – dessen neue Ausgabe, 8. Ebb. 90. derf.
e 20 kr
– – Versuche mit vegetab. Hülfsmitteln auf die
Haus- und Landwirthschaft angewendet, 8.
Wien, 67. Gräffer f 24 kr
Rindvieh-Arzneybüchlein, oder Unterricht, wie
der Landmann bey einer Hornvieh-Seuche
sich zu verhalten, 8. Wien, 73. Trattner
c 12 kr
– – Arzneybuch, 8. Tüb. 84. Heerbrandt h 30 kr
Rinepust, Versuch wie ein Pachtanschlag, Inventarium und Contract zu verfertigen, 4.
Stendal, 80. Franz f 27 kr
Rinnmanns Anleitung zur Kenntniß der gröbern
Eisen- und Stahlveredlung, gr. 8. Wien, 90.
A d 1 fl 45 kr
– – S. Versuch einer Geschichte des Eisens,
mit Anwendung für Gewerbe und Handwerker, a. d. Schwed. von J. G. Georgi, 2 Thle
m. Kpf. gr. 8. Berlin 85. Haube B u 5 fl 15 kr
del Rio, Ign. Asso, Abhandlung von den Heu-
schrecken und ihren Vertilgungsmitteln, a. d.
Span. 8. Rostock 87. Koppenh. f 24 kr
Ritters, Hr. D. Theorie der Stuben- und Kü-
chenheerde, gr. 8. Bern, 71. Societ. f 24 kr
Robertsons, D. Pferde-Arzneykunst, mit Kupf.
8. Frankfurt, 72. Eßlinger q 1 fl

Robert-

Robertson Pferdarzneykunst, in 3 Theilen mit
  Kpf. 8. Breslau, 76. Korn   s 1fl 12kr
- - ebend. 5te Auflage, 8. Wien, 89. Kurzböck   u 1fl 15kr
- - D. neue Art Pferde zu englisiren, mit Kupf.
  8. Arnh. 70. Perrenon   f 24 kr
Rochow Versuch über Armenanstalten und Ab-
  schaffung aller Betteleyen, mit Kupf. gr. 8.
  Berlin, 90. Nicolai   m 54 kr
Roda, C. A. B. von, Abhandlung von den Ursa-
  chen des verderblichen Salpeter-Fraßes an
  den Mauern, und den Mitteln, ihm vorzu-
  beugen, 4. Altenburg, 72. Richter   d 18kr
Rode Beschreibung des fürstl. Anhalt-Dessaui-
  schen Landhauses und englischen Gartens in
  Wörlitz, gr. 8. Dessau, 88. Crusius s 1fl 24kr
- - Ebendasselbe mit Kupfern   C s 6fl 45 kr
Rönnberg, erfundene leichte und richtige Ausmes-
  sung der Fässer, 4. Bützow 47.   c 12kr
Röslers hist. technolog. Nachrichten von der
  Saline zu Sulz, gr. 8. Tübingen 89. Cotta
                                          h 30 kr
Rößlin von Inventuren und Abtheilungen nach
  gemeinen Rechten, 8. Mannheim 80. Löffler
                                           q 1fl
Rößig, C. G. Versuch über die öconomische Po-
  licey, 8. Leipzig, 79. Kummer   f 24 kr
- - der Landbau, 8. Bayreuth, 79. Lübecks
                                           f 24 kr

Rößig Verſuch einer pragmatiſchen Geſchichte
der Oeconomie- Policey- und Cameralwiſſenſchaften, 2 Theile, 8. Leipzig, 81. 82.
Weidmanns B d 4 fl
- - Beantwortung der Commentarien des Herrn
von Schubart, 8. Lpz. 86. Beer e 24 kr
- - Lehrbuch der Policeywiſſenſchaft, gr. 8. Jena, 86. Akad. Bhdl. A h 2fl 24 kr
- - Abhandlungen über den ſpaniſchen Klee,
gr. 8. Leipzig, 88. Böhme f 27 kr
- - ökonom. phyſik. Abhandl. vom Mutterkorn
8. Leipzig 86. Schneider c 12 kr
- - Finanzwiſſenſchaft nach ihren erſten Grundſätzen, gr. 8. Leipzig 89. Böhme A h 2 fl 24 kr
- - Waſſerpolicey für Länder zur Minderung der
Schäden des Eisgangs und der Ueberſchwem-
mungen, gr. 8. Leipzig 89. Müller q 1 fl 12 kr
- - Lehrbuch d. Technologie für angehende Staatswirthe, 8. Jena 90. Akad. Bhd. A d 2 fl 15 kr
Rohlwes, J. N. von der Pferdearzneywiſſen-
ſchaft, 8. Götting. 80. Vandenhöcks b 10 kr
- - Abhandlung von den äuſſerlichen Krankheiten der Pferde, 8. Lüneb. 85. Lemke o 54 kr
- - Abhandlung von den innerlichen Krankheiten
der Pferde, 8. ebend. 86. derſ. k 40 kr
Rohrs, J. B. von, vollſtändig. Hauswirthſchafts-
buch, 4. Leipzig, 51. Gleditſch B h 4 fl 15 kr
- - vollſtändiges Haushaltungsrecht, 2 Theile,
4. ebend. 38. Fritſch C q 6 fl 36 kr

Rohrs

Rohrs, J. B. von, hauswirthſchaftliche, auf Deutſchland gerichtete Nachricht vom Weinbau, 8. Leipz. 30. Hilſcher   h 30kr

– – Einleit. zu der allgemeinen Land- und Feldwiſſenſchaftskunſt, 8. Lpz. 36. Fritſch. q 1fl 15kr

– – phyſikaliſche Bibliothek, mit Käſtners Zuſätzen, 8. Leipzig 54. Fritſch   s 1fl 24kr

– – Merkwürdigkeiten des Vor- und Unterharzes, 8. ebendaſ. 36. Gollner   o 1fl 12kr

– – – – – des Oberharzes, 8. ebendaſ. 39. Gollner   m 54kr

– – Phytotheologie, oder Verſuch aus dem Reich der Gewächſe Gottes Allmacht zu erkennen, 8. ebendaſ. 45. Gollner   k 45kr

– – Gebrauch und Mißbrauch des Weins, 8. ebendaſ. 38. derſ.   c 15kr

– – Geſchichte der an ſich wildwachſenden Bäume und Sträucher in Deutſchland, verbeſſert von J. B. Franken, 8. ebendaſ. 54.

– – Haushaltungsbibliothek, 8. ebendaſ. 755. Fritſch   s 1fl 24kr

– – Vorrath von Contracten und andern Aufſätzen, die bey Hauswirthſchaften vorkommen, 4. ebendaſ. 54. derſ.   A h 2fl 30kr

– – phyſicaliſch-öconomiſcher Tractat von dem Nutzen der Gewächſe, inſonderheit der Kräuter und Blumen, 8. Coburg 736.   f 24kr

– – F. M. Abhandlung von gelehrten Landwirthen, gr. 8. Breslau 64. Korn ſen. d 15kr

Rohrs öconomische Reliquien, 2 Zehende. gr. 8.
ebendas. 69 u. 70. derſ. k 40kr

Roi, J. P. du, Harbkeſche wilde Baumzucht, mit
Kupf. 2 Bände gr. 8. Braunſchweig 772.
Schulbchh. B m 4fl 30kr

Romani Landwirthſchaftliche Reiſe, ſ. Reiſen.

Roos, J. Ph. Bruchſtücke, betreffend die Beob‍achtung der Pflichten eines Staatsdieners,
nebſt Bemerk. über den älteſten Gebrauch des
ſpaniſchen Siegelwachſes, 4. Frankfurt 85.
Andreä m 45kr

Roppelt, Joh. Bapt. practiſche Abhandlung von
Gränzzeichen, mit Kupf. 8. Coburg 75. h 30kr

Roſcher, Chr. F. von der Verbeſſerung des Flachs‍baues in Sachſen, gr. 8. Zittau 87. Schöps
f 24kr

Roſenblads medicinische Abhandlung von den
Wirkungen des Kohls, 8. Altenburg 778.
Richter f 30kr

Roſenkranz, J. aufmerkſamer holländiſcher Gärt‍ner, verbeſſert mit Anmerkungen und Zuſä‍tzen von Rudlof, nebſt Kpf. 8. Frankfurt 83.
Garbe q 1fl

Roſenow, C. E. Verſuch einer Abhandlung vom
Ackerbau und der Koppelwirthſchaft, 8. Ro‍ſtock 59. Koppe e 24kr

Roſenſtengel, Joh. Jac. verneuerter Eſſigkrug,
oder Kunſt, Eſſig zu brauen, 8. Sorau 74.
Hebold c 12kr

Roſen-

Rosenthal, G. E. Bestimmung der Größe des Maaſes und Gewichts, 4. Nordh. 72. Groß
               k 40 fr

- - geometriſche Abhandlung von Holzhaufen, 8. ebendaſ. 72. derſ.   b 10 fr

Roßapotheke, neu eröfnete, nebſt einer Kur für anderes Vieh, 8. Quedlinb. 79. Biesterfeld   d 15 fr

Roßarzneybuch, oder beſondere Proben bewähr-ter Gegenmittel wider alle Krankheiten der Pferde, nebſt verſchiedenen ſympathetiſchen Curen, 8. Berlin 48. Haude   f 30 fr

- - - bewährtes, 8. Wolfenbüttel 16. Meiſ-ner   d 15 fr

Roths, G. Beſchreibung einer Bergwage und deren Gebrauch, 8. Görlitz 58.   b 10 fr

- - J. Abhandlung vom Anlaufen des Rind-viehes und den Heilungen dieſes Uebels, 8. Göttingen 73. Dietrich   b 10 fr

Roujour künſtlicher und harmoniſcher Glocken-gießer, 8. Augsburg 66.   h 30 fr

Rouſſeau, Schreiben von der Schädlichkeit der Kupfergeſchirre in der Haushaltung, 8. Frft. 54.   b 8 fr

- - chemiſch mineral. Abhandlungen von der Naturlehre, Arzney- Cameral- und Policey-wiſſenſchaft, gr. 8. Nürnberg 90. Weigel,   u 1 fl 15 fr

- - von den Salzen, gr. 8. Eichſtädt 81. Wie-benmann   m 45 fr

Rozier, Abhandlung von der besten Art die Weine theils zum Gebrauch theils zum Versenden zu machen und zu behandeln, 8. Zerbst 72. Zimmermann o 54fr

Rudolphi, I. C. Beylage zur Nelkentheorie, mit 1. gemahlten Kupfer, 4. Meißen 87. Erbstein A 1fl48fr

Rückert, C. A. der Feldbau chemisch untersucht um ihn zu seiner letzten Vollkommenheit zu erheben, 3 Theile 8. Erlang 89. Palm C 4fl30fr

Rüdiger, J. C. C. Grundriß des wahren Physiocratismus und preußischen Cameralwesens, in einer Tabelle, 8. Halle 81. Curts d 20fr

- - die academische Laufbahn für Oeconomen und Cameralisten, 8. ebendas. 83. ders. f 30fr

Rulfs, A. F. über die Preißfrage von der vortheilhaftesten Einrichtung der Zuchthäuser, 4. Göttingen 83. k 45fr

Rullmanns Anweisung zu dem Inventariums- und Theilungsgeschäft vor Gericht, gr. 4. Frankfurt 89. Varrentrapp s 1fl12fr

Rumpelts, G. L. Unterricht für die Fahnenschmiede vom Beschläge der Pferde, mit Kupf. 8. Leipzig 85. Weidemanns s 1fl30fr

Runde, J. F., von Surrogot oder Spanndienste, 8. Cassel 75, Ritscher in Hannov. k 45 fr

- - zwo Abhandlungen über die Frage: Ob für Hessen der 20 oder 24 Gulden-Fuß vortheilhafter sey? 8. ebend. 76, Cramer f 24 fr

Runde,

Runde, J. F. von dem Nutzen und Schaden der Monopolien, 8. ebend. 78, derſ.   d 15 kr

- - von den Mitteln den gefallenen Werth der Grundſtücke ſteigend zu machen, 8. ebend. 77   f 24 kr

Rupprechts, G., der gute Feld‑ und Hauswirth, nebſt Hauswirthin, gr. 8. Dresden 88, Hilſcher   A 1 fl 30 kr

Saalfeld allgemeine Waarentabellen, Fol. Hamburg 54, Hofmann   h 36 kr

Saint Aubin Stickerkunſt, ſ. Schauplatz.

Sätze aus der Naturgeſchichte der Thiere u. der ſämtlichen Viehzucht ꝛc. 8. Wien 77. Trattner   c 12 kr

Sagar Abhandlung von dem Mehlthau, als Urſache der Hornviehſeuche, 8. ebendaſ. 775, Kraus   d 15 kr

- - Abhandlung von der Hornviehſeuche, 8. ebend. 82, derſ.   c 12 kr

Sage, Anfangsgründe der Mineralogie nach den Grundſätzen der Probierkunſt, 8. Leipzig 75,   o 54 kr

- - chemiſche Unterſuchung verſchiedener Mineralien, a. d. Franz. mit Anmerkungen von Beckmann, 8. Göttingen 75, Vandenhöck   h 36 kr

- - Kunſt Gold und Silber zu probieren, m. 1. Kupf. 8. Reval 82, Albrecht   h 36 kr

Salchow,

Salchow, Ulr. Chr., Unterſuchung von der Rindviehſeuche, 8. Berlin 55, Haude   c 15 kr

– – beſtätigte Heilung und gänzliche Tilgung der
Rindviehſeuche, 8. Hamburg 79, Hofmann
   d 18 kr

– – Anweiſung wie der Rindviehſeuche auf die
natürlichſte Art abgeholfen werden könne, gr. 8.
ebend. 80, derſ.   b 10 kr

– – erläuterte Beyſpiele ſeiner erfundenen Durch-
ſeuchungskur des Rindviehes, 8. Bremen 80
Förſter   k 40 kr

– – Unterricht zu Erziehung des Rindviehes zur
Abwendung aller Seuchen, 8. Meldorf 80,
auf Koſten des Verf.   d 18 kr

Salzmann, F. Z., Pomologia oder Fruchtlehre
alles in unſerm Clima in freyer Luft wachſen-
den Obſtes, 8. Potsdam 74, Wever m 54 kr

– – Anweiſung, wie man allerley Küchengewäch-
ſe und Specereykräuter durchs Jahr behandeln
ſoll, 8. Berlin 81, Wever   s 1 fl 20 kr

– – deſſelben 2ter Theil, oder holländiſche Frucht-
treiberei, 8. ebend. 83, derſ.   q 1 fl 12 kr

Sammler, der Preußiſche, welcher Anmerkungen
zur Naturgeſchichte, Land- und Stadtwirth-
ſchaft, Handlung, Bauweſen ꝛc. enthält, 2.
Bände, 8. Königsberg 74-75, Hartung
   B q 4 fl

Sammlung, Berliniſche, zur Beförderung der
Naturgeſchichte, Haushaltungskunſt, Came-
ralwiſſen-

ralwiſſenſchaft ꝛc. 10 Bände jeder in 6 Stü‍cken, 8. Berlin 68-78, Pauli Mm 22 fl
Sammlung Leipziger, von Land- u. Stadtwirth‍ſchaft, Policey-Finanz- und Cameral-We‍ſen, 16 Bände in 192 Stücken, 8. Leipzig 46-67. Hilſcher Q 30 fl
-- Fränkiſche, von Anmerkungen aus der Na‍turlehre, Arzneygelahrheit und Oekonomie, 8 Bände in 48 Stücken, 8. Nürnb. 55-68, Monath D 6 fl
-- auserleſener Schriften von Staats- und landwirthſchaftlichem Inhalte, 2 Bände in 8 Stücken, gr. 8. Bern 62-75, Societät
E 7 fl 30 kr
-- nützliche, vom Jahr 50-58. 8 Bände, 4. Hannover 52-59, Z I 58 fl
-- auserleſener und nützlicher Abhandlungen zur Verbeſſerung des Nahrungsſtandes, gr. 8. Ulm 66, Stettin u 1 fl 15 kr
-- einiger in die Cameral- und öconomiſchen Wiſſenſchaften einſchlagender Abhandlungen, 8. Frankfurt 69. Hilſcher c 12 kr
-- auserleſene, zum Vortheil der Staatswirth‍ſchaft, Naturforſchung und Feldbaues, 2 Bände mit Kupf. gr. 8. Baſel 63. 69. Thurneiſen
C 4 fl 30 kr
-- vermiſchte öconomiſche, denen Landwirthen zum Beſten aus denen Breslauer Natur- und Kunſtgeſchichten ausgezogen, 2 Theile m. K. 8. Leipz. 50-51. Frommann A h 2 fl 24 kr

R 4

Sammlung, Schlesische öconomische, 24 Stücke, 8. Breslau 66. Korn jun.   C 4fl 48kr
- - der Schweitzerischen Gesellschaft in Bern, 2 Bände, NB. sind der 1ste und 2te Band der Berner Abhandlungen.
- - ökonomische und anderer in der Haushaltungskunst nützl. Anmerk. 8. Langensalz 56. Schneider   o 54 kr
- - der Hamburg. Feueranstalt und Ordnung, mit Kupf. gr. 8. Hamb. 69. Brand A d 1fl 30kr
- - nützlicher Nachrichten zur Beförderung der Künste und Manufacturen, 6 Stücke 8. Jena 55 u. 56. Hartung á d   A 1fl 48kr
- - ökonomischer Nachrichten und anderer in die Haushaltungskunst nützl. Anmerkungen, 8. Langensalz 56. Schneider in Leipzig m 45kr
- - Braunschweigische, von ökonom. Sachen, als des Wirths und der Wirthin, 1r Band 8. Braunsch. 57. Schröder   q 1fl
- - einiger durch neuere Erfahrungen bestätigten Anmerkungen über die Schaafszucht, 8. Dresden 72. Walther   a 4kr
- - von landwirthschaftl. Dingen einer Schweiz. Gesellschaft in Bern, 2 Bände gr. 8. Zürch 60-61. Orell   D 7fl 12kr
- - von allerhand zur Naturforschung u. Haushaltungskunst gehörigen Begebenheiten, Erfindungen, Versuche ꝛc. 8. Stuttgard 50.
- - der neuesten auserlesenen Kaufmanns- und anderer Briefe in teutsch. franz. u. italienischer Sprache, 8. Augsb. 71. Stage   m 45kr

Sammlung der sämmtlichen Handwerksverordnungen des Herzogthums Würtemberg, 4. Stuttgard, Mezler   Ch 5fl

- - verschiedener Schriften schwedischer Gelehrten, zur Arzneywissenschaft, Chemie und Oeconomie gehörig, 1r Band, 8. Kopenhagen 74.   q 1fl

- - neuer und nützlicher Abhandlungen und Versuche aus der Oeconomie, Mechanik und Naturlehre, mit Kupf. 8. Nürnberg 775. Zeh   o 54kr

- - einiger Abhandlungen aus der Oeconomie, Cammeralwissenschaft und Scheidekunst, 8. Leipzig 77. Hilscher   m 45kr

- - von dreyen Aufsätzen, über die Calenbergische, Preußische und Dänische Wittwen-Versorgungs-Anstalt, 4. Hamb. 77. k 45kr

- - verschiedener Schriften, welche über die Recht- und Unrechtmäßigkeit des Getrayde-absatzes gewechselt worden, gr. 8. Coburg 72. Ahl   d 15kr

- - wegen der Calenbergischen Wittwenverpflegungsgesellschaft, 4. Hannover 68. und 70. Hellwings   f 30kr

- - nützlicher Maschinen und Instrumenten, nebst der Erklärung, 5 Theile und Anhang, Fol. Nürnberg   Mm 18fl 45kr

Sammlung einiger Abhandlungen von verschiedenen Krankheiten der Pferde und Schaafe wie auch der Hornviehseuche, 8. Nürnberg 85. Stein   m 45 kr

- - eines hollsteinischen Pächters, die Conservation und Kur schadhafter Pferde betreffend, 8. Hamburg 79. Reuß   c 12 kr

- - der bürgerl. und Policeygesetze der Stadt und Landschaft Zürch, gr. 8. Zürch 57·59. Orell   B s 5 fl

- - alter und neuer Nachrichten von Armenschulen und Waysenhäusern, 4 Theile 8. Görlitz 58. Drachstädt   h 36 kr

- - vermischter Abhandlungen jetztlebender Scheidekünstler, 8. Hamburg 82. Hofmann o 1 fl 8 kr

- - von Aufsätzen die Staatswirthschaft betreffend, a. d. Franz. 2 Theile gr. 8. Liegnitz, 76. Siegert   B h 3 fl 30 kr

- - kleiner Schriften der Cameral-Hohenschule zu Lautern die seit 775 - 81. erschienen sind, 1ster Band 8. Manh. 81. Ak. Bhdlg.   k 40 kr

- - aller Schriften und Verordnungen wegen der Calenbergischen Wittwenverpflegungsgesellschaft, 4. Hannover, 75. Hellwing k 45 kr

- - von allerhand Kunststücken, für Künstler, Handwerker und Oeconomen, a. d. Franz. von Wiegleb, 1r Theil gr. 8. Leipzig 784. Weidemanns   A 1 fl 54 kr

Samm-

Sammlung unterschiedlicher Kunststücke jedem Menschen in der Stadt und auf dem Lande dienlich, 8. Nürnberg 57. Felsecker k 40kr
- - von Aufsätzen verschied. Verfasser über Cameral- und Staatswirthschaft, 8. Lpz. 81. Schwickert   u 1fl 36kr
- - neue, physisch-öconomischer Schriften, von der Berner Gesellschaft, 3 Bände gr. 8. Bern 82-85. Societät   B h 4fl
- - öconomischer Schriften, herausgegeben von der K. K. Gesellschaft des Ackerbaues im Herzogthum Steyermark, gr. 4. Grätz 82.   u 1fl 15kr
- - öconomischer Nachrichten vom Holzwachs und Holzerspahrung, 2 Theile, 8. Anspach 62-64. Haueisen   A 1fl 30kr
- - nützlicher Bemerkungen für die Stadt- u. Landwirthschaft, 8. Düsseldorf 87.   h 30kr
- - der wichtigsten Regeln zur Baumgärtnerey, 8. Leipzig 83. Hilscher   f 24kr
- - der vornehmsten Edicte und Verordnungen fürs Commerz- und Finanzwesen in Frankreich unter Neckers Administration. 8. Gotha, 83. Ettinger   k 45kr

Sanders, H. öconomische Naturgeschichte, 4 Thle gr. 8. Leipzig 82. Jacobäer   B q 4fl 48kr

Sandiforts, E. Beschreibung der Viehseuche, 8. Leipzig 72. Heinsius   c 12kr

Sauniers, C. v., vollständige Erkenntniß v. Pferden, m. K. Fol. Glogau, 67. Günther   E h 8fl

Saußüre,

Sauſſure, Methode den Weinſtock ohne Dünger fortzupflanzen, 8. Bern 75.   d 15kr
Schabold, Abhandlung vom Gartenbau, 3 Thle 8. Frft. 75. Hermann   B q 4fl
Schäfers, J. C. bequeme Waſchmaſchiene, mit 3 Nachträgen und Kupfer, 4. Regenſp. 67-68. Montag   u 1fl 15kr
- - Abbildung und Beſchreibung einer nützlichen Sägmaſchine, mit Kupf. 4. ebendaſ. 769. derſ.   e 20kr
- - Beſchreibung und Gebrauch des zu Erſparung des Holzes höchſt vortheilhaften Backofens, mit Kupf. gr. 4. ebendaſ. 70. derſ.   k 30kr
- - Abbildung und Beſchreibung des Maywurmkäfers als ein Mittel wider den tollen Hundsbiß, mit Kupf. 4. Ebendaſ. 78. derſ. f 24kr
- - Verſuch und Muſter ohne Lumpen Papier zu machen, 3 Bände 4. ebendaſ. 65-67. Autor
- - - - auf ordentlichen Papiermühlen aus allerhand Holzarten und Pflanzen Papier zu machen, 4. Leipzig 71. derſ.
- - ſämmtliche Papierverſuche, 6 Theile 2te Auflage mit Kupf. 4. Regenſp. 72. derſ.

Schäfer, der redliche, oder umſtändliche Beſchreibung einer Schäferey, von Hirſch, 8. Anſpach 64. Haueiſen   e 20kr

die Schäferey, öconomiſch betrachtet, 8. Ulm 83. Stettin   h 30kr

Schaft

Schaft, v. d. Einfluß der Policey auf die Glückseligkeit eines Staats, 4. München 73. Fritz d 15 kr

Scharff, G. H. Versuch wie der Koffeehandel
als Monopol getrieben werden könne, 8.
Braunschweig 81. Schulbuchhandl. b 10 kr

- - Recepte über verschiedene Gattungen von
Farben, 18 St. 8. Göttingen, 88. c 15 kr

Scharmers, Chr. Carl. Gedanken von Conservation und Anlegung neuer Holzungen, 8.
Frft. 48. Eßlinger b 18 kr

Scharnweber, J. L. F. Beurtheilung der Frage:
ob einem Ackerbau treibenden Staate ein ge-
setzlicher Kornpreiß oder ein freyer Kornhandel zuträglicher sey? gr. 8. Göttingen 71.
Dietrich c 15 kr

Schatzkammer der Natur gründlicher Erklärung
dreyer großen Geheimnissen, 8. Frankfurt 56.
d 15 kr

- - - - der Kaufmannschaft und vollständiges
Lexicon aller Handlungen und Gewerbe, f.
Lexica.

Schauplatz der Künste und Handwerke übersetzt
von Schreber, 18 Bände m. Kpf. gr. 4. Königsberg u. Berl. 62, 88. Pauli 73 Rthlr. 131 fl

Die Abhandl. jedes Bandes werden auch
einzeln verkauft, und ist enthalten;

Im ersten Bande:

Die Kunst des Kohlenbrennens, die Art und
Weise, wie aus Holz Kohlen zu machen von
du Hamel du Monceau, 62 h 36 kr

Die

Die Kunst Pappier zu machen von la Lande,
62. B 3 fl 36 kr
- - - der Nadler von Reaumür, 62. Aq 3 fl
- - - des Ankerschmiedens von Reaumür u. du
Hamel, 62. A 1 fl 48 kr
- - - Lichter zu ziehen von du Hamel, 62. m 54 kr

Im zweyten Bande:

Abhandlung von Eisenhämmern und hohen Oefen
von Courtivron und Bouchi, 3 Abschnitte, 63
und 64. Cq 6 fl 36 kr
Die Kunst des Wachsziehens von du Hamel, 63.
Ad 2 fl 15 kr
- - - Pergament zu machen von du Hamel,
63. m 54 kr
- - - das vergoldete und versilberte Leder zu
verfertigen von Fougeroux von Bandaroi,
63. k 45 kr
- - - Schiefer aus den Steinbrüchen zu brechen, ihn zu spalten und zu schneiden von
ebendemselben, 63. q 1 fl 12 kr

Im dritten Bande:

Abhandlung von Eisenhämmern, dritter Abschnitt, siehe 2ter Band.
Abhandlung von Eisenhämmern und hohen Oefen in Deutschland von Reichsgraf zu Solms
Baruth, 64. m 54 kr
Die Kunst Karten zu machen von du Hamel,
63. m 54 kr

Die Kunst der Seidenfärberey von Macquer, 64.
Ad 2 fl 15 kr
- - - Pappen zu machen von la Lande, 63.
h 36 kr

Im vierten Bande:
- - - des Böttchers von Fougeroux von Bandaroi, 65.   q 1 fl 12 kr
- - - des Weisgerbers, welcher die Gemsen und andere Felle mit Oel bearbeitet, von la Lande, 65.   q 1 fl 12 kr
- - - Mauer- und Dachziegel zu streichen und zu brennen von Fougeroux, du Hamel und Gallon, 65.   A m 2 fl 45 kr
- - - des Zuckersiedens von du Hamel, 65.
Aq 3 fl
- - - das Silber zu affiniren, oder das mit andern Metallen vermischte Silber wieder fein zu machen von Justi, 65.   h 36 kr

Im fünften Bande:
- - - Meßing zu machen, es in Tafeln zu gießen, aufzuschmieden und zu Drath zu ziehen von Gallon, mit der Beschreibung der Kupferhammer zu Villeblen und zu Essone von du Hamel, 66.   A h 2 fl 24 kr
- - - des Tuchmachers vornemlich in seinen Tüchern von du Hamel, 66.   Aq 3 fl
- - - des Lohgerbers von la Lande, 66. A h 2 fl 24 kr

Im sechsten Bande:
- - - des Tuchfrisirers von du Hamel, 67. q 1 fl 12 kr

Die Kunst das Leder auf ungarische Art zu bereiten von la Lande, 67. m 54 kr
- - - des Weisgerbers, welcher die Felle ohne Oel zurichtet, von la Lande, 67. q 1 fl 12 kr
- - - des Hutmachers von Nollet, 67. A q 3 fl
- - - des Dachdeckers v. du Hamel, 67. q 1 fl 12 kr
- - - Saffianleder zu bereiten von la Lande, 67. m 54 kr

Im siebenten Bande:

- - - türkische Tapeten zu weben, von du Hamel, 68. q 1 fl 12 kr
- - - des Kalkbrenners von Fourcroy von Ramcourt, 68. A u 3 fl 20 kr
- - - wie in Holland Ziegel gestrichen und mit Torf gebrannt werden, von Jars, nebst Anweisung wie Zügelhütten einzurichten von Wynblad, 68. A 1 fl 48 kr
- - - des Ball- und Raquetenmachers und des Ballspiels von Garsault, 68. q 1 fl 12 kr

Im achten Bande:

- - - des Perückenmachers, des Haarverschneidens und Barbirens von Garsault, 68. u 1 fl 30 kr
- - - des Müllers, Nudelmachers und Beckers von Malouin, 68. C 5 fl 24 kr

Im neunten Bande:

- - - des Schumachers von Garsault, 69. A d 2 fl 15 kr
- - - des Schlossers von du Hamel, 69. C 5 fl 24 kr

Die

Schauplatz der Künste und Handwerke.
Im zehnten Bande:
Die Kunst auf Steinkohlen zu bauen von Morand   B d 4 fl
- - - des Indigobereiters von Beauvais von Raseau.   A u 3 fl 20 kr

Im eilften Bande:
Beschreibung der Eisenberg- u. Hüttenwerke zu Eisenärz in Steuermark v. Schreber 72. A 1 fl 48 kr
Die Kunst verschiedene Arten Leim zu machen von du Hamel, 72.   m 54 kr
Abhandlung von der Fischerey und Geschichte der Fische, 1ste Abtheilung von du Hamel und de la Marre, 72.

Im zwölften Bande:
Abhandlung von der Fischerey und Geschichte der Fische, zweyte Abtheilung von du Hamel und de la Marre.

Im dreyzehnten Bande.
Abhandlung von der Fischerey und Geschichte der Fische, dritte Abtheilung von du Hamel u. de la Marre. alle 3 Abtheil. H 14 fl 24 kr
Die Kunst das ächte Porzellän zu verfertigen von Milly.   A q 3 fl

Vierzehnter Band; bey Monath. E. 7 fl 30 kr.
le Vieil, Kunst auf Glas zu mahlen und Glasarbeiten zu verfertigen, 3 Bände mit Kupf. gr. 4. Nürnb. 79-80. Monath   E 7 fl 30 kr

Schauplatz der Künste und Handwerke.
Funfzehnter Band; bey Weigel u. Schneider.
C m 5 fl 15 kr.

Platiere, Kunst des Wollenfabrikanten, 2 Bände
mit Kupfer, gr. 4. Nürnb. 82 · 83. Weigel
C m 5fl 15 kr

Sechszehnter Band; bey Pauli; D. 7fl 12kr.
du Hamels Seifensiederkunst, gr. 4. Berlin 88.
Pauli   d 1 8 kr
Garsaults Leinewandshandel, mit Kupf. gr. 4.
ebendas. 88. ders.   q 1fl 12 kr
- - - Kunst des Schneiderhandwerks, enthaltend den Mannsschneider, Leder-Beinkleider, Schnürleibschneider für Frauen und Kinder, Schneiderin und Modehändlerin, mit Kupf. gr. 4. ebendas. 88. ders.   u 1fl 30 kr
Hallens Leinen-Manufactur, oder vollständige Oeconomie des Flachsbaues, mit Kupf. gr. 4. ebendas. 88. ders.   A q 3 fl
- - Tobacksmanufactur, oder vollständige Oeconomie des Tobacksbaues, mit Kupf. gr. 4. ebendas. 88. ders.   q 1fl 12 kr

Siebenzehnter Band; bey Pauli. D. 7fl 12kr.
Chaulnes Art mathemat. und astronomische Instrumente abzutheilen, mit Kupf. gr. 4. ebendas. 89. ders   u 1fl 30 kr
- - Kunst des Bleiarbeiters bey Gebäuden, Wasserleitungen und Brunnen, mit Kupf. gr. 4. ebendas. 89. ders.   B 3fl 36 kr

Schauplatz der Künste und Handwerke.
Platiere, Baumwollen-Sammetfabrik, oder die Verfertigung des Manchestersammets, mit Kupf. gr. 4. Berlin 89. Pauli. A d 2fl 15kr
Achtzehnter Band, bey Pauli. E. 9 fl.
Fougeroux d'Angerville, Siebmacherkunst oder Verfertigung der Pergamentsiebe, mit Kupf. gr. 4. Berlin 90. Pauli d 18kr
Garsaults Riemer- und Sattlerkunst, mit Kupf. gr. 4. ebendas. 90. ders. B d 4fl 2kr
du Hamel Kunst das Eisen zu Drath zu ziehen, mit Kupf. gr. 4. ebendas. 90. ders. m 54kr
- - Kunst des Stahlblattmachers zu den Blättern mit stählernen Zähnen für die Manufacturen der seidenen Zeuge, mit Kupf. ebendas 90. ders. A d 2fl 15kr
Saint Aubins Stickerkunst, mit Kupf. gr. 4. ebendas. 90. ders. A 1fl 48kr

*** *** ***

Schauplatz d. Natur, von Plüche, od. Unterredungen von der Beschaffenheit u. den Absichten der natürlichen Dinge, I. Theil von Thieren und Pflanzen u 1fl 15kr. II. Th. von Fruchtbarkeit der Erde u 1fl 15kr. III. Th. von innerlicher und äusserlicher Beschaffenheit der Erde u 1fl 15kr. IV. Theil vom Himmel, dem Weltgebäude und wichtigsten Erfahrungen der Natur y 1fl 24kr. V. Th. vom Menschen, dessen Beruf u. Geschicklichkeit, u 1fl 15kr VI. Th. vom gesellschaftlichen Leben des Menschen u 1fl 15kr. VII. Theil von Künsten, Handlung

lung, Reisen und Einrichtung eines Landes
u 1fl15kr. VIII. Th. vom Menschen in Gesellschaft mit Gott, m 45kr. mit Kupfern, 8.
Nürnberg 46-72. Monath, alle 8 Theile
          F k 9fl40kr

Schauplatz (neuer) der Natur, oder Auszug
aus vorhergehendem Werke, zur Ausbreitung
gemeinnütziger Kenntnisse mit neuen Erfahrungen, 2 Bände gr. 8. ebendas. 72. ders.
          B 3fl

- - - Ebendieses, neue vermehrte Auflage,
3 Bände, gr. 8. ebendas. 89-90. derselbe
I. A q II. und III. B h   D 6fl

- - der Natur und Künste in deutscher, latein.
franz. u. italienischer Sprache, mit Kupf. 10
Jahrgänge, gr. 4. Wien 74-84. Kurzbök
jeder Jahrgang á C 4fl30kr   ZG 45fl

- - (neuer) der Natur nach den wichtigsten
Beobachtungen und Versuchen in alphabeti-
scher Ordnung durch eine Gesellschaft von
Gelehrten, 10 Bände, gr. 8. Leipzig 75-82.
Weidemann   U h 40fl

- - oder Beschreibung aller Zeugmanufacturen,
s. Jacobson.

Schedels. J. C. Magazin für den Philosophen,
Naturforscher, Kaufmann und Oeconomen,
1r Heft, 8. Magdeburg 86. Creutz m 54kr

- - der Geist der Handlung, 8. Flensburg 89.
Korte   A 1fl30kr

         Schedel,

Schedel, J. C. Magazin für die Handlung, oder Nachrichten und Versuche den Handel betreffend, gr. 8. Leipzig 83 Crusius u 1fl30kr
- - Ephemeriden der Handlung, oder Beyträge und Versuche für Kaufleute, 1r bis 12r Heft, gr. 8. Lübeck 84. Donatius   C 4fl30kr
- - der Kaufmann auf Reisen, oder Briefe über den Handel, 2 Theile, 8. Leipzig 84. Weygand   A q 3fl15kr
- - über Gegenstände der Staatswirthschaft u. Handlung, 1tes Stück gr. 8. Hannover 87. Hellwing   m 54 kr
- - allgemeines Journal der Handlung, 3 Bände jeder in 4 Stücken, 8. Wismar 85-88. Bödner   C 4fl48kr
- - neues Journal oder Fortsetzung, 1 u. 2s Quart. 8. Frankfurt 88-89. Andreä   A h 2fl
- - neues und vollständiges Handbuch für Weinhändler und Weinliebhaber, 8. Leipzig 90. Böhme   s 1fl24kr
- - neues und vollständiges Waaren-Lexicon, 1r Theil gr. 8. Offenbach 90. Weis A q 2fl45kr

Scheffers, T. chemische Vorlesungen über Salze, Erdarten und das Färben; herausgegeben von T. Bergmann, a. d. Schwed. von Weigel, 8. Greifswalde 29. Röse   A m 2fl45kr

Schemerls, Jos. beste Art an Flüssen und Strömen zu bauen, gr. 8. Wien 82. Kraus   A 1fl30kr

Scherfs vollständiger Hausarzt nach dem Engl.
des Smytson, gr. 8. Leipzig 83. Gel. Handl.
              A 2fl

– – Archiv der medicinischen Policey, 5 Bände
 gr. 8. Lpz. 83 - 86. Weygand E 10fl

– – Beyträge hiezu, 1r und 2ter Band gr. 8.
 ebendaf. 88 - 89.   B 4fl

Schiffermüllers, J. Versuch eines Farbensystems,
 mit Kupf. gr. 4. Wien 72.   B 3fl

Schillingers, P. Zimmerbaukunst, mit 26 Kpf.
 gr. Fol. Nürnberg 60. Homanns Ch 5fl

Schimper, J. C. Anweisung zum Kleebau aller
 Art, 4. Zweybrücken, 780. Helwing b 8kr

Schirach, Ad. Gottl. natürliche Geschichte der
 Erd- Feld- oder Ackerschnecken, 1ste Samml.
 mit Kupf. gr. 8. Leipz. 72. Hilscher m 45kr

Schirmer und Schlichts Anleitung zur Feldmeßkunst, gr. 8. Berl. 88. A h 2fl24kr

Schletweins, J. A. Mittel, das allgemeine
 Elend aufzuhalten und die Schulden eines
 Staats zu tilgen, 8. Carlsruh 73. Macklot
               b 8kr

– – wichtigste Angelegenheiten für das Publicum,
 oder die natürliche Ordnung in der Politik,
 2 Theile 8. ebendaf. 72. derf. A h 2fl

– – Ebendasselbe, vermehrte Ausgabe, 1r Th.
 gr. 8. ebendaf.   u 1fl15kr

– – Erläuterung und Vertheidigung seiner Politik, 8. Carlsruh 73. Maklott h 30kr

– – Grundveste der Staaten, ob. die politische Oeconomie, 8. Giessen 79. Krieger sen. A d 1fl45kr

              Schlett-

Schlettweins Abbildung von dem Flor der Staa‑
ten, 4. Carlsr. 63. Maklott   a 4kr
- - Schriften für alle Staaten zur Aufklärung
der Ordnung der Natur im Staats‑ Regie‑
rungs‑ und Finanzwesen, gr. 8. ebendas. 75.
derselbe   A 1fl30kr

- - Schriften zum Vortheil nützlicher Wissen‑
schaften und des gesellschaftlichen Lebens, gr. 8.
Jena 59. Cuno   h 36kr

- - Archiv für den Menschen und Bürger in al‑
len Verhältnissen, oder Sammlung von Ab‑
handlungen, Vorschlägen, Planen, Versuchen,
Rechnungen, Begebenheiten, Anstalten, Ver‑
fassungen, Gesetzen, Verordnungen, Länder‑
Aemter‑ und Ortsbeschreibungen 2c. 1 - 8ter
Band gr. 8. Leipzig 30 - 83. Weygand M 24fl

- - neues Archiv, oder Fortsetzung, 1 - 5r Band
gr. 8. ebendas. 85 - 88.   Gm 15fl

- - Staatskabinet oder Sammlung von Refle‑
xion, Rathschlägen, Bedenken und Ausfüh‑
rungen über Staatsangelegenheiten Europens,
gr. 8. ebendas. 86. derf.   A 2fl

- - Glück des deutschen Reichs durch den von Oe‑
sterreich errichteten Conventions‑Münzfuß u.
Thalerhandels nach der Levante, 8. Wien 73.
                             e 20kr

- - die Freyheit der Rheinschiffarth vertheidigt,
8. Mannheim 75. Schwan   d 15kr

Schlettweins, J. A. Grundverfassung der neu errichteten öconomischen Facultät zu Gießen, 8. Gießen 78. Krieger d 15kr
- - Rechte der Menschheit, oder der einzige wahre Grund aller Gesetze, Ordnungen und Verfassungen, 8. ebendas. 84. derf. A 1fl 30kr
- - die Universität in ihrem wahren Flor abgebildet, 4. Jena 63. Melchior c 15kr
- - Methaphysik, 8. Jena 59 Cuno u 1fl 30kr
- - und Wagners Mittel den Werth der Grundstücke steigend zu machen, 8. Cassel 77. Cramer f 24kr
- - Beyträge zu der Gerechtigkeit in Absicht der Klöster, gr. 8. Gießen 85. Krieger jun. k 40kr
- - die Gerechtigkeit und das allgemeine Staatsinteresse bey dem Streit über die Oefnung der Schelde und des Ostindischen Handels für die österreichischen Niederlande, gr. 8. ebendas. 85. derf. f 24kr
- - Ungerechtigkeit der Trennung der Niederlande vom Hauß Oesterreich, gr. 8. Berlin, 90. Lange b 9kr
Schlüters, C. A. Unterricht von Hüttenwerken, nebst einem vollständigen Probierbuche, m. K. Fol. Braunsch. 38. Schulbuchh. K 18fl
Schmalings Nachrichte a. d. Blumenreiche, 6 Stücke, gr. 8. Dessau 84-89. Crusius A m 2fl 45kr
- - Aesthetik d Blumen, 8. Basel 86 Haller s 1fl 12kr
Schmelzkunst, neu entdeckte, wie beym Schmelzen der Metalle alle Theile könen erhalten u. benutzet werden, 4. Dresden 66. Gerlach c 12kr
v. Schmet-

v. Schmettow Preißschrift die Heerstraßen wider
Räubereyen ꝛc. zu sichern, gr. 4. Hannover 89.
Hellwing f 30kr

Schmidt, Frid. Ab. Aug. Jof. Unterredung über
Forsthaushaltungs-Wissenschaft für angehende
Forstbediente, 8. Lemgo 76. Meyers q 1fl 12kr

– – N. L. M. Zusammenhang der Land- und
Stadtwirthschaft, der Policey, des Finanzwesens und der Staatswirthschaft, gr. 4. Lautern 76. Akad. Buchhandl. f 24kr

– – L. B. M. ausführliche Tabellen über die
Policey- Handlungs- und Finanzwissenschaft,
8. Mannheim 85. Schwan s 1fl 12kr

– – Betrachtung über die Staatswissenschaft, a.
d. Ital. 8. ebendas. 85. u 15kr

– – Gottfr. Verbesserung des Ackerbaues, auch
Vermehrung aller jährl. Früchte, 8. Frankenh.
64. Hilscher d 15kr

– – von der Staatswirthschaft, 8. Mannh. 80.
Am 2fl 15kr

– – J. C. E. vom Beschneiden der Zwergbäume,
8. Lautern 78. Akad. Buchh b 8kr

– – histor. mineralogische Beschreibung der Gegend um Jena, mit Kupf. 8. Gotha 79.
Ettinger h 36kr

– – vollkommener Pferdearzt, 8. Altona 90. Kave
u 1fl 15kr

– – bürgerlicher Baumeister od. Versuch eines Unterrichts für Baulustige durch Plane, ihre Wohngebäude selbst zu entwerfen ꝛc. mit Kupf. Fol.
Gotha 90. Verfasser Nm 22fl

Schmidt,

Schmidt, G. Chr. Beschreibung gemeinnütziger Maschinen, gr. 4. Jena 84. Cröker   o 1fl 12kr

– – J. E. practischer Landwirth in Beyspielen und Berechnungen, gr. 8. Prag 87. Schönfeld   q 1fl

Schmiebers G. Policeyverfassung in Dresden, 2 Thle gr. 8. Dresd. 74 - 83 Walther C 5fl 24kr

Schmölbers Erörterung von Manufacturen und Fabriken 4. Marburg 53. Keßler   h 30kr

Schmohl J. E. Aufsätze für Freunde der Cameralwissenschaften und Staatswirthschaft, 8. Leipzig 81. Schwickert   u 1fl 36kr

Schmundts, E. G. über die Fütterung und Pflege der Kühe, 8. 87. Himburg   f 30kr

Schneider, L. über die Mittel zu Einführung der Stallfütterung und über den Kartoffelbau, 8. Leipzig 786. Schneider   d 15kr

– – J. G. Sammlung vermischter Abhandlungen zur Aufklärung der Zoologie und der Handlungsgeschichte, mit Kupf. gr. 8. Berl. 84. Unger   A h 2fl 24kr

Schneidt, thesaurus iuris francon. oder Samml. von Abhandlungen, Dissertationen, Programmen &c. über geistl. weltl. bürgerl. peinl. Lehen-Policey- und Cameralrecht, 1r Theil in 21 Heften und 2r Th. in 12 Heften, gr. 8. Wirzburg 87 - 89. Rienner   O q 22fl

Schnieber, E. von den Vortheilen des Anbaues der syrischen Seidenpflanze, 8. Liegniz 89. Siegert   d 15kr

Schoaps,

Schoaps kaufmännischer Buchhalter oder Buch-
halterische Belustigungen, 3 Theile Fol. Nürnb.
           E 7fl 30kr

Schocherts Gärtner aus Erfahrung, 8. Leipzig
 89. Rabe   k 40kr

Schönbauers, erste ökonom. Vorlesung, 8.
 Prag, 89. Schönfeld   c 12kr

Schönfeld, Joh. Gottl. von, Landwirthschaft und
 deren Verbesserung, gr. 8. Leipzig 73. Breitkopf   A q 3fl

– – Lehrbuch der ganzen Landwirthschaft, 8. Lpz.
 778. Jacobäer   A d 2fl 15kr

Schoening de habitu Norwegiae ad agricultu-
 ram, 8. Hafniae 54. Proft   c 12kr

Schönholzens Vorschlag zur Verpflegung der
 Armen, 8. Berlin 26.   c 15kr

Schöpfer vom Bierbraurechte, 4. Nürnberg 33.
 Felsecker   k 40kr

Schotts Sammlungen zu den Stadt- und Land-
 rechten, 3 Bände, 4. Leipzig 72-73. Heinsius   B h 3fl 30kr

Schrank Abhandlung von dem Nutzen der Theorie in der Landwirthschaft, 4. München 81.
 Strobl   d 15kr

Schrebers, J. C. D. Abhandlung vom Grasbau, mit Kupf. 8. Leipzig 63. Fritsch f 30kr

– – botanisch ökonomische Beschreibung der Gräser, deren Abbildung nach dem Leben, mit
 illum. Kupfern, 1r Theil in 5 Abtheilungen,
 und 2ten Theils 1-3te Abtheilung, gr. Fol.
 ebendas. 69-79. Crusius   L h 22fl

             Schrebers,

Schrebers, J. C. D. botanisch öconomische Beschreibung der Gräser, mit schwarzen Kupfern, 1r Thl. in 5 Abtheil. u. 2ten Theils 1 - 3te Abth. gr. Fol. Leipzig 69 - 79. Crusius G b 12fl 45kr

- - Beschreibung der Queke nebst Abbildung, gr. 4. ebendas. 72. ders. f 30kr

- - neues Schwedisches Magazin kleiner Abhandlungen aus der Natur und Haushaltungskunde, gr. 8. Nürnberg 63. Felsecker u 1fl 15kr

- - D. G. Sammlung verschiedener Schriften welche in die Oeconomie- Policey- und Cameralwissenschaft einschlagen, 16 Theile mit Kupf. gr. 8. Halle, 55 - 65. Curts H 15fl

- - neue Sammlung, in die Cameral-Wissenschaft einschlagender Abhandlungen, mit Kupf. gr. 8. Bützow, 62. 65. Bödner D 6fl

- - neue Cameralschriften, 1 - 6 Theil mit Kupf. gr. 8. Halle 65 - 69. Curt C m 6fl 36kr

- - derselben 7 - 12r Theil gr. 8. Leipzig 67 u. 68. Crusius C q 6fl 36kr

- - histor. physikal. u. ökonomische Beschreibung des Waids, dessen Baues, Bereitung und Gebrauchs beym Färben, mit Kupf. gr. 4. Halle 52. A b 2fl 24kr

- - vom perennirenden Sibirischen Leine und dessen Nutzen, gr. 4. Leipzig 54. Junius b 10kr

- - neue Entdeckungen an Pferden, zum Behuf der Armeen und Wirthe, mit Kupf. gr. 8. Halle 59. Curts i 40kr

Schrebers, D. G. Sammlungen der in den Preuß. Landen ergangenen neuesten Verordnungen und medicinischen Gutachten, die Rindvieh-seuche betreffend, 8. Halle 54. Gebauer b 10 kr

- - Nachricht von Churfürstl. Sächsischen Land- und Ausschuß-Tagen von 1185 - 1728. auch wie die Steuern und Anlagen nach einander eingeführt und erhöhet worden, 8. ebend. 69. Curts   i 40 kr

- - zwo Schriften von der Geschichte u. Nothwendigkeit der Cameralwissenschaften, gr. 8. Leipz. 64. Dyk   g 36 kr

- - Anweisung wie der Flugsand stehend, und dürres Sand-Feld zu Wiesen zu machen, 8. ebendas. 64. ders.   b 10 kr

- - Beschreibung der Eisen-Berg- und Hüttenwerke zu Eisenärz in Steyermark, mit Kupf. gr. 4. s. Schauplatz.

- - Vorschlag zu Anlegung eines öffentlichen Getraide-Magazins, 8. ebendas. 72. Breitkopf   f 30 kr

- - Policey des Ackerbaues, 8. ebendas. 70. Crusius   h 36 kr

- - Abhandlung von Cammer-Güthern u. Einkünften, deren Verpachtung und Administration, 4. Leipzig 54. Breitkopf   i 40 kr

- - Beyträge zur Beförderung der Haushaltungskunst, mit Kupf. gr. 8. Münster 76. Perrenon   A d 1 fl 45 kr

Schreber,

Schrebers, D. G. Nachrichten von Raupen, 4. Halle 52. Frank b 10kr
Schreiben an die Preuß. Handlungs-Compagnie in Emden, 4. London 50. Strauß b 10kr
- - über die Frage: Gereichet es zum Aufnehmen des Bauernstandes, wenn einer zehntpflichtigen Dorfschaft der Zehnte aus ihrer Feldflur zu Gelde gesetzt, oder in Pacht überlassen wird, 8. Frankfurt 67. b 8kr
- - eines Landwirths an die Bauern, wegen Aufhebung der Gemeinheiten, 8. Stendal 80. Franzen b 10kr
- - eines Gutsherrn, darinn die Abschaffung der Hofdienste und die Folgen dieser Veränderung auf seinem Guthe beschrieben werden, 8. Hamburg, 75. Bohn b 10kr
- - an Hrn. Prof. Jung in Lautern, zur Berichtigung seiner Geschichte des Nassau-Siegenschen Stahl- und Eisengewerbes, 8. Giessen, Krieger 80. b 8kr
- - eines Baiern über die Möglichkeit der Abstellung des Bettelns und der Versorgung der Armen, 8. Nürnberg 74. Stein c 12kr
- - den chinesisch-engl. Garten zu Marienwerder bey Hannover betreff. 8. 77. Schmidt, c 15kr
Schreyer Komerz, Fabriken u. Manufacturen des Königr. Böhmen, 2 Thle 8. Prag 90. Schönfeld B m 3fl 45kr
Schriften, vier, für den Landwirth, die Viehseuche und eine Assekuranzsocietät betreffend, 8. Leipzig 65. Fritsch d 18kr

Schrif-

Schriften, der brontheimischen Gesellschaft, 4 Theile mit Kupf. gr. 8. Copenhagen 65-70. Pelt   E h 8fl

- - der Leipziger öconomischen Societät, 8. Bände gr. 8. Leipzig 71-87. Walther in Dresden   I. d 16fl30fr

- - kleinere, derselben Gesellschaft, gr. 8. Friedrichsstadt 78. Gerlach   f 24fr

- - die Ausrottung der Krähen und Sperlinge betreffend, 4. Lübeck 58. Donatius   e 20fr

- - ökonomische von der K. K. Gesellschaft zu Steyermark, gr. 4. Salzburg 88: Meyers   u 1fl15fr

- - zur Aufklärung der Natur im Staats-Regierungs- und Finanzwesen, 1ster Theil, gr. 8. Carlsruh, 73. Matlott   A 1fl30fr

- - von der Freiheit des Handels, herausgegeben von Faumont, 8. Wien 82. Schönfeld,   f 24fr

Schröcks, S. J. Einleitung zur Kenntniß aller Handlungswissenschaften, 3 Theile 8. Frankfurt 69. Keßler   B 3fl

- - kaufmännischer Briefwechsel, 8. ebendas. 78. derselbe   m 45fr

- - Beschreibung einer Harlemmer Hyacintenflor vom J. 1789. 8. Erfurkt 89. Keyser b 8fr

Schroka, D. G. an den Verf. der Beantwortung der Fragen die Verbesserung der Landwirthschaft betreffend, 8. Breslau 89.   f 24fr

Schubarts von Kleefeld, J. C. v. öconomisch-cameralistische Schriften, 6 Theile, gr. 8. Lpz. 86. Müller   C h 6fl

- - öconomischer Briefwechsel, 4 Hefte, gr. 8. ebendas. 86 - 87. ders.   A m 2fl 45kr
- - Auszug dieser Schriften, s. Kern.
- - Hutung, Trift und Brache, 8. Leipzig 83. Müller   b 10kr
- - praktischer Beweis, daß alle Schäfereien ohne die äußerst nachtheilige Trift und Hutung nicht bestehen können, 8. ebendas. 83. Müller   b 10kr
- - Zuruf an Bauern die Futtermangel leiden, 8. ebendas. 86. ders.   b 10kr

Schüblers, J. J. nützliche Anweisung zur unentbehrlichen Zimmermannskunst, 2 Abtheil. mit Kupf. Fol. Nürnberg 81 - 82. Weigel F h 10fl

- - Schnitzwerk und Wagenverzierungen in Kupf. vorgestellt, Fol. ebendas. ders.   m 45kr
- - Proben von den nöthigsten Begriffen der Civilbaukunst in Karten perspectivisch vorgestellt, ebendas.   u 1fl 15kr
- - architectonische Werke von der Säulenordnung, nebst den Verzierungen, für Künstler und Werkleute, mit 52 Kupf. Fol. Ebendas. 82.   B h 3fl 30kr
- - Anhang zur Säulenordnung oder Risse zu Gärten-Portalen, mit 6 Kupf. Fol. ebendas. 86. ders.   h 30kr

Schüblers acht Tabellen von der alten Baukunst welche das Verhältnis eines Gebäudes in Alsen enthält, nebst einem Gesimse von der griech. Bauart, Fol. ebendas. 83. derf.
  h 30kr
- - Vorstellung von zierlichen und Holzersparenden Stubenöfen, Fol. ebendas. A 1fl 30kr
- - Vorstellung wie man bequeme Repositorien, Comtoirs u. neu facionirte Medaillen-Schränke anordnen kann. Fol. Ebendas. A 1fl 30kr
- - perspectivische Gartenbelustigungen u. Versuche von kleinen Landhäusern, künstlichen Vogelbauern, Aufsätzen und Gartenwerken, mit 18 Kupfern, Fol. ebendas. A 1fl 30kr
- - neufacionirte Orgelverkleidungen und Wandkanzeln mit moderner Bildhauerarbeit geziert, mit 6 Kupf. Fol. ebendas. d 15kr
- - Grabsteine, neu inventirt und gezeichnet, m. 6 Kupf. Fol. d 15kr
- - neu facionirte Fensterverkleidung in Kirchen, Orangerien und Gebäuden, mit 6 Kupfern, ebendas. d 15kr
- - Unterricht von holzersparenden Stubenöfen, nebst einem Anhang von Feld- und Reiseöfen, mit 30 Kupf. Fol. ebendas. A h 2fl
- - architekton. Werke, worinnen Abrisse eines viereckigen und adelichen Wohnhauses enthalt., mit Kupf. gr. Fol. ebendas. 85. B 3fl

Schütz und Jäger, der vorsichtige und erfahrne, auf die Scheiben, Lauf und Flug, 8. Frft. 52. Cotta d 15kr

T Schützens

Schützens Abhandlung vom Nutzen und Scha-
ben der Salate überhaupt und der gewöhn-
lichsten Salatpflanzen insonderheit, 4. Leipz.
58. Gollner g 36 kr
Schütz J. E. ökonomisches Bedenken über allerhand in d. Hauswirthschaft einschlagende
Sachen, 8. Chemnitz 62. Stößel q 1 fl
Schulzens, C. F. Gedanken über den Nutzen
der Steinkohlen und des Torfs auf wirthschaftl. Brennstädten, 4. Friedrichstadt, 64.
e 24 kr
- - Nachricht von der neuen Einrichtung bey
Verpflegung der Waisen in Weimar, gr. 8.
Hofmann 85. e 24 kr
Schumachers C. W. S. Verhältnisse der Vieh-
zucht zum Ackerbau, 8. Berlin 74. Horwath
u 1 fl 15 kr
- - Abhandlung vom Haaken, anstatt des Pflü-
gens, mit Kupf. 8. ebendas. 74. dersf. m 45 kr
Schwabens Anleitung zum kaufmännischen Brief-
wechsel, 8. Breßlau 67. Korn jun. h 30 kr
Schwabe, J. St. Vorschläge zur Holzvermehrung
u. Anweisung zum Holzbau, gr. 8. Schwerin 69
Herold A 1 fl 48 kr
Schwachheims, J. M. L. Abhandlung von der
Baumzucht, 8. Göttingen 72. Boßigel b 10 kr
Schwarzens Verwahrungsmittel gegen die Pest,
nebst einer Abhandlung vom concentrirten
Essiggeist, 8. Danzig 71. b 8 kr
Schwarz, Chr. Ernst, über die Lehre von Lo-
sungen nach Würtemb. Gesetzen, 8. Tübingen
86. Heerbrandt f 24 kr

Schwarz, J. L. der Buchdrucker, 2 Thle 8. Hamb.
75. Sommer Aq 3fl
Schwarzers kaufmännisches Rechenbuch, gr. 8.
Wien 71. Jahn B 3fl
Schweders, E. H. von, gründliche Nachricht
von Anschlagung der Güter nach dem jähr-
lichen Abnutz, 4. Berlin 75. Horwath Ah 2fl
Schwediaur Anfangsgründe des Ackerbaues u.
Wachsthums der Pflanzen, nach Fordyce, s.
Fordyce.
Schweighofer Versuch über den gegenwärtigen
Zustand der österreichischen Seehandlung, 8.
Presburg 84. Löwe h 30kr

Schweinehirt, der vollkommene, oder die Art
Schweine zu erziehen und zu mästen, von
Stielberg, 8. Halle 90. Dreysig b 10kr

Schwesers kluger Beamter, 4 Bände 4. Nürnb.
69. Raspe M 18fl
- - Formularbuch, 4. ebend. 72. derf. Aq 2fl 30kr
- - Zehndbeamter, 4. ebend. 69. derf. Aq 2fl 30kr
- - Rechnungs-Beamter, 4. ebendas. 69. derf.
Ah 2fl
- - theatrum servitutum, oder Schauplatz der
Dienstbarkeit, 4. ebendas. 69. derf. B 3fl
- - Criminalproceß, 4. ebendas. 68. derf. Ah 2fl
- - Wirthschaftsbeamter, nebst einem Garten-
buche, 4. ebendas. 69. derf. Bm 3fl 45kr
- - Jagd- u. Forstbeamter, m. Kupf. 4. ebendas.
74. derf. B 3fl

Schwieteljky von Czernczig, Jgn. Versuch über
die Absichten der Landesregierung bey Leitung
der Landwirthschaft, nebst angehängten Lehrsätzen aus der Polizei- und Finanzwissenschaft,
4. Prag 68.

Schwitzers S. Methode die italienische Brocoli, spanische Cardoni, Celerias und andere
fremde Küchenkräuter zu bauen, m. K. 8.
Leipzig 55. Hilscher   f 24 kr

Scopoli, J. A. Abhandlung vom Kohlenbrennen, mit Kupf. gr. 8. Bern 81. Serini d 15 kr

- - Preisschrift über die Frage: von den Ursachen des Mangels an Dünger, 8. Wien 71.
Kraus   c 12 kr

Scopps Einleitung zur Amtsverwaltung und
Rechnungen eines Dorf- und Landbeamtens,
4. Nürnberg 56. Grattenauer   u 1 fl 15 kr

- - Schauplatz des mechanischen Mühlenbau-
es, 5 Theile mit Kupf. 4. Frft. 67 Andreä
       C s 6 fl

Segondat, Holztabellen oder Reductionstabellen
des viereckigten Holzes nach Cubikfuß, des
runden Holzes nach Cubikfuß und des gesäg-
ten Holzes nach Quadratfuß ꝛc. gr. 8. Hamburg 85. Virhaux   A m 2 fl 15 kr

Seidel, C. F. kurze Anweisung den Spargel mit
wenigen Kosten zu bauen, 8. Erlangen 86.
Palm   d 15 kr

Sei-

Seifensieder, der wohlerfahrne, und Kerzen - oder Lichterzieher, 8. Leipzig 83. Schneider f 24 kr

Seiferth, J. G. von Erbauung und Zurichtung des feinen Flachses, zum Batist, Brabanter Spitzen ꝛc. gr. 8. Dresden 80. Walther m 54 kr

Seithers, J. gründlicher Unterricht zur fruchtbaren Gärtnerey, 8. Augsburg 79. Riegers f 24 kr

Selecta physico oeconomica, oder nützliche Sammlungen zur Naturforschung und Haushaltungskunst gehörigen Versuchen, 17 Stücke, 8. Stuttgard 49 - 56. Erhard A k 2 fl 15 kr

Semlers, D. J. S. Sammlung zur Geschichte der Formschneidekunst in Teutschland, 1stes St. gr. 8. Leipz. 82. Schwickert m 54 kr

Sendschreiben an den Verf. der gemeinnützigen Anmerkungen über Aufhebung der Gemeinheiten, 8. Berlin, 67. Realschule b 10 kr

- - eines Landwirths, an die Bauern, wegen Aufhebung der Gemeinheiten (auch vom Kleebau und der Stallfütterung) 8. Berlin 70.

Seplers, Joh. Chr. Parellelismus deren ältesten und berühmtesten Baumeister, Fol. Leipzig 34. B 3 fl 36 kr

Sieffers, Mich. Versuch mit einheimischen Farben-Materien, 1 u. 2tes Stück, gr. 8. Altenburg 75. 77. Richter A d 2 fl 15 kr

Siegels Corpus iur. cambialis oder Sammlung aller Wechselrechte, 2 Thle nebst 3 Fortsetzungen von Uhl, Fol. Leipzig 41 - 71. E y 10 fl

Siegels Einleitung zum Wechselrecht, vermehrt von Schott, gr. 8. Leipzig, 74. derſ. m 45kr

- - fürſichtiger Wechſelgläubiger, oder Unterricht für diejenigen ſo ihr Geld auf Wechsel ſicher verleihen wollen, und was bey Schlieſſung des Wechſels zu beobachten, 3te mit Anmerkungen vermehrte Auflage von Schott, gr. 8. ebendaſ. 76. Schwickert m 54kr

Sierstorpfs einige Bemerkungen über die im Winter 88 u. 89. verfrornen Bäume, gr. 8. Braunſchweig 90. Schulbuchhandl. c 15kr

Silbermann, M. J. A. v. praktische Verfaſſung einiger Forſttabellen, 8. Regensburg 785. Montag k 40kr

- - öconomische Haustabellen, 8. ebendaſ. 88. derſ. m 45kr

Silberſchlag, J. E. Nachricht von Verſuchen die Stuben der Kiehnbäume durch Maſchinen auszurotten, gr. 4. Berlin 73. Realſch. d 18kr

- - ausführliche Abhandlung der Hydrotechnik, oder des Waſſerbaues, 2 Theile mit Kupf. gr. 8. Leipzig, 72 u. 73. Fritſch Bq 5fl

Simmon, S. F. Beschreibung der bey den Kaufleuten gebräuchlichen Handlungsbücher und Hauptbuchsconto, 8. Leipzig 80. Haug e 20kr

Simons, J. C. öconomiſcher Unterricht vom Brandtweinbrennen, Abziehung der Aquavite, Eſſigbrauen und Holzerſparenden Einrichtung der Brennereyen, mit Kupf. 8. Dresden 66. Walther m 54kr

Simons,

Simons, J. C. Kunst des Bierbrauens, mit Kupf. 8. Dresden 71. Walther k 45 kr
- - Kunst Salpeter zu machen und Scheidewasser zu brennen, mit Kupf. 8. Dresden 71. derſ. m 54 kr
- - deſſen 2ter Theil, oder Sammlung von Bemerkungen über die Erzeugung und Verfertigung des Salpeters, 8. ebendaſ. 79. derſ. A 1 fl 48 kr
- - deſſen 3ter Band oder Franz. Instruction zu beſſern Betrieb des Salpeterweſens, nebſt Abhandlung über das Salpetererzeugen von Cornette, 8. ebendaſ. 81. derſ. m 54 kr
- - J. D. Abhandlung über die Haus- und Landwirthſchaft, mit ſchwarz. Kupf. 1r Theil von Kartoffeln, 8. Frft. 82. Fleiſcher h 30 kr
- - daſſelbe mit illum. Kupf. m 45 kr
Sinapius Zucker und Caffe, 8. Hamburg 81. Matthieſſen. b 8 kr
- - Briefe für Kaufleute, 8. ebendaſ. 82. derſ. q 1 fl
- - J. C. die Hauptzweige des Weinhandels, 8. ebendaſ. 81. derſ. f 24 kr
- - kaufmänniſche Hefte, 12 Stücke, 8. ebendaſ. 81. Hellmann C 4 fl 30 kr
- - Journal für Kaufleute, 2 Bände 8. ebend. 80 u. 81. Herolds A h 2 fl 24 kr
- - Leſebuch für Kaufleute, 8. ebendaſ. 83. Matthieſen A 1 fl 30 kr

T 4

Sinapius,

Sinapius, J. C. Fragmente aus dem Gebiete
des Handlungswesens, 4 Bände oder 12 Hefte
8. Altona 80. Matthiesen. C 4fl 30kr
- - Comtoirblatt, oder kaufmännische Zeitung
4 Quartale Fortsetz. der Fragmente, 8. Hamb.
81. Matthiesen A h 2fl
- - Muster nebst einer Anleitung zur Schön-
schreibekunst für Kaufleute 4. ebendas. 81.
Matthiesen h 30 kr
- - Abhandlung über Wechselbriefe nach ihrer
Verschiedenheit, 8. ebendas. f 24kr
Sinceri, A. -Projekt der Oeconomie in Form
einer Wissenschaft, 4. Halle 17. h 36kr
- - wohlerfahrner Salpetersieder und Feuerwerker, 8. Frst. 55. Hauffe in Nürnb. d 15kr
Sinds, J. B. von, der im Felde und auf der
Reise geschwind heilende Pferde-Arzt, 8. Frst.
81. Brönner k 40kr
- - Kunst Pferde zu zäumen und gut zu beschlagen, 2 Theile, mit Kupf. 8. ebendas. 771.
 ders. i 36kr
- neue und sichere Lehrart, die Pferde in
kurzer Zeit fein und schulmäßig zu dreßiren,
8. ebendas, 71. Brönner e 20kr
- - Abhandlung von der Reh-Krankheit der
Pferde, mit Kupf. 8. ebendas. 70. ders. h 30kr
- - Unterricht von der Pferdezucht und Anlegung
der Gestütte, mit Kupf. 8. ebendas. 77. ders.
m 45kr

Sinds,

Sinds, J. B. v. vollständiger Unterricht, in den Wissenschaften eines Stallmeisters, mit Kpf. gr. Fol. Göttingen 70. Dieterich   F 11 fl

- - ebendasselbe, neue durchaus und auch mit einem Lehrbegrif der Pferdearzneykunst vermehrte Auflage, mit Kupf. gr. 8. ebendas. 75. ders.   D 7 fl 12 kr

Smiths A. Untersuchung der Natur und Ursachen von Nationalreichthümern, a. d. Engl. gr. 8. Leipz. 76-78. Weidemanns C d 6 fl 20

Sneedorf, J. S. über die bürgerliche Regierung gr. 8. Wien 80. van Ghelen   u 1 fl 15 kr

Snell von den Handlungsvortheilen welche aus der Unabhängigkeit der vereinigten Staaten in Nord-Amerika für das Ruß. Reich entspringen, 8. Riga 83. Hartknoch   b 8 kr

Sommers, J. M. Anleitung ausländische Weinstöcke anzupflanzen, 8. Stuttgardt, 86. Löfler   e 30 kr

Sonnenfels, J. v. Abhandlung von der Theurung in den Hauptstädten und dem Mittel, derselben abzuhelfen, 8. Leipzig 69. Hilscher   e 20 kr

- - Grundsätze der Policey- Handlungs- und Finanzwissenschaft, 3 Theile gr. 8. Wien 87. Kurzbeck   C 4 fl 30 kr

- - dasselbe abgekürzt und in Tabellen gebracht von Moshammer, 8. München 87. Strobel   u 1 fl 15 kr

Sonnenfels, J. v. politische Abhandlungen, 8. München 77. Strobel   q 1fl

- - Leitfaden in die Handlungswissenschaft, 8. ebendas. 78. ders.   h 30kr

- - über Wucher und Wuchergesetze und die Mittel dem Wucher Einhalt zu thun, 2 Stücke gr. 8. ebendas. 89. ders.   q 1fl

- - Leitfaden in die Policeywissenschaft, 8. ebendas. 76. ders.   c 12kr

Soriot, neue Art von Mörtel, gr. 8. Bern, 75. Pfähler   d 15kr

Sosanders Wagenanker, oder leichte Anstalt beym Fuhrwerk gegen Unglücksfälle von flüchtigen Pferden, mit Kupf. 4. Lemgo 749. Meyer   d 18kr

Späths Geodäsie oder Anweisung zum Feldmessen, mit Kupf. 8. Nürnberg 90. Weigel   m 45kr

- - über den Bau einer Walzmaschine, 4. Erfurt, 88. Keyser   h 30kr

Spans Wechselrecht der Stadt Frankfurt am Main, 4. Frft. 52. Eßlinger   e 20kr

Spenglers, L. Anzeige von Einrichtung der eisernen Stuben-Oefen zum nützlichen Gebrauch, 8. Copenhagen 59. Rothe   b 8kr

Speranders Betrachtung über die graffirende Viehseuche, von den Ursachen und Hülfsmitteln, 4. Hamburg 46.   a 4kr

v.

v. Spergers J. Tyrolische Bergwerksgeschichten,
8. Wien 65. Trattner q 1 fl
Sperl de sacris fabricis metallicis speciatim fer-
rereis, vulgo Eisenhämmern, 4. Ulm 43.
Stettin e 20 fr
Spitzner, s. Bienenbücher.
Sponsels J. U. Orgelhistorie, 8. Nürnberg 71.
Monath d 15 fr
Sprengels, P. N. Handwerke und Künste in
Tabellen, 15 Theile mit Kupf. 8. Berlin
67 - 77. Realschule I. q. II. A d. III. k. IV. m.
V. m. VI. m. VII. q. VIII. q. IX. m. X. m.
XI. m. XII. A. XIII. A. XIV. A. XV. A.
compl. K o 19 fl 12 fr
- - Beschreibung der Harzischen Bergwerke, 8.
ebendas. ders. d 18 fr
- - J. C. S. Hauptstücke der Landwirthschafts-
Kunst, 8. Breslau 53. Korn jun. d 15 fr
Sprengers, Balth. Anfangsgründe des Feldbaues,
2 Thle, 8. Stuttg. 72. Mezler A m 2 fl 15 fr
- - Praxis des Weinbaues, 8. ebendas. 78. ders.
A 1 fl 30 fr
- - Bienenzucht, s. Bienenbücher.
- - ökonomische Bemerk. und Beyträge zur Land-
wirthschaft, oder die 21 Jahrgänge des Land-
wirthschaftlichen Calenders von 770-90. 4.
Stuttgardt, Mezler à d. C m 4 fl 12 fr
- - Begriff des sämmtlichen Feldbaues, 8. ebend.
64. ders. A 1 fl 30 fr

Spern-

Sprenger, Balth. vollständige Abhandlung des gesammten Weinbaues, 3 Theile 8. Stuttg. 76-78. Mezler C 4fl 30kr

- - Anleitung zur Verbesserung der Weine, s. Anleitung.

Springers, J. C. E. Abhandlung vom teutschen Getraydebau, 8. Gött. 67. Dieterich k 45kr

- - Gränzen der Cameral- Oeconomie- Finanz- und Policey-Wissenschaften, in ihrer Verbindung, gr. 8. Halle 67. Curts c 15kr

- - Betrachtung der Frage: ob das flache Pflügen in allen Provinzen einzuführen? 8. Lemgo 68. Meyer a 6kr

- - Abhandlung vom Weinbau, 8. ebendas. 69. ders. f 30kr

- - öconomische und cameralische Tabellen, gr. 8. Frft. 72. Nicolai e 24kr

- - Versuch eines Handbuchs der Kammeralwissenschaft, 8. ebendas. Varrentrapp o 54kr

- - an einen Hofmarschall, 8. Riga 74. Hartknoch q 1fl

- - an einen teutschen Kammerpräsidenten, 5 Thle 8. ebendas. 75-77. ders. Ck 5fl 15kr

- - über die Staatswirthschaft und Rechnungswissenschaft, 8. Rinteln 90. Perrenon e 20kr

Stahls, J. F. allgemeines öconomisches Forstmagazin, 12 Bände gr. 8. Stuttg. 63-69. Mezler I m 14fl 15kr

- - Abhandl. v. d. Hornviehseuche u. derselb. Heilungsart, 8. Frft. 77. Andreä c 12kr

Stahls

Stahls Beweiß von den Salzen, 8. Halle 65.
  Waysenhaus , k 48kr
- - von der Natur und Erzeugung des Salpeters, 8. Berlin 64. Pauli f 30kr
Stallmeister, der Englische, und bewährte Roßarzt, 8. Leipz. 65. Crusius f 30kr
- - der holländische, siehe Oebschelwiz.
Statuta, von der Schlesischen Landschaft, zur Aufnahme des Nahrungsstandes, Fol. Bresl. 72. Korn jun. d 15kr
Stecks Versuche über Handlungs- und Schiffarthsverträge, gr. 8. Halle 782. Gebauer
   o 1fl 2kr
- - Ausführung einiger gemeinnützigen Materien, gr. 8. ebendas. 84. derſ. h 36kr
Steebs, J. H. Staatswirthschaftliche Betrachtungen über Schäferey, Hornviehzucht und Ackerbau, 8. Tübingen 84. Heerbrand d 15kr
- - vermischte Bemerkungen über Cameral- und Policey-Gegenstände, besonders in Eintheil. eines Landes und Anlegung eines Mayerhofes, 8. ebendaſ. 86. derſ. f 24kr
- - von der Schaafraude und wie derselben durch Policeyanstalten gesteuert werden könne, 8. ebendaſ. 87. Heerbrand f 24kr
- - über den Menschen nach den Anlagen seiner Natur, 3 Theile, gr. 8. ebend. 85. derſ.
   C 4fl 30kr
Stegmanns Beschreibung einer Saug- und Druckpumpe, wie solche zu verschied. Arten
   von

von Spritzen zu gebrauchen sind, 8. Cassel 74. ders.   b 8 kr

Stegmanns Untersuchung des ersten Erfinders der Feuermaschine, womit durch die Gewalt des Feuers das Wasser in die Höhe gehoben wird, 4. ebendas. 80. Cramer   b 8 kr

- - über den Straßenbau, eine Preißschrift, gr. 8. Berlin 88. Kunze   m 54 kr

Stein, J. H. Geschichte einer künstl. Befruchtung der Levkojen, um dadurch gefüllte Blumen zu erhalten, 8. Minden 87. Körber   c 12 kr

- - über die Frage: welches ist für Hessen der Mittelpreiß des Korns für Käufer und Verkäufer? 8. Cassel 90. Cramer   e 20 kr

Steiners, H. F. R., Abhandlung Gebäude der Landleute vor Feuersgefahr in Sicherheit zu stellen, 8. Weimar 82. Hofmann A d 2 fl 15 kr

- - Versuch über die Herkunft des Borkenkäfers oder fliegenden Holzwurms, nebst Mitteln ihn zu vertilgen, mit Kupf. 8. Jena, 85. Hofmanns   i 40 kr

Steingruber, Joh. Dav., practische bürgerliche Baukunst, m. K. gr. 4. Nürnb. 73. Haufe B 3 fl

Sternschütz Lehrsätze in die sämmtlichen Wissenschaften der Staatswirthschaft, gr. 8. Wien 66. Krauß   e 20 kr

Stoixner, L. v. Abhandlung von Wald- und Fruchtbäumen auch einigen Staudengewächsen und dem Weinstock, 8. Nürnberg 789. Stein   m 45 kr

Storr von Rechnung und Rechnungsabhör-Geschäften, 8. Tübingen 90. Cotta   e 20 kr

Strelins, G. G., Realwörterbuch für Kameralisten und Oeconomen s. Lexica.

- - Vorschlag zur Universalauflage statt aller Particularauflagen, 8. Nördlingen 90. Bek   h 30 kr

Strickbüchlein, neues, 3 Theile, Fol. Nürnb.   A 1 fl 30 kr

Struvens, W. O., Vorschläge und Untersuchungen, die Chymie, Medicin und Wirthschaft betreffend, 8. Basel 71.   d 15 kr

Strunz, F., freymüthige Briefe über die Schaafzucht in Böhmen und Oesterreich, 8. Wien 88. Krauß   m 45 kr

Stubbecks, P. J., erste Grundsätze der Landwirthschaft, 8. Regensp. 72. Montag   d 15 kr

Stubenrauchs, F. A. E. von, Anfangsgründe der Forstwissenschaft, 8. Augsp. 73. Stein in Nürnb.   e 20 kr

- - Recht und Billigkeit in Forst- und Jagdsachen, gr. 8. München 79. Friz   h 30 kr

- - Unterricht vom Salzwesen, 8. ebend. 73. derf.   d 15 kr

Stumpfs, G., Versuch einer Geschichte der Schäfereyen in Spanien und der Spanischen in Sachsen u. Dessau, 8. Lpz. 83. Müller   h 36 kr

Stumpfs,

Stumpfs, Herr von, Schubart und Holzhausen oder Nachrichten über den Erfolg der Stallfütterung, 8. Prag 85. m 45kr
- - Nachrichten und Bemerkungen über die Landwirthschaft Böhmens, 2 Theile gr. 8. ebendas. 87. Böhme B m 4fl 30 kr
- - G. Grundsätze der Landwirthschaft für Prediger auf dem Lande, 8. Jena 89. Akad. Buchhandl. u 1 fl 30 kr
Sturms, L. C. vollständige Mühlenbaukunst, m. Kupf. Fol. Augsp. Kilian A m 2 fl 15 kr
- - Unterricht von Heng- und Sprengwerken, mit Kupf. 8. Stockh. 26. Kiesewetter f 30 kr
- - ganze Civil-Baukunst, 22 Theile, mit Kupf. Fol. ebendas. Z A 40 fl
- - Grundregeln zur Zusammensetzung der 6 Säulenordnung bey der regulären Civilbaukunst, 8. Nürnberg 84. Weigel h 30 kr
von Suchodolet, J. V. gegründete Nachricht von den in Preussen befindlichen Länge- und Feldmassen rc. nebst ihren Verhältnissen gegen einander, und wie man darnach die Flächen in Huben, Morgen und Quadratruthen berechnen soll, 4. Königsberg 72. Hartung h 30 kr
Sukow, L. J. D. Cameralwissenschaften nach Daries Grundriß, gr. 8. Jena 81. Cuno A 1 fl 48 kr
- - Forstwissenschaft, gr. 8. Jena 75. Cröker u 1 fl 36 kr
- - erste Gründe der bürgerlichen Baukunst, mit mit Kupf. gr. 4. ebendas. 81 Cuno C 5 fl 30 kr

Sukow, S. A. Oeconomische Botanik, zu Vorlesungen auf der Cameralschule, gr. 8. Mannheim 77. Schwan   A 1fl30kr

- - Anfangsgründe der theoretischen und praktischen Botanik, 2 Theile, gr. 8. Leipzig 86. Weidemann   D 8fl

- - Entwurf einer physischen Scheidekunst, m. K. gr. 8. Bamberg 69. Göbhardt   A q 2fl30kr

- - mineral. Beschreib. des natürl. Turpeths, mit Kupf. gr. 8. Mannh. 82. Schwan d 15kr

- - Dr. G. A. Anfangsgründe der ökonomischen und technischen Chymie, 2te Ausgabe, gr. 8. Leipz. 89. Weidemann   B 4fl

Sulli, Unterricht von der Eintheilung der Zeit und Einrichtung großer und kleiner Uhren, gr. 8. Lemgo 54. Meyer   k 45kr

- - Regeln für diejenigen welche Sackuhren tragen, 12. Augsburg 54. Lotter   b 8kr

Swizer, Methode die Brocoli, Cardoom und andere fremde Küchenkräuter hervorzubringen, 8. Leipzig 75. Hilscher   f 24kr

v. Szapary, J. der unthätige Reichthum Hungarns, wie er zu gebrauchen, 8. Nürnberg 84. Zeh   h 30kr

Tabacksbau, der, 8. Mannh. 78.   c 12kr

Tabacksfabrikant, der aufrichtige, 8. Straßb. 88. Kave   d 15kr

Tabelle vom cubischen Inhalt jedes Stammes, 8. Gießen 71. Krieger sen.   d 15kr

Tabelle

Tabelle, zu Ausrechnung der Pfandbriefe nach dem heutigen gesetzten Interessen. Cours, 12. Breslau 77. k 40kr

– – über den contanten Belauf von rohen und rafinirten Zuckern nach Abzug von $4\frac{2}{3}$ u. $8\frac{2}{3}$ Procent Rabbat, 8. Hamb. Herold m 45kr

– – wie in Hamburg der Cours in Louisdors steigt und fällt und sich gegen Bancogeld verhält, 8. Göttingen 72. Dieterich f 30kr

Tabellen, Reductions-, wie die Pistolen zu 5 Rthlr. gegen Pistolen zu $4\frac{2}{3}$ Rthlr. und diese gegen jene sich verhalten, ausgerechnet von 1 Pf. bis 5 Rthlr. von 5 bis 100, und von 100 bis 1000 Rthlr. 8. Götting. 71 derf. h 36kr

– – wie die Carolinen zu 6 Rthlr. 8 Ggr. nach Leipz. Werth, Louisb'or zu 5 Rthlr und Ducaten zu 2 Rthlr. 20 Ggr. gegen Frankfurter Werth, die Carolin zu 11 fl Louisb'or zu 9 fl und Ducaten zu 5 fl gerechnet von 1 Heller bis 1000 Gulden, 8. Göttingen 72. Dietrich d 18kr

– – Interesse- von 5 bis 5000 Rthlr. zu 4 bis 8 pro Cent, 8. ebendas. d 18kr

– – Ausrechnungs- vom Berliner Banco gegen auswärtige Course und courante Geldspecies, 12. Berlin 65. Pauli q 1fl 12kr

– – zu Bestimmung des Gehaltes und Preises des Holzes, gr. 8. Steffen 87. Krieger jun. q 1fl

U 2 Tabellen

Tabellen, über die Staatswirthschaft eines Europäischen Staates, gr. 4. Leipz. 86. Heinsius, — m 45kr

Tabernämontani, Jac. Theob. vollkommenes kräuterbuch, mit Kupf. gr. Fol. Basel 31. Thurneisen F 9fl

Tänzers, J. hohe und niedrige Jagdgeheimnisse, nebst Parsos hirschgerechtem Jäger, mit Kupf. Fol. Leipz. 34. Weidemanns C h 6fl 30 kr

Täubel, C. F. G. orthotypograph. Handbuch, oder Anleitung zur Kenntniß der Buchdruckerkunst, mit Kupf. Figur. u. Tabellen, 8. Halle 85. Täubel A f 2fl 15 kr

- - kleines Formatbuch, zum Gebrauch für angehende Schriftsetzer, 8. ebendas. c 15 kr

Tagebuch, öconomisches, für Hausväter und Hausmütter, 2 Bände gr. 8. Halle 86-87. Gebauer A u 3fl 30 kr

v. Tams, F. J. Horn, Schaaf- Pferd- und Federvieh-Arzneykunst, gr. 8. Wien 65. Trattner A d 1fl 45 kr

Taschenbuch für Liebhaber der Pferde, 8. Leipz. 80. Heinsius e 20 kr

- - gemeinnütziges, für Haus- und Landwirthe, auf alle Monate des Jahres eingerichtet, 12. Wien 82. Gräffer A 1fl 30 kr

- - technologisches, für Künstler und Fabrikanten, 8. Göttingen, 86. Dietrich k 45 kr

Taschen-

Taschenbuch, berlinisches, für Freunde der Gesundheit, auf das Jahr 83 u. 84. 12. Berlin Nicolai à m A 1fl48kr
- - für Frauenzimmer, 8. Leipzig 74. Heinsius e 20kr
- - für Kammerjungfern und Stubenmädchen, 12. Wien 81. Gerold d 15kr
Taube, J. Beyträge zur Naturkunde des Herzogthums Lüneburg, 8. Celle 68. Richter n 54kr
- - Fr. W. v. Abschilderung der engländischen Manufacturen, Handlung ꝛc. 2 Theile gr. 8. Wien 77. Krauß A h 2fl
- - Geschichte der englischen Handelschaft, Manufacturen, Colonien und Schiffarth in den ältern, mittlern und neuern Zeiten, gr. 8. Wien 76. Krauß m 45kr
- - Beschreibung der Königreiche Sklavonien und Syrmien, 3 Bücher gr. 8. Wien 77-78. A 1fl30kr
Taubenbuch, nützliches und vollständiges, oder Unterricht von der Tauben Natur, Eigenschaften, Verpflegung ꝛc. mit Kupf. 8. Ulm 89. Wohler q 1fl
Tausendkünstler, der öconomische, oder neues öconomisches Handbuch, zum Besten der Land- u. Hauswirthe, 8. Ulm 67. Stettin u 1fl15kr
Taxen, neue, nach welchen sich alle Käufer u. Verkäufer, Meister und Gesellen zu richten, 4. Wien 64. Krauß d 15kr

Taxe, königl. Preußische, für alle Handwerker, vom 1 Jul. 64. 4. Berlin, Decker　　d 18kr

Testamentmacher, sicherer, oder Anweisung eine jede Gattung von Testamenten nach den allgemeinen Rechten zu machen, 8. Ulm 70. Wohler　　d 15kr

Teuber, J. M. vollständiger Unterricht von der gemeinen und höhern Drehkunst, mit Kupf. 4. Regensburg 83.　　E 8fl

Textors, J. N. Bericht, wie die Viehseuchen curirt werden können, 8. Carlsruh 67 Cotta　　o 54kr

Theobalds J. Abhandlung von Schweden in den Bergwerken, 4. Dresden 50. Heckel c 15kr

Theorie und Praxis der Handlungswissenschaft, 1r Theil, gr. 8. Breslau 71. Löwe m 45kr

- - kurze, der empfindsamen Gartenkunst, 8. Leipzig 86. Crusius　　d 18kr

Theophrastes Paracelsus, natürliches Zaubermagazin, 8. Frankfurt 71. Cotta　h 30kr

Theschedik, S. der Landmann in Ungarn, was er ist und was er seyn könnte, gr. 8. 84. Mahler　　u 1fl 15kr

von Thiele, Nachricht von der Churmärk. Contributions- und Schoßeinrichtung oder Landsteuerverfassung des Ritterschaftlichen Corporis, 4. Halle, 68. Frank　Bh 4fl 15kr

Thinkel, Chr. Heinr. Preißschrift der naturforschenden Gesellschaft in Danzig, über Straßen

ßen zu pflastern u. zu erhalten, 4. Leipzig 71. Heinsius c 15kr

Thomanns Hauß- und Kaufmannisches Rechenbüchlein, 8. Lindau 63. k 40kr

Thomani Handlungen und Vorschläge den Zustand des Münzwesens in Deutschland und dessen Verbesserung betreffend, Fol. Frankfurt 52. Eßlinger A 1fl30kr

Thyms, J. F. die Nutzbarkeit fremde Thiere, Bäume und Pflanzen zur Nahrung und Fabriquen einzuführen, 8. Berlin 75 Decker, b 10kr

- - Practic des Seidenbaues, 8. ebendas. 74. Decker d 18kr

- - dasselbe, neue vermehrte Ausgabe, ebendas. 81. ders. f 30kr

Tiemann, J. E. Versuch den Eingesessenen des Amts Brakwerda eine erträglichere Landeskultur beliebt zu machen, 8. Lemgo 85. Meyer c 15kr

Tießens, H. C. praktischer Unterricht, von der Pflege und Wartung der Obstbäume, 8. Lpz. 88. Böhme c 15kr

Tilas, Entwurf einer Schwedischen Mineralhistorie, 8. Leipz. 67. Weidemanns e 24kr

Tillet, Abhandlung von den Ursachen woher die Körner des Getraides in den Aehren verderben, und den Mitteln dagegen, 8. Hamb. 57. Holle i 40kr

Tintenfaß, wohlzubereitetes, oder Anweisung gute Tinte zu machen, 8. Helmstädt, 746. Weigand. b 10kr

Titius, J. D. Grundsätze der theoretischen Haushaltungskunde, 8. Leipzig 80. Junius o 1fl8kr

‒ ‒ nützliche Sammlung von Aufsätzen und Wahrnehmungen über die Witterung, die Haushaltungskunde ꝛc. 4 Bände 4. ebendas. 82-86. Junius D 11fl

Toaldo, Jos. Witterungslehre für den Feldbau, gr. 8. Berlin 84. Himburg h 36kr

Tode, J. C. Einimpfungen der Hornviehseuche, mit Kupf. gr. 8. Copenhagen 75. Rothe f 24kr

Townsend, Benj. vollkommener Saamenhändler, 8. Leipz. 68. Sommer d 18kr

Tractat, neuer, von Ersparung des Holzes, 8. Breslau, 57. b 10kr

‒ ‒ von Firniß · Laquier · und Mahlerkünsten, mit Kupf. 8. ebend. 53. f 24kr

‒ ‒ öconomisch · juristischer, von der Schäfergerechtigkeit, s. Benekendorf.

v. Trebra, F. W. H. Erfahrungen vom Innern der Gebürge, mit vielen Kupfern, gr. Fol. Leipzig, 85. Schulbuchhandlung P 30fl

Trenchikant, der geschickte, mit Kupf. 8. Leipz. 51. Junius b 10kr

Trenchirkunst, mit Fig. 8. Carlsr. 74. Maklott d 15kr

Trichters Reit · und Jagdlexicon, gr. 8. Leipzig, 42. Gleditsch Bm 5fl

Trich-

Trichters V. neu auserlesenes Pferdebuch, 2 Thle. mit Kupf. 8. Nürnberg, 57. Felseckers Bd 3fl 15kr

Triebels Mittel ein Bergwerkseigenthum zu erlangen, 4. Weißenfels d 18kr

Trnka, J. J. Pflicht eines Wirthschaftsbeamten, gr. 8. Frft. 70. Walther in Dresd. h 36kr

Tronwells, S. Anleitung für einen Landmann oder neue Abhandlung von dem Ackerbau, Gärtnerey und andern landwirthschaftlichen Dingen, 8. Leipzig, 50. Hilscher h 30kr

Tropponegro Einleitung in die Wechselwissensch. 8. München, 79. Strobl h 30kr

le Trosne Lehrbegrif der Staatsordnung, 1ter Theil oder Entwiklung des v. d. Franz Quesnay erfundenen physiokratischen Regierungs- und Staatswirthschaftssystems, 2ter Theil, oder Elementarwerk vom Staatsinteresse ꝛc. worin die Grundsätze des Condillac geprüft werden, a. d. Franz. gr. 8. Leipzig, 81. Jacobäer B 3fl 36kr

Trunks neues vollständiges Forstlehrbuch oder systemat. Grundsätze des Forstrechts, der Forstpolicey und Forstökonomie, 8. Frankfurt, 89. Eßlinger B 3fl

Tschernings, A. gründliche Unterweisung zu dem italiänischen Buchhalten, 8. Copenhagen, 41. Proft c 12kr

Tschiffeli, J. R. von der Stallfütterung und dem Kleebau in der Schweiz, 8. Bern, 89. Haller i 36kr

Tulls Abhandlung von dem Ackerbau, mit Kupf. 8. Dresden, 52. Walther u 1fl 30kr

Turbilly Unterricht zum Aufreissen oder Brechen der unangebauten Felder, mit Kupf. gr. 8. Altona, 62. Iversen m 45 kr

Twamleys, J. Anweisung englische Käse zu machen und den Obstgarten recht zu warten, 8. Frankfurt, 87. Eßlinger k 40 kr

Tyrocinium botanicum Hortulanorum, oder botanisches Handbuch für Gärtner, 8. Zerbst, 74. Zimmermann f 24 kr

Vallemonts, Abt von, Merkwürdigkeiten der Natur und Kunst in Zeugung, Fortpflanzung u. Vermehrung der Gewächse, mit Kupf. 4. Breslau, 708. A 1fl 30kr

Vangerow Entwurf des Preußisch. Wechselrechts nach den Grundsätzen der Preuß. Staaten, gr. 8. Halle, 73. Hemmerde i 40 kr

- - Ergänzungen und Anmerkungen über den Entwurf des Preuß. Wechselrechts, gr. 8. Ebd. 76. derf. d 18 kr

Varro, M. T. von der Landwirthschaft, übers. von Mayer, 8. Nürnb. 81. Zehe m 54 kr

Ueber den Dorfhandel, 8. Leipzig, 73. Weidmanns f 30 kr

- - den Nutzen und die Möglichkeit ausstehende Capitale und andere Forderungen durch eine Gattung von Assecuranz sicher zu stellen, gr. 4. Hamb. 75. Herold d 18 kr

Ueber

Ueber das landwirthschaftliche System in Schlesien, gr. 8. Liegnitz, 77. Siegert   h 30kr
- - die freie Ein- und Ausfuhr des Getraides
in Betrachtung Esthlands, gr. 8. Riga, 72.
Hartknoch   f 24 kr
- - systematische Theorie der Cammeralwissenschaft, gr. 8. Halle, 77. Curt   e 24kr
- - das Finanzwesen, mit Kupf. gr. 8. Leipz.
80. Weidmanns   A d 2fl 24kr
- - die jetzige Cameralverwaltung in Frankreich,
8. Kopenh. 81. Proft   f 24 kr
- - die Monopolien, 8. Hannover, 79. Hellwings   b 10 kr
- - das Anstecken der Viehseuche, 8. Greifsw.
83. Röse   h 36 kr
- - die Aufhebung der Huth- und Triftgerechtig-
keiten in Sachsen, gr. 8. 84. Oefer   d 18kr
- - die eigenthümlichen Besitzungen der Bauern,
8. Copenhagen, 87.   c 12 kr
- - die Abstellung des Herrendienstes, 8. Braunschweig, 71. Schröder   o 12 kr
- - die Chinesischen Gärten, 8. Lemgo, 73.
Meyer   c 15 kr
- - die Frohndienste, 8. 76.   e 24 kr
- - die Chursächsische Bergwerksverfassung, gr. 8.
Leipzig, 87. Beer   s 1fl 24kr
- - die Unzertrennlichkeit der teutschen Bauerngüter, 8. Giessen, 83. Krieger jun.   c 12kr
- - Rußlands Handel und Manufacturen, 8.
Lübeck, 78. Donatius   b 8 kr

Ueber

Ueber die Wirthschaftsverbesserung, 8. Mühlh.
86. Müller b 8 kr
- - die Verpflegung der Invaliden, 8. Berlin,
88. Maurer b 10 kr
- - das Invalidenwesen und Betteley, 8. Berlin, 88. Viehweg jun. d 18 kr
- - Leibrenten, Wittwencassen u. ähnliche Anstalten über die 1788 zu Hamburg errichtete Versorgungsanstalt, 8. Hamb. 88. Hofmann d 18 kr
- - das Schuldwesen der Sächsischen Bauern u. einige Mittel sie wider den fernern Verfall zu sichern, 8. Dresd. 89. Hilscher e 20 kr
- - die Vorurtheile wider die Vormundschafts-Collegien, gr. 8. Berl. 90. Maurer f 28 kr
- - Gesinde und Gesindeordnung und deren Verbesserung, 8. Ebd. 90. derf. e 24 kr
- - den Scheintod und gewaltsame Todesarten, nebst Mitteln zur Wiederbelebung derselben, 8. Koburg, 90. Ahl f 24 kr
- - die Revision der Inventuren und Theilungen, 8. Tübing. 90. Heerbrand c 12 kr
Veen, Gebr. Abhandlung von Blumenzwiebeln, gr. 4. Hamburg, 81. Bohn e 24 kr
Vegesak, zur Aufnahme der Landwirthschaft, s. Aufnahme.
Venels Unterricht vom besten Gebrauch der Steinkohlen, gr. 8. Dresd. 80. Walther o 1 fl 8 kr
Verbesserung, von der, des Feldbaues, 8. Lüneburg 75. b 8 kr
- - aller Stuben-Oefen, m. K. 8. Eisenach 73. Wittekind b 8 kr

Ver-

Verbesserungsmittel der Steinkohlen und des Torfs, 8. Mannh. 77. Schwan e 20kr
- - Vorschläge, s. Pfeiffer.
Verfahren, kalte, nasse und unfruchtbare Länderenen zu verbessern, mit Kupf. 8. Münster 75. Perrenon, o 54kr
Verfertigung verschiedener Arten des Firnisses, 8. Quedlinburg 80. Biesterfeld d 18kr
Vergleichung der märkischen und pommerschen Landwirthschaftsarten mit der Schlesischen, gr. 8. Halle 86. Waisenhaus h 40kr
- - der gewöhnlichen Maaße, Gewichte u. Münzsorten, 4. Dresden 87. Walther q 1fl 2kr
- - Universal- der Getreidemaaß in Sachsen, Fol. Budissin 30. Drachstädt A h 2fl 24kr
Verhältniß, das gerechte, der Viehzucht zum Ackerbau, s. Schumacher.
Verhaltungsregeln, einige der nöthigsten, für unerfahrne Reisende zu Pferde, 8. Gera 83. Beckmann c 15kr
Veri, Betrachtung über die Staatswirthschaft, a. d. Ital. 8. Dresden 74. Walther m 54kr
Veripholi Vorschlag die Policey zu verbessern, 8. 36. b 8kr
Verordnung, die Pflanzung fruchtbarer Obstbäume betreffend, Fol. Eisenach 57. Wittekind a 4kr
- - General- wegen Verhütung der Feuersbrünste, Fol. Glogau 84. Günther a 4kr
- - Durlachische, die Feuerlöschungsanstalten betreffend, Fol. Carlsruh 63. Maklott c 12kr

Verord-

Verordnungen und Mittel wider die Hornviehseuche, 8. Frkf. 79. Eichenberg b 8kr

- - das Verzinnen der Küchengeschirre betreffend, 4. Braunschw. 67. Schulbuchh. b 10kr

- - der Wittwen und Waisenkassa in den Weil-
burg. Landen Fol. 62. b 8kr

- - von den Verpflegungen der Armen, 8.
Breslau 79. Korn sen. f 24kr

Verrichtungen, monatliche, sowohl im Felde,
als im Küchen- Blumen- Obst- Baum- und
Wein-Garten, 4. Nürnberg 73. Endters.
c 12kr

Verschuer, Freih. v. Abhandlung über den Wehr-
stand und dessen Erfordernisse, 8. Reval,
80. Albrecht u 1fl30kr

Von der Verschönerung der Natur um Landwohnungen, s. Gerardin.

Versuch einer allgemeinen Korn-Policey, s.
Herbert

- - eines Vorschlags zu einer holzsparenden Bauart bey wirthschaftlichen Gebäuden auf dem
Lande, mit Kupf. 8. Berlin 68. Pauli d 18kr

- - von dem Mergel und dessen Wirkungen
im Lande, gr. 8. Bern 63. c 12kr

- - einer Abhandlung vom Eigenthum der Bauren, 8. Riga 70. Hartknoch d 15kr

- - einen Haushofmeister zu bilden, 2 Theile,
8. Wien 65 u. 66. Kraus Ah 2fl

Ver-

Verſuch einer Anleitung zur Finanzrechnungs-
Wiſſenſchaft und Verwaltung öffentlicher Caſ-
ſen, gr. 8. Berlin 73. Realſch.   f 30kr
- - in politiſchen Schriften über die Staatswirthſchaft, Handlung und Manufacturen,
2 Theile, 8. Roſtock 62 u. 69. Koppe. q 1fl
- - über den Geiſt der Geſezgebung zur Er-
munterung des Ackerbaues, der Bevölkerung,
der Manufakturen und der Handlung, gr. 8.
Mietau, 70. Hinze   A 1fl30kr
- - von den Grundſätzen der Policey, 4. Frft.
56. Gebler   d 18kr
- - von den Urſachen des gegenwärtigen hohen
Preiſes der Lebensmittel, 8. Lpz. 76. d 15kr
- - die Landwirthſchaft betreffend, a. d. Engl.
mit K. 8. Leipzig 76. Weidemanns o 1fl12kr
- - eines Handbuchs für diejenigen, welche die
Landwirthſchaft lernen wollen, 8. Frankfurt
78.   s 1fl12kr
- - eines Beweiſes über die phiſiognomiſche
Kenntniſſe der Pferde, 8. ebendaſ. 78. Eßlinger   c 12kr
- - einer Anweiſung zu Anlegung, Verbeſſerung und Nutzen der Wildbahnen, mit illum.
Kupf. gr. 4. Berlin 79. Pauli G 12fl
- - daſſelbe ſchwarz,   Dm 8fl 15kr
- - über das Schaafbenutzungsſyſtem im König-
reich Böhmen, 8. Prag 83. Schönfeld b 8kr
- - einer Beleuchtung üb. d. Erfolg der Sommer-
Stallfütterung der Schaafe zu Gröbzig, 8.
Celle 88. Richter   h 30kr

Ver-

Versuch eines Systems der Handlungswissenschaft, 8. Frft. 55. b 8kr
- - in politischen und ökonom. Ausarbeitungen zum Nutzen und Vergnügen, gr. 8. Wien 65. Trattner d 15kr
- - einer nähern Erklärung der Hornviehseuche, nebst einigen Wahrnehmungen über die Einpfropfung derselben, 8. Braunschweig 763. Schulbuchhandl c 15kr
- - über die Verschönerung der Weine, 8. Zerbst 73. s. Rozier
- - einer Anleitung zu Disposition der Orgelstimmen nach richtigen Grundsätzen und zu Verbesserung der Orgeln überhaupt, 8. Waldenburg 77. Hofmann d 15kr
- - einer Beantwortung der Frage: ist es möglich die Stall und Horbenfütterung allgemein einzuführen? gr. 8. Leipzig 86. Böhme c 12kr
- - eines Verzeichnißes der Schriften u. Abhandlung. vom Eisen, als Gegenstand des Naturforschers, Berg- und Hüttenmannes, gr. 8. Berl. 86. Decker f 30kr
- - einer allgemeinen Geschichte der Handlung und Schiffarth, der Manufacturen, Künste, ꝛc. gr. 4. Breslau 51. Korn jun. d 15kr
- - einer historischen Nachricht von der künstlichen Gold- und Silberarbeit in den ältesten Zeiten, gr. 4. Berlin 57. Lange d 18kr
- - eines Vorschlags die Diebesrotten zu vertilgen, 4. Frft. 72. e 20kr

Verſuch z. Vorſchl. ein. Pachtanſchlags, ſ. Rinepuſt.
- - zu Vorſchl. üb. d. Policeyſazung. auf d. Lebensmittel in d. Städten, 8. Wien 79. Kurzb. c 12kr
- - über den ſchönen Geſchmack in der Baukunſt,
  gr. 8. Leipzig 88. Dyck   e 24kr
- - einer Geſchichte der Handelſchaft von Zürch,
  gr. 8. Zürch 63. Orell   m 54kr
- - über den Zuſtand d. Schleſiſchen Landmanns
  in Beziehung auf Gerichtsbarkeit, 8. Breslau
  90. Löwe   m 45kr
Vertheidigung der frühen Beerdigung der Juden,
  8. Hamburg 88. Bohn   b 10kr
- - des Wuchers beym Geldverkehr, nebſt einem
Brief an Smith über die Hinderniſſe die dadurch
der Induſtrie in den Weg gelegt werden, überſ.
von Eberhard, 8. Halle 88. Gebauer m 54kr
Verwandlung der Domainen in Bauergüter, 8.
  Strasburg, Haude u. Junius   d 18kr
Verzeichniß d. vornehmſt. Fruchtbäume in dem Kar-
täuſer-Garten zu Paris, 8. Wien 74. Ghelen e20kr
- - von inn. u. ausländiſchen Bäumen, ſ. Bueck.
- - ſyſtemat. aller Gewächſe Deutſchlands, zur
  Beförder. ihrer phyſikal. und ökonom. Geſch.
  1r Band gr. 8. Leipz. 82. Cruſius B 3fl36kr
Veterinarius, oder practiſcher Unterricht von
  der Behandlung, Cur und Wartung der Pfer-
  de und des Hornviehes, 2 Theile, gr. 8.
  Gotha 79-80. Ettinger   C m 6fl18kr
Vetters Unterricht von der zur Staas- und Re-
gierungswiſſenſchaft gehörenden Policey, 8.
  Wezlar 53. Winkler   o 54kr

Uhls Sammlung von Wechselrechten, s. Siegel.
Uhrmacher, der neue englische, mit Kupf. 8.
 Frankfurt 68. Garbe m 45kr
Vieharzneykunst, vollständige, für den Landmann, gr. 8. Salzburg 87. Mayer A 1fl30kr
Viehzucht, von der, nebst Vorschlag wie die Heerstraßen und Plantagen anzulegen ɾc. 8. Brandenburg 77. Halle f 30kr
Vieil, Peter le, d. Kunst auf Glas zu mahlen u. Glasarbeiten zu verfert. s. Schaupl. d. Künste 14r Bd.
Vierenklee, J. E. mathematische Anfangsgründe der Arithmetik und Geometrie, zum Forstmessen, gr. 8. Leipzig 67. Weidemann Am 9fl
Vieroth, vom Ursprung und Fortgang einer neuen Wissenschaft, d. i. Regierungskunst Land und Leute glücklich zu machen, 8. Carlsruh 70. Maklott e 20kr
Vignola, J. Baron von, Anleitung zur Civilbaukunst, von Sturm übersetzt und vermehrt, mit Kupf. 4. Amsterdam 699. Crusius E 10fl
- - bürgerliche Baukunst nach den Regeln der 5 Säulenordnungen, mit Anmerkungen v. Fäsch u. 50 Rissen, 4. Nürnb. 82. Weigel q 1fl
Vilin, Abhandlung vom Melonenbau, 8. Leipz. 76. Böhme c 12kr
Vink, H. Vorlesung über das Wiederkäuen des Rindviehes und die Viehseuche, a. d. Holländ. 8. Leipz. 79. Schneider h 30kr
- - Gedanken über das Osnabrückische Eigenthums- und Guthsherrnrecht, gr. 8. Lemgo, 21. f 30kr

Virgil,

Virgil, Georgicon oder vom Landbau, mit Anmerkungen von Voß, gr. 8. Hamburg 789. Bohn   Aq 3fl

- - Lehrgedicht vom Landbau, übersetzt u. mit Anmerkungen und Vignetten von Bock, gr. 8. Leipzig 90. Barth   A 1fl 48kr

- - Lehrgedicht von der Landwirthschaft, übersetzt von Esmarch, 8. Flensburg 83. Korte f 24kr

- - daſſelbe metriſch überſetzt, mit Anmerkungen von Manſo, 8. Jena 83. Cröker q 1fl 15kr

- - daſſelbe mit kritiſchen und ökonomiſchen Erklärungen von Martens, gr. 8. Hamburg 59. Holle   Am 3fl

- - daſſelbe überſ. von Jacobi, 8. Halle 81. f 30kr

- - daſſelbe überſetzt von Herz, 8. Hamb. 82. Schneider   f 24kr

Vitets, Unterricht in der Vieharzneykunſt, 1ter 2r und 3r Bands, 1r Theil 8. Lemgo 85. Meyer   Cs 6fl 48kr

Unger, J. F. von der Ordnung der Fruchtpreiſe, 4. Göttingen 52. Hellwing q 1fl 12kr

Ungnad, der Maywurm ein Mittel wider den tollen Hundsbiß, 8. Züllichau 83. Froman, e 24kr

Unterredung über das Mahlen des Korns, zwiſchen Muret und Füllmann, ſ. Muret.

- - eines öſterreichiſchen Weinbauers über die Tranksteuer, 8. Wien 81. Kurzbek c 12kr

- - freundſchaftliche, mit dem Landmann, 8. 8. Mannheim 79.   e 20kr

Unterricht, deutlicher, von der wilden Baumzucht, 8. Frankfurt 53. Haueiſen   a 4kr

Unterricht, kurzer und deutlicher, vom Seidenbau, 8. Züllichau 51. Frommann a 6kr

– – gründlicher vom Seidenbau, 8. Wolfenb.
59. Meisner c 12kr

– – öconomischer, für Verwalter und Wirthschafter, 8. Berlin 762. Wever b 10kr

– – für den Landmann, wie er die 4 Futterkräuter, als ewigen Klee, Esparcette, breiten
Klee und Dickrüben pflanzen und benutzen
soll, 8. Carlsruh 70. Macklott c 12kr

– – eines Papiermachers an seine Söhne diese
Kunst betreffend, 8. Leipz. Breitkopf 66. b 10kr

– – gründlicher, wie die Maulbeerbäume zu
pflanzen und Seidenwürmer zu erziehen sind,
8. Wien 765. Wappler d 15kr

– – vom Salzwesen, 8. Augsburg 71. Merz. b 8kr

– – von den verschiedenen Arten der Kanarien-
vögel und der Nachtigallen, mit Kupf. 8.
Frft. 72. Keßler m 45kr

– – dasselbe mit illumin. Kupfern, 8. ebendas.
s 1fl12kr

– – zur Feldmeßkunst, oder Scheibenmessung, 8.
Langensalz 66. Schneider k 40kr

– – von Anpflanzung lebendiger Zäune, 8. Regenspurg 75. Montag a 4kr

– – kurzer, ertrunkene Menschen wieder leben-
dig zu machen, 8. Warschau 75. Gröll d 15kr

– – nützlicher, für die Hauswirthe ihre Haus-
thiere zu kuriren, 8. Hof 75. Vierling b 8kr

Unterricht,

Unterricht, von der Schaafkultur, 8. Ulm, 76.
Stettin e 20kr
- - und Anweisung für diejenigen die Toback
pflanzen wollen, 8. Lemgo 79. Meyer a 6kr
- - ökonomischer, vom Spinnen und Weben, 8.
78. Kummer b 8kr
- - - über den Kohl und Rübensaatbau, und
dem Oele so daraus zu verfertigen. gr. 8.
Wien, 780. Kraus m 45kr
- - erfahrungsmäßiger, Schaafe zur vollkommenen Art zu bringen, 8. das. 82. Kurzbeck f 24kr
- - über die Verwandelung der K. K. böhmischen Domainen in Bauerngüter, gr. 4. ebendas. 77. Trattner A d 1fl45kr
- - von Pachtabnahmen und Uebergaben, gr. 8.
Gotha, 780. Ettinger k 45kr
- - von Präservationmitteln wider die Rindviehseuche, 8. Wesel, 780. Heinsius b 8kr
- - für den Landmann vom Bau der Futterkräuter, gr. 8. Wien 81. Trattner b 8kr
- - vom Seidenbau, 8. Eichstädt, 84. Wiedemann d 15kr
- - eines alten Beamten an junge Beamte, 2
Bände, 8. Leipzig 83-87. Strobel A s 2fl36kr
- - für die Schäfer, zur Kenntniß sund Behandlung des Schaafviehes, 8. Wien 86.
Kurzbeck c 12kr
- - theoretisch praktischer, im Straßen- und
Brückenbau, gr. 4. Zweybrücken 86. Hahn B 3fl

X 3 Unter-

Unterricht vom Poliren des Eisens und Stahls für Stahlarbeiter, 8. Flensb. 87. Korte e 20kr
- - zur Kentniß, Vorbeug. u. Heilung d. faulen Entzündungsfiebers b. d. Hornvieh, 8. Salzb. 86. b 8kr
- - für Kellermeister, 8 Altona h 30kr
- - von Erbauung und Gebrauch des Mays oder des türkischen Korns, 8. Jena 87. b 10kr
- - von allen Arten Küchengewächsen, a. d. Franz. 2 Theile 8. Lpz. 56. Hilscher s 1fl 12kr
- - zum Tobacksbau überhaupt und besonders in der Niederlausitz, 8. Leipzig 79. a 4kr
- - von der Hornviehseuche, wie solcher vorzubauen und wie das kranke Vieh zu pflegen, 8. Cöthen 52. a 4kr
- - für einen angehenden Kaufmann, a. d. Engl. 8. Bremen 79. Förster f 24kr
- - von den Steinkohlen und ihrem Gebrauch zu allen Arten von Feuern, mit Kupf. gr. 8. Dresden, 80. Walther o 1fl 8kr
- - für ein Frauenzimmer, das Küche u. Haushaltung selbst besorgen will, s. Kochbücher.
- - wie die Schaafe durch gute Pflege vervollkommt werden können, 8. Wien 82. Kurzbeck f 24kr
- - von den ansteckenden Viehstaupen nebst Recepten, 8. Frft. 46. Strauß b 10kr
- - practischer, Wolle, Tücher und wollene Zeuge zu färben, 8. Leipzig 89. Göschen A 1fl 48kr
- - durch welche Mittel plötzlich verunglückte u. todt scheinende Personen in den meisten Fällen gerettet werden können, Fol. 89. Jülicher b 10kr

Unter-

Unterricht wie der Ertrag der Feldgüter durch Anlegung künstlicher Wiesen sehr erhöhet werden könne, 8. Frankft. 62. Fischer in Jena b 10kr
- - wie d. Färberröthe od. Krapp mit Vortheil anzupflanz. u. zuzurichten. 8. Mañh. 67. Schwan b 8kr
- - in Wechselsachen, 8 Frft. 75. Eichenberg h 30kr
- . für Frauenzimmer die ihrer Wirthschaft selbst vorstehen wollen, 8. Gött. 90. Vandenhök h 36kr
- - von dem, was man bey Einkauf eines Rittergutes zu wissen nöthig hat, 8. Lpz. 90. Beer h 36kr

Untersuchung, ökonomische, die Sperrung der Fruchtausfuhr betreffend, 8. Ulm 768. Stettin   b 8kr
- - über die Natur und Ursprung der Reichthümer und ihrer Vertheilung, 8. Lemgo, 75. Meyer   d 18kr
- - fortgesetzte, der wichtigen Fragen, ob es besser sey ganze Länder durch Anlegung und beständig unterhaltende Obrigkeitliche Magazine zu versorgen?. gr. 4. Göttingen 73. Dieterich   m 54kr
- - was von den Erfindungen Häuser vor dem Abbrennen zu sichern, zu halten sey, gr. 8. Eisenach 81.   b 10kr
- - des Küchensalzes, 8. Heidelberg 86. Pfähler   c 12kr
- - der Salatgewächse nach ihrem Nutzen und Schaden, 8. Frft. 87. Gebhard h 30kr
- - ob die Manufacturen und Wollenspinnerey einem Lande anzurathen, 8. Ulm 64. Bartholomäi   d 15kr

Unterſuchung der belobteſten Armenanſtalten und Vorſchläge zu ihrer Verbeſſerung, 8. Gieſſen 76. Krieger jun.   d 15kr

‐ ‐ über die Handlung, oder Betrachtungen das Intereſſe verſchiedener europäiſchen Völkerſchaften betreffend, a. d. Franz. von Macher, 1r Band, gr. 8. Flensburg 81. Korte Ad 1fl 45 kr

‐ ‐ kurzgefaßte doch gründliche, der im Schwange gehenden Rindviehſeuche, 4. Hamburg 56. Iverſen   b 10 kr

‐ ‐ über den Charakter der Gebäude, über die Verbindung der Baukunſt mit den ſchönen Künſten, m. K. gr. 8. Leipzig 88. Barth   A f 2 fl 15 kr

Boch, Lucas, Anleitung zum Waſſerbau an Flüſſen und Strömen, mit Kupf. 8. Augſp. 67. Lotter   f 24 kr

‐ ‐ Anleitung zu Verfertigung ſchöner Zimmerwerke, mit Kupf. gr. 4. ebend. 66. derſ. A b 1 fl 40 kr

‐ ‐ Unterricht von Brunnenkünſten, m. K. Fol. ebend. 69.   A d 1 fl 45 kr

‐ ‐ Anweiſung zur Verfertigung der Bauriſſe, 8. ebend. 78. Stage   m 45 kr

‐ ‐ erſte Gründe der Rechenkunſt vor Baugewerke, 8. ebend. 78. derſ.   h 30 kr

‐ ‐ Strombau an dem Lech und Werlach, gr. 8. ebend. 78. Kletts   o 54 kr

‐ ‐ Abhandlung vom Straßenbau, 8. ebend. 58. Stage   m 45 kr

‐ ‐ Ebendaſſelbe, 2te Aufl. ebend. 88. derſ. m 45 kr

‐ ‐ bürgerliche Baukunſt, 4. Theile, 8. ebend. 80. 82. Rieger   B u 4 fl 15 kr

Boch,

Boch, Beschreibung der Krazmühlen, m. K. 8.
ebend. 81. derſ. h 30 kr

‐ ‐ Abhandlung von Feuerſpritzen, m. K. 8.
ebend. 81. derſ. m 45 kr

‐ ‐ Abhandlung über die Bauanſchläge, 2 Theile, m. K. 8. ebend. 81. derſ. m 45 kr

‐ ‐ allgemeines Baulexicon, gr. 8. ebend. 81. derſ. q 1 fl

‐ ‐ Unterricht zu Aufreißung der 5 Säulenordnungen, 2 Theile, mit Kupf. 8. ebend. 78. derſ. Ad 1 fl 45 kr

‐ ‐ erſte Gründe zu Gartenriſſen, 8. ebend. 78. Kletts m 45 kr

‐ ‐ Unterſuchung der wahren und falſchen Bauüberſchläge, 8. ebend. 78. derſ. c 12 kr

‐ ‐ über den Bau der Waſſerwehren von Holz und Steinen, 8. ebend. 79. derſ. m 45 kr

‐ ‐ Bauart des Grund- und Waſſerbaues bey den Straubermühlen, 8. ebend. 79. derſ. o 54 kr

‐ ‐ Unterricht bey vorfallenden Bauſtreitigkeiten, 2 Thle, 8. ebend. 80. Riegers A 1 fl 30 kr

‐ ‐ Brückenbaukunſt, 8. ebend. 80. derſ. k 40 kr

‐ ‐ wirkliche Baupractic der bürgerlichen Baukunſt, 8. ebend. 80. derſ. A 1 fl 30 kr

‐ ‐ Etwas von Bauzierrathen, 8. ebend. 83. h 30 kr

Vogels, J., moderne Baukunſt, mit K. Fol. Hamb. 26. Herold Am 2 fl 15 kr

‐ ‐ Ebendaſſelbe, neue Auflage, mit. K. Fol. ebend. 89. derſ. Aq 3 fl

Vogels L. practischer Unterricht von Taschenuhren für Verfertiger und Liebhaber, mit Kupf. 8. Leipzig 73. Breitkopf　　Ad 2fl 15kr

Vogler, Versuche mit Scharlachbeeren in Absicht der Färbekunst, 8. Wezlar 90. Winkler d 15kr

Voigts, J. C., 7 Vorschläge zur Oeconomie eines Landes und zur Verbesserung derselben, 8. Berl. 53. Realsch.　　c 15kr

- - J. C. W. mineralogische und bergmännische Abhandlungen, 2 Bände mit Karten u. Kupf. 8. Leipzig 89. Müller　　Aq 3fl

- - J. S. Bergwerksstaat des Ober- und Unterharzes, 8. Braunschweig 71. Meyer k 10kr

- - Forstkatechismus, 8. Osnabrück 76. Schmidt
　　　　　　　　　　　　　　　　　f 28kr

- - Beherzigung für diejenigen, welche sich dem Forsthalte als Vorgesezte zu widmen gedenken, 8. Lemgo 82. Meyer　　s 1fl 20kr

Volkelts, J. S. gesammlete Nachrichten von schlesischen Bergwerken, 8. Bresl. 75. Gutsch m 45kr

- - Nachrichten von Schlesischen Mineralien und ihren Wohnorten, 8. ebendas. 75. derf. e 20kr

Vollimhaus, D. A., Anweisung zu Felder- u. Landtheilungen, gr. 8. Hannover 73. Schmidt
　　　　　　　　　　　　　q 1fl 12kr

- - gründliche Anweisung zur practischen Landmesserkunst, gr. 8. ebend. 78. derf.　u 1fl 30kr

- - Anweisung zum Landmessen mit Stäben und mit der Kette, 8. Lemgo 76. derf, k 45kr

Voorhelms, G., Abhandlung von Hyacinthen, m. K. 8. Nürnb. 53. Raspe　　d 15kr

Vorle-

Vorlesung, über die Schemnitzer Pferdegöpel, gr. 8. Dresden 73. Walther k 45kr

Vorlesungen, der kurpfälzischen physicalisch-öconomischen Gesellschaft, oder Fortsetzung der öconom. Bemerkungen zu Lautern, 4 Bände u. 5. Bds 1r Theil, gr. 8. Manheim 85-88. Akad. Handl. G 10fl 30kr

Vorrath, gemeinnütziger, auserlesener Aufsätze zur Beförderung der Haushaltungs-Wissenschaft, Künste, Manufacturen und Fabriken, 3 Theile, mit Kupf. 8. Leipzig 67.68 Hilscher A 1fl 30kr

Vorrathskammer, neue eröfnete, von allerhand Kunststücken, 9 Theile, mit Kupf. 8. Nberg. 60. Riegel A 1fl 30kr

Vorschlag einer nützlichen Zimmeranlage zu Verbesserung der Stuben-Oefen, mit Kupf. 8. Ulm 52. Stettin e 20kr

- - von Tilgung der Kornwürmer, 12. Hamb. 23.

- - nach welchen der Transport der Bäume, Landgewächse, Saamen und andere Naturalien über See zu veranstalten, 8. Kopenhagen 756. Rothe d 15kr

- - in welcher Art das Landwirthschaftswesen zu verbessern, 8. Leipzig 62. Fritsch f 30kr

- - zu einer Kunst-Handwerk, Manufactur-Fabriquen-Landwirthschafts-Kriegs- und Staats-Schule, 8. Tüb. 77. Cotta c 12kr

Vorschlag zur Verbesserung der Bauerhöfe, 8. Berlin, 74. c 15kr

- - zur Errichtung der Hinter-Pommerschen Landgüter, m K. gr. 8. Berlin 82. Realsch. h 36kr

- - - der Theurung des Getraides abzuhelfen, 8. Frankfurt 71. Brönner b 8kr

- - zu Verhütung der Hornviehseuche, 8. ebendas. 77. b 8kr

- - zur Verbesserung der Kiefern-Holzsaat, gr. 8. Berlin 85. Nicolai e 24kr

- - von Anlegung und Wartung des Spargels, 8. Flensburg 84. Korte b 8kr

- - zur Erziehung eines guten Nelkensaamens, 8. Stuttgard, 80. Mezler f 24kr

- - einer nützlichen Wegbesserung, nebst Anhängen die neuerfundene Einrichtung des Zimmer- und Anflug des jungen Holzes betreffend, 8. Ulm 83. Stettin e 20kr

- - zur Verbesserung und Glückseligkeit der Länder, 4. Nürnberg 69. Zeh. f 24kr

- - patriotisch gemeinter, wie dem gehemmten Ausfuhrhandel aus den hungarischen und deutschen Provinzen des Hauses Oesterreichs abgeholfen werden könne, 8. Wien 81. Gräffer f 24kr

- - durch Versorgung der Armen eine ansehnliche Rente zu erlangen wie auch die Bevölkerung und Benutzung des Landes zu vermehren, 8. Frft. 85. Brönner i 36kr

Vorschlag Waysenhäuser vortheilhaft zum Glücke vieler Menschen einzurichten, 8. Frankfurt 87. Fleischer f 24kr
- - zur Errichtung einer öffentlichen Krankenpflege für Arme jeden Orts, 8. Wittenberg 89. Zimmermann c 12kr
- - zu Verbesserung der Bauerhöfe, 8. Berlin 74. Wever b 10kr
- - - für das Beste der Herrschaften und Dienstboten, 8. Lpz. 44. Hilscher b 8kr
- - und Entwurf einer allgemeinen Bücher-Manufactur für Deutschland, 8. Bresl. 64. Horn f 24kr
- - zur Verbesserung der Armenanstalten in der Stadt und auf dem Lande, 8. Giessen 76. Krieger jun. c 12kr
- - zur Errichtung eines Getraidehandels-Comtoirs, 8. Neuwied 89. Ghera b 8kr
Vorstellung, patriotische, arme Staaten zu bereichern, 8. Zürch 62. Orell f 28 kr
Vortheile der Völker durch die Handlung, 2 Bände, a. d. Franz. gr. 8. Leipz. 66. Weidmann B q 5 fl
Vortheilen, von den wahren, eines Staats, 8. Nördlingen 82. Beck k 40kr
Vortheile von der Kunst-Gährung, 4. Langensalz 74. Schneider f 24 kr
- - zur Erziehung eines Nelkensaamens, 8. Stuttgart 80. Mezler f 24kr
Vorzeichen, natürliche, verschiedenen Wetters, 8. Leipzig 75. Löwe b 8 kr

von

von den Vorzügen, Mängeln und Verbesserungen des Ackerbaues, 8. Frft. 75. Andreä h 30kr
Vothmann, J. G. Gartenkatechismus für Landleute, 2 Theile 8. Leipz. 83. Weidemanns s 1fl 30kr
— — von Anlegung und Wartung des Spargels, 8. Flensburg 84. Korte b 8kr
Uranophili, allgemein. sehr curieus. u. immerwährender Haus- u. Reisecalender 8. Berl.51. h 36kr
Ursachen, natürliche, von den mannigfaltigen Gefährlichkeiten der menschlichen Wohnungen auf dem Erdboden, 8. Lpz. 68. b 10kr
— — warum die Zeiten immer schlechter werden, 8. Langens. 71. Schneider a 4kr
Ursprung und Wachsthum der Handlung, 8. Leipzig 62. Junius h 36kr
— — der Bergwerke in Sachsen, 8. Chemnitz 64. Stößel m 45kr
Urtheile und Betrachtungen über Anlegung beträchtlicher Kornmagazine, gr. 8. Göttingen 72. Dietrich b 10kr

Waarenberechnungen, Hamburgische, v. Engelbrecht 2 Bände gr. 8. Hamb. 82. Herold C h 6fl
Wächter, C. E. über Zuchthäuser und Zuchthausstrafen, 8. Stuttgard 86. Stettin m 45kr
Wagener, Unterricht und Vorstellung von Holzsparenden, bequemen und zierlichen Stubenöfen zu Putz- u. Wohnzimmern, gr. 4. Magdeburg 89. Creuz A 1fl 48kr
Wagners, G. J. vollkommener Fischer, 8. Breslau 62. Korn sen. f 24kr

Wagners

Wagners, Nachricht von einem Medicament in der pestilenzialischen Hornviehseuche, 4. Lübeck 45. Donatius a 4kr

– – G. C. Anweisung zur Civilbaukunst, 2 Theile, m. K. Fol. Dresd. 55 - 68. Walther A m 2fl 45kr

– – Zugabe zum Unterricht im Straßen und Brückenbau, 4. Zweybrücken 89. Weiß und Brede d 15kr

Wahl, A. C. M. Gedanken über die Erzeugung des Weins, nebst einem Anhang vom Essigbrauen, 8. Erfurt, 784. Keyser g 30kr

Wahrsager, der physikalisch und moralische, in 3 Büchern, 8. Frft. 58. Günther f 24kr

Waldek über die Unzertrennlichkeit der Bauergüter, 8. Gießen 84. Krieger jun. q 1st

Wallbergers, J. Sammlung natürlicher Zauberkünste, 8. Stuttgard 68. Mezler k 40kr

Wallerius, J. G. chymische Grundsätze des Ackerbaues a. d. Lat. von Krünitz, 8. Berlin 64. Weber f 24kr

– – chymische Grundsätze des Feldbaues, gr. 8. Bern, 765. k 40kr

Walters, D. Abhandlung von der Butter und deren vielfältigen Gebrauch, 8. Erlang 51. c 12kr

– – Beschreibung der Pferde- und Viehzucht, 8. Leipzig 15. Zebler d 20kr

– – Casp. Zimmerkunst oder von Arten von Thurnhauben und Kugelhelmen, m. K. Fol. Augsp. 769. Veith. Ch 5fl

Wal-

Walters Architectura hydraulica, ob. Anleit. zu d. Brunnenkunst, 2 Thle m. K. gr. Fol. Augsp. 66. Veith   C 4fl30kr

- - Brückenbau von Holz und Steinen, m. K. Fol. ebendas. 69. ders.   Bh 3fl30kr
- - F. L. die Lehre vom Dung oder Miste für Landwirthe, 8. Anspach, 86. Haueisen d 15kr
- - Handbuch der Forstwissenschaft, 8. Anspach 87. Haueisen   k 40kr
- - vom Wiesen- und Futterkräuterbau, 8. ebb. 88. ders.   d 15kr
- - vom Feld- und Ackerbau, für Guthsbesitzer, Cameralisten ꝛc. 8. Bayreuth 88. Lübecks h30kr
- - Lehrbegrif der Landwirthschaftswissenschaft, 8. Giessen 90 Krieger jun.   Ab 1fl40kr
- - die vorzüglichsten in- u. ausländischen Holzarten, 8. Bayreuth 90. Krieger jun. m 45kr
- - kurzgefaßte ökonom. Naturgeschichte Deutschlands, für Freunde der Natur, Aerzte, Cameralisten ꝛc. 8. Ansp. 88. Haueisen Ah 2fl
- - Lehrbuch d. Naturkunde, 1r Thl ebb. 88: ders. d15kr
- - J. J. prakt. Anleit. zur Gartenbaukunst, gr. 8. Stuttgard 79. Mezler   Am 2fl15kr

Wangenheim, F. A. J. v. Beschreibung einiger Nordamerikanischen Holz- und Buscharten, in Anwendung auf deutsche Forsten, 8. Göttingen, 81. Dieterich   h 36kr

- - Beytrag zur deutschen Holzgerechten Forstwissenschaft, gr. Fol. m. K. ebendas. 87. ders. E 9fl

Wartung und Auffütterung der Seidenwürmer, 8. Halberstadt 52. Groß   b 8kr

Waschbuch für Hauswirthinnen, 8. Berlin 785.
Rellstab   b 10fr

Wäschregister, vollkommenes, 8. Danzig 85. Brü-
ner   b 8fr

Waser J. H. Abhandl. vom Gelde, 4. Zürich,
76. Orell   q 1fl 12fr

- - Betracht. über die Zürcherischen Wohnhäuser
in Absicht auf Brandcassen, Bürgerprotocol-
le und andere ökonomische Bemerkungen gr. 8.
ebendas. 78. derf.   k 45fr

Wasserbergs, F. X. von dem Nutzen und der
Weise die Luft rein und die Städte und Häuser sauber zu halten, 8. Wien 72. Montag d 15fr

- - Sammlungen nützlicher und angenehmer Gegenstände aus der Naturgeschichte, Arzneywissenschaft und Haushaltungskunst, 1r Theil
8. Wien 73, Gerold   m 45 fr

Watelet, Versuch über die Gärten, 8. Leipz 76
Schwickert   h 36fr

Watin, der Stasiermaler, oder Kunst anzustrei-
chen, zu vergolden und zu lackiren, gr. 8.
Leipzig 74. Crusius   q 1fl 12fr

- - dessen 2ter Theil oder Abhandlung von den
Farben s. Apligny.

Weber, Chr. F. Abhandlung vom Huf der Pferde und der besten Art des Beschlags, 8.
Fkft. 76. Gerlach   d 15fr.

- - - kurzer Begrif von der Knochenlehre des
Pferdes, gr. 8. Dresden 74. Gerlach   d 15fr

Weber, J. A. neuentdeckte Natur und Eigenschaften des Kalks und der ätzenden Körper, 8. Berlin Wever   k 45kr

– – Anmerkungen über die Sammlungen von Nachrichten und Beobachtungen über die Zeugung des Salpeters, 8. Tübingen 80. Heerbrandt   f 24kr

– – bekannte und unbekannte Fabriken und Künste, 8. ebendas. 80. derf.   o 54kr

– – Unterricht von Verwahrungsmitteln gegen die Gewitter, für den Landmann, gr. 8. Salzburg 84. Waysenh.   d 15kr

– – nützliche Wahrheiten für Fabrikanten und Künstler, 2 Thle. 8. Wien 87. Stahel   u 1fl 15kr

– – allgemeinnützige Wahrnehmungen über die Viehseuche, 8. Halle 88. Hendel   b 8kr

– – vom Salpeter und der Zeugung desselben, 8. Tübingen 79. Heerbrandt   q 1fl

– – Monatschrift von nützlichen und neuen Erfahrungen in der Scheidekunst, 2 Stücke 8. ebendas. 73. derf.   d 15kr

– – physikal. chemisches Magazin für Aerzte, Chemisten und Künstler, 2 Theile 8. Berlin 87. Wever   A h 2fl 24kr

– – Beschreibung der großen Saline bey Gmünden in Ober-Oesterreich, 8. Tübingen 88. Heerbrandt   d 15kr

Wechselordnung, erneuerte, der Preuß. Lande, fol. Breslau, Korn jun.   b 10kr

Wechselordnung, Braunschweig-Lüneburgische, 4. Wolfenbüttel Meisner d 15kr
- - - Onolzbach. und Churbrandenburgische, Fol. Anspach 39. Messerer d 15kr
Wechsel-Responsa, Frankfurter, 2 Theile 4. Frft. 49. Strauß y 1fl 40kr
Wedekind, Abhandlung von der Sparsamkeit, 8. Göttingen 73. Boßiegel b 10kr
Wedel, Freih. v. Anleitung zu richtigen Begriffen von der Eintheilung der Dänischen Landgüther in Haupthöfe und dienstpflichtige Bauergüter, 8. Hamburg 83. Matthiesen k 40kr
- - G. M. L. Beurtheilung der Brokischen Schrift über die Vermehrung des Wachsthums der Bäume in Forsten, 8. Bresl. 75. Korn jun. f 24kr
Weg, der unfehlbare, Vermögen zu erwerben, oder die allgemeinen Grundsätze einer vernünftigen Oeconomie, 8. Carlsruh 66. Makolott f 24kr
Wegelis, Oesterreichisches Wechselrecht und Ordnung mit Anmerkungen, 4. Lindau 60. Otto h 30kr
Wehre, über Raub und Diebstahl, 8. Gotha 87. Ettinger h 36kr
Weidlers, J. F. Anleitung zur unterirdischen Meß- oder Markscheidekunst, mit Kupf. gr. 8. Wien 65. Trattner h 30kr
Weigels Einleit. zur allgem. Scheidekunst, 1. 2r Band m. K. gr. 8. Lpz. 88-90. Crusius D 7 12k

Weinarzt, der curieuse, 8. Frft. 53. Mezler
            h 30kr

Wein- u. Bierkünstler, der geschickte, 8. ebend.
 55. derſ.   e 20kr

Weinbau, der Rheingauer, mit Kupf. 8. Frft.
 53. Eßlinger   h 30kr

Weinberg, Anhang seiner Anweisung zu Anleg.
 eines Fourage-Magazins und Verpflegung
 einer Armee im Feld, gr. 8. Berlin 90. Horwath   o 54kr

Weingärtner, der wohlerfahrne, und sorgfältige
 Weinschenke, welcher eine gründliche Anweisung
 zum Weinbau ꝛc. giebt, 8. Eßling 56. m 45kr

Weinlig, C. G. Abhandlung vom Eisen, 8. Berl.
 78. Decker   b 10kr

Weise, C. Gebrauch des Trokars, 8. Leipzig
 89.   b 10kr

Weisheit und Thorheit, ökonomische, oder Journal von und für Oeconomen, 3 Theile 8.
 Erfurt 89-90. Keyser   A 1fl 48kr

Weiß, C. G. von der Gefährlichkeit der Kinder-
 Pocken, dem noch zugefügt, der Nutzen der
 Inoculation in der Hornviehseuche, 8. Duisb.
 73. Cramer in Br.   g 30kr

- - W. Entwurf einer Forstbotanik, 1r Band m.
 K. gr. 8. Göttingen 75. Vandenhök A 1fl 48kr

Weißers Rechte der Handwerker nach allgemeinen Grundsätzen, 8. Stuttgardt 80. Mezler
           A 1fl 30kr

            Weiſ-

Weiſſers, J. N. Gedanken über die Erweiterung der Kenntniß des Landmanns, 4. Halle 73. Gebauer, b 10kr

‐ ‐ über die Fleiſchtaxen, eine Preißſchrift, 8. Tübingen 88. Cotta k 40kr

Weißmantels, J. N. Blumiſte, 2 Theile 8. Leipzig 79‐83. Böhme B 3fl 36kr

Weizenbeck, G. A. öconomiſche Pflanzengeſchichte für Schulen und den gemeinen Mann, 8. München 87. Strobel h 30kr

‐ ‐ Bemerkungen über den dermaligen Holzzuſtand in Bayern, 4. Regensburg 90. Montag d 15kr

Werenbergs, J. G. die Witterungslehre für den Landmann, 4. Offenbach 80. Weiß f 24kr

‐ ‐ natürliche Vorzeichen des Wetters, allen Landleuten, Gärtnern und Schiffern dienlich, 8. Leipzig 75.

Werk, theoretiſch und praktiſches, die Künſte, Manufacturen und Handelsſchaft betreffnd, m. K. gr. 4. München, 80. Friz E 7fl 30kr

Werneck, vollſtändiger Forſtcalender, nach der Ordnung des J. G. Beckmanns, mit Kupf. gr. 8. Breslau 77. Korn ſen. A m 2fl 15kr

Werners G. H. mathematiſcher Unterricht in Verbeſſerung des Forſtweſens zu Cameral‐ und allgemeinen Benutzungen, 8. Bayreuth Lübecks u 1fl 15kr

Werner, G. Anleitung zu Fabrik- und Manufacturenanlagen, 8 Dresden 75. Walther d 18kr
- - ökonomisch pract. Catechismus des Kleebaues, und anderer Futterkräuter, 8. Erfurt 87. Keyser f 28kr

Wernher, über die Vertheilung gemeinschaftl. Aemter oder Herrschaften, Fol. Zweybrücken 82. Löfler B b 3 fl 30 kr

Werth, der verkannte, des Sächsischen Bergbaues, gr. 8. Lpz. 81. Crusius e 24 kr

Westenrieder, L. Beyträge zur vaterländischen Historie, Geographie und Landwirthschaft, 2 Bände, gr. 8. München 88. Lindauer B h 3 fl 30 kr

Westett, J. Theorie u. Praxis der Assecuranzen, a. d. Engl. von Engelbrecht, 3 Bände, gr. 4. Lübeck 82. Donatius E m 9 fl 54 kr

Weyhrauch, Bemerkungen über verschiedene Arten den Gehalt der Salzsohlen zu schätzen, und über die Mittel denselben zu finden, gr. 8. Gräz 82. Hörling u 1 fl 15 kr

Weylands, G. C. Abhandlung von Jagd- und Forstsachen, so viel in Praxi ein Beamter zu wissen nöthig hat, 8. Frankfurt 65. Eßlinger e 20 kr

Whitehurst Versuch durch Zeitmessung unveränderl. Längen- Körper und Gewichtmaaße zu erhalten, aus dem Engl. von Wiedmann, mit 3 Kupf. gr. 4. Nürnb. 89. Raspe q 1 fl

Wichmann, Christ. A. über die natürlichsten Mittel dem Landmann die Stallfütterung zu erleichtern, gr. 8. Leipzig 84. Müller f 30 kr

Wich-

Wichmann, Ch. A Katechismus der Schaafzucht, m.
22 Kpf. gr. 8. Leipz. u. Dessau 84. B 3fl45kr

Wichmannshausen, J. B. v. öconomische Erfahrungen, gr. 8. Bern 63. d 15kr

- - ökonomisches Allerley, s. Allerley.

- - Vorschläge, das Landwirthschaftswesen durch verordnete Aufseher zu verbessern, 8. Leipz 62. Fritsch d 18kr

Wichts Handbuch für Kaufleute und alle Arten von Handlungen, 8. Helmst. 69. Kühnlin h 30kr

Widenmann, J. F. Beschreibung der zu Freyberg gegenwärtig gewöhnlichen Hütten- u. Schmelzarbeiten, 8. Freyberg 89. Craz d 18kr

Widerlegung des Tractats von der Schäferey-Gerechtigkeit, 8. Braunschw. 85. Schulbuchhandlung b 10kr

Wie versorgt ein Staat am besten seine Armen und steuert der Betteley? 8. Leipzig 83. Göschen c 15kr

Wie können aber kleinere Herrschaften ihre Unterthanen und Einkünfte vermehren? 8 Nördlingen 76. Beck c 12kr

Wiedeburgs Anleitung zum Rechnungswesen, 8. Jena 72. Cröker h 40kr

- - practische Mathematik für Rechtsgelehrte, Cameralisten und Oeconomen, mit Kupf. gr. 8. ebendas. 61. Cuno A q 3fl

- - Policeyvorschläge zu vorläufigen Anstalten und Rettungsmitteln bey zu befürchtenden Erdbeben, gr. 8. ebendas. 84. Crökers d 20kr

Wiegands, Joh. Anleitung zu einem Land- und Hauswirthschafs-Calender, gr. 8. Wien 69. Trattner   a 1fl 12kr

- - ebendieser, 8. Leipz. 72. Hilscher   q 1fl

- - Handbuch zum Unterricht einer Feldwirthschaft, 8. ebendas. 71. ders.   h 30kr

- - practische Anleitung zu einem verbesserten Ackerbau, 8. ebendas. 71. ders.   d 15kr

- - Versuch, den Fleiß unter dem Landvolke einzuführen und allgemein zu machen, 8. ebend. 72. ders.   h 30kr

- - öconomische Betrachtungen von der Robath oder den Frohndiensten, 8. ebendas. 76. Kurzbek   c 12kr

- - Handbüchlein zum Unterricht für die Oesterreichischen Schaafmeister, 8. ebendas. 775. ders.   f 24kr

- - wohlerfahrner Landwirth, gr. 8. Wien 77. s. Landwirth.

- - Hausbuch für die österreichische Landjugend zum Unterricht der Feldwirthschaft, 8. Wien 71.

- - Anleitung zum Flachs- und Tobacksbau, s. Anleitung.

Wiegleb, J. Ch. Sammlung von allerhand Kunststücken für Künstler, Handwerker und Oekonomen, a. d. Franz. übers. 2 Theile, gr. 8. Leipzig 84. s. Sammlung.

Wieße,

Wiebe, J. H. über die dänischen Bankozettel, Handelsanlagen und den ostindischen Handel, gr. 8. Kopenhagen 88. Proft   o 54kr

Wiehens, J. G. W. Beschreibung wie man flüchtige Pferde vor einer Kutsche mit einem Riemen losspannen und die Räder an einem Reisewagen weit und eng stellen kann, m. K. 4. Hildesheim 72. Möller   d 15kr

Wienerisches Mercantil-Schema, oder Verzeichnis aller in Wien befindlichen Niederlags-Verwandten, bürgerlichen Handelsleuten und andern zum Negotio gehörigen Personen gr. 8. Wien 68. Trattner   k 40kr

Wierz Wechselarbitragetractat, gr. 4. Basel 48. Thurneisen   B 3fl

– – Ebendasselbe von Westenburger vermehrt, gr. 4. ebendas. 68. Ders.   B q 4fl

Wiesigers Beantwortung: Was ist Wucher? Ist es gut ihn zu hemmen und wodurch kann er gehemmet werden? 8. Berlin 90. Maurer e 24kr

Wilkens, C. H. Anweisung zum deutschen Landwesen, 8. Leipzig 67. Holle   m 54kr

– – von Abschaffung der Kuppelhuthe, gr. 8. ebendas. 67. Dyk   d 18kr

– – Verbesserung des Staats aus mathematischen und öconomischen Gründen, oder vollständiger Unterricht von Landesvermessungen und vortheilhafter Einrichtung der allgemeinen Landesökonomie u. Cameralwesens, mit Kupf. 2 Theile, 4. Frankft. 765. Stettin B q 4fl

Wilkens, Abhandlung aus der Erdmeßkunst einen undurchsichtigen Wald auszumessen, m. Kupf. 4. Danzig 70. Wedel   c 12kr

- - Vermessung der Grundstücke, 4. ebendas. 70. derf.   d 18kr

v. Wilke, G. E. W. Versuch einer Anleitung die wilden Bäume und Sträuche unserer Waldungen auf ihren blossen Anblick zu kennen, mit Kupf. 8. Halle 88. Gebauer   A 1fl 48kr

- - Sammlung von den wichtigsten Regeln in der Küchengärtnerey, 8. ebendas. 84. derf.   q 1fl 2kr

- - Handbuch für Lustgärtnerey u. Blumenfreunde, 8. ebendas. 85. derf.   o 1fl 2kr

- - neueste Sammlung der wichtigsten Gärtner-Regeln, 8. ebendas. 87. derf.   s 1fl 30kr

- - über die Giftpflanzen der Küchengärten, 8. ebendas. 87. derf.   c 15kr

- - monatliche Anleitung zur Beförderung der ergiebigen Erziehung des Obstes, mit Kupf. 8. ebendas. 87. derf.   A m 2fl 45kr

- - die wichtigsten Regeln in der Baumgärtnerey, 8. Leipzig 88. Hilscher   g 30kr

Willborns wohlunterwiesener Europäischer Negotiant oder theoret. practische Anweisung zu allen Waaren und Wechselrechnungen, 2 Thle gr. 4. Ulm 88. Stettin   C 4fl 30kr

Willburg, Ant. Carl, Anleitung fürs Landvolk in Absicht auf die Erkenntniß und Heilungs-
    art

art der Krankheiten des Rindviehes, 8. Nürnb.
81. Stein   m 45kr
Wilburg Beschreib. des Purpurs oder Keesliquors
in Absicht auf die Gesundheit, 8. ebendas. 68.
derf.   b 8kr
Willebrands, J. P. Inbegrif der Policey, 8.
Zittau, 67. Spickermann   k 45kr
- - Grundregeln und Anleitungssätze zu Beför-
derung der gesellschaftlichen Glückseeligkeit in
den Städten, gr. 8. Lpz. 71. Heinsius y 1fl24kr
- - Grundriß einer schönen Stadt in Absicht ihrer
Anlage und Einrichtung, 3 Theile gr. 8. Ham-
burg 55-76. Bohn   A u 3fl20kr
Winkler, von den Kriegsschäden der Pächter und
Miethleute, gr. 8. Leipz. 62. Fritsch A 1fl4 8kr
- - E. G. Etwas für Blumisten, 8. Budissin
D inzer   k 40kr
- - Blumenfreund, 4. ebendas. 68. derf. o 54kr
Winters, G. S. neuer Tractat von der Reitkunst,
2 Theile Fol. Ulm 74.   u 1fl15kr
- - wohlerfahrner Roßarzt, oder völlige Roßarzneykunst, in 3 Büchern, m. K. Fol. Nürnberg 78. Endters   C 4fl30kr
- - wohlberittener Cavalier, oder gründliche Anweisung zu der Reit- und Zaumkunst, 2 Theile, m. Kupf. Fol. ebend. 78. derf. Cu 6fl
- - wohlerfahrner Pferdearzt, mit Kupf. 8.
ebendas. 57. derf.   A 1fl30kr
Winzer u. Kellner, der vollständige, 8. 81. m 45kr

Wirth-

Wirthschaftsbeamter, der kluge, s. Schwefer.
Wirthschafts-Calender für Hauswirthe u. Wirth-
 innen auf dem Gerstlande, 8. Hamb. 770.
 Herold c 15kr
- - Regeln für das Frauenzimmer, 3 Stücke, 8.
 Quedlinburg 58. Biesterfeld f 30kr
Wirthschafter, der vorsichtige, 12. Nürnberg
 51. Raspe f 24kr
- - der redliche und aufrichtige, 8. Jena 745.
 Cröker b 10kr
Wissel Abhandlung von Zöllen (de iure vecti-
 gali) insonderheit auf schiffbaren Strömen in
 Deutschland, 8. Zelle 72. Richter h 30kr
Wissenschaften von leichten Haus- und Arzney-
 mitteln, Pferde-Curen und nützlichen Haus-
 haltungskünsten, 8. Frft. 70. Schulze d 15kr
- - und Geheimnisse, öconomische, 8. Cölln, 84.
 d 15kr
Wochenblatt, Schwedisch-öconomisches, 4 Thle,
 8. Greifsw. 765. Röse A 1fl48kr
- - Giesser, von gemeinnützigen Anzeigen und
 Nachrichten vom Jahre 66-75. 7 Bände,
 4. Giessen, Krieger H 12fl
- - allgemeines Zittauisches, zur Aufnahme des
 Nahrungsstandes, 4. Zittau, 71. B 3fl36kr
- - Wittenbergisches, s. Titius.
- - für den gemeinen Mann, 2 Jahrgänge in
 8 Theilen, 8. Leipz. 75-77. Jacobäer C 5fl30kr
- - gothaisches gemeinnütziges, 4. Gotha 1779
 bis Jun. 1783. Ettinger D 7fl12kr

Wochen-

Wochenblatt für die Tabagien, worinnen die Betrügereyen aller Künstler und Handwerker freimüthig entdeckt werden, 2 Bände 8. Berlin 73 - 74. Birnstiel   q 1fl 2kr

Wochenschrift, physikalisch ‒ öconomische, 2 Bände, 4. Stuttg. 55 - 58. Mezler   Ch 5fl

Wöhrls neu untersuchte Wahrheiten von der Gerechtigkeit Zinsen von Zinsen zu nehmen, 8. Frft 33.   e 20kr

Wöllners, J. E. Unterricht zu einer öconomischen Bibliothek, 2 Theile, gr. 8. Berlin 64. und 65. Realschule   A 1fl 48kr

‒ ‒ Preisschrift wegen der eigenthümlichen Besitzungen der Bauern, gr. 8. ebendas. 68. derf.   d 18kr

Wörterbuch, bergmännisches, s. Lexica.

‒ ‒ öconomisches, s. Onomatologia, unter Lexica.

Wolf, E. von Vermehrung des Getraydes, 4. Halle 50. Rengers   k 48kr

‒ ‒ J. D. Schilderungen verschiedener häuslichen Zufälligkeiten, 8. Breslau, 72. Horn b 8kr

‒ ‒ H. über die Feldmäuse, gr. 8. Hamburg 86. Bohn   q 1fl 2kr

‒ ‒ ‒ vollständige Anleitung zur kaufmännischen Buchführung, Fol. Wien 74. Trattner Eh 8fl

Wollin, Ch. v. von Verfälschung des Weins mit Bleyglätte, 8. Altenburg 78. Richter d 18kr

Wolsteins, J. G. Anmerkungen über die Viehseuchen in Oesterreich, gr. 8. Wien 82. s 1fl 2kr

Wolsteins,

Wolstein, J. G. das Buch von Viehseuchen für Bauern, gr. 8. Presb. 89. Löwe c 12kr
- - Unterricht für Fahnenschmiede, gr. 8. ebb. 79. Kurzbeck m 45kr
- - das Buch von innerlichen Krankheiten der Füllen der Kriegs- und Bürger-Pferde, gr. 8. ebendas. 87. Gräffer A f 2fl
- - das Buch für Thierärzte im Kriege, gr. 8. ebendas. 88. derf. A f 2fl
- - Lehrbegrif der Pferdarzneykunst, s. la Foße.
Wredens Untersuchung der Viehseuche nebst Hilfsmitteln, 8. Hannover 42. Hellwings b 10kr
Wüstenau, U. von, Vorschlag einer Verbesserung des Bräuheerdes, Färbekessels, Salzpfänne und anderer Fabriken-Instrumente, 8. ebendas. 73. d 18kr
Wulf, Abhandlung vom Kärntherischen Bleyspathe, mit gemahlten Kupf. gr. 4. Wien 85. Krauß K 15fl
Wunderbuch, das (ökonomische) für Frauenzimmer, enthaltend die Kunst, eine Haushaltung in allen ihren Puncten vortheilhaft zu regieren, 8. Frft. 56.
Wursters, Ch. F. Einleitung zur practischen Feldmeßkunst, m. K. 8. Tübingen, 86. Heerbrand m 45kr
- - Anleitung zur Magazin-Bienenzucht, mit 6 Kupf. 8. Tübingen 90. Heerbrandt A h 2fl
Wynblads, C. Beschreibung der Bauer- und anderer gemeinen Leute Häuser, und wie sie
sowohl

sowohl von Steinen, als von Holze nach den
strengsten Regeln der Sparsamkeit aufzubauen
sind, m. K. 4. Copenhagen 68. Faber m 45kr

Xenophons Buch von den Einkünften, 8. Wolfenbüttel, 53. Meisner   m 45kr

- - von der Oeconomie oder dem Hauswesen,
8. Tübingen 78. Heerbrand   h 30kr

Youngs, Arth. politische Arithmetik, enthaltend
Bemerkungen über den gegenwärtigen Zustand
Großbrittanniens, und über die Grundsätze der
Verwaltung in Hinsicht des Ackerbaues 8.
Königsberg 77. Dengel   q 1fl 12kr

- - Annalen des Ackerbaues u. der Künste, a. d.
Engl. von Hahnemann und mit Anmerkungen
von Riem, 1r Theil gr. 8. Leipzig 90. Crusius   q 1fl 12kr

v. Zahlheim, K. Versuch über die Mittel Mangel und unrechten Preiß der Körner zu ver-
hindern, gr. 8. Wien 774.   d 15kr

Zange, C. G. v. Abhandlung von der Zunftmä-
ßigkeit der Schäfer, 8. Giessen 85. Krieger
jun.   e 20kr

Zanthier, H. D. Sammlung vermischter Abhandlungen über das theoretische und praktische Forstwesen, 2 Theile, 8. Berlin 86.
Weber   m 54kr

Zaumsegel, E. E. öconomische Gedanken nebst
Anhang von Wirthschaftstabellen, 8. Berlin
88. Petit.   d 15kr

Zausch

Zauschners. F. E. praktische Untersuchung, ob es dem Staate vortheilhafter wäre, wenn man die Domainen zertheilen möchte, 8. Prag 70. Höchenberger   d 15kr

Zech die Verwandlung der Domainen in Bauergüter, 8. Straß. 60. Junius   c 15kr

Zehentner, J. E. Unterricht zur Anweisung eines Cavaliers im Reiten, mit Kupf. 8. Frft. 83. Strauß   k 45kr

- - Kunst Pferde zu kennen, mit Kupf. 8. Frft. 76. Derf.   q 1fl12kr

- - Unterricht von der Pferdezucht, 8. Berlin 70. Voß   e 24kr

Zeidler, J. E. Buchbinderphilosophie oder Einleitung zur Buchbinderkunst, 8. Halle 708.   h 36kr

Zeigers, Andr. Anleitung zur Oeconomie und Verbesserung des Feldbaues, 5 Theile 4. Lpz. 49.   A h 2fl24kr

- - ebendasselbe in einem Auszuge, gr. 8. Frankfurt 57. Strauß   h 36kr

Zeihers, J. E. vollständiger Unterricht von Küchengewächsen, 2 Theile, 8 Leipzig 56.   u 1fl30kr

- - Lehrbegrif von den Krankheiten der Pferde und deren Heilung, 8. Berlin 71. Realsch.   k 45kr

Zeissig J. F. Artemidia, od. Gedanken von der Jägerey, hohen und niedrigen Jagd, wie auch Holztractamenten, 4. 722.

Zeitung, Haushaltungs, oder Tagebuch vom Feldbau, Haushaltung ꝛc. 12 Stücke 4. Heilbronn 81. Eckebrecht   A m 2fl15kr

Zeplichals,

Zeplichals, A. Anleitung zur bergmännischen Kenntniß des Erdballs, 1ter Theil m. K. gr. 8. Breslau 71. Korn jun. i 36kr

Zetterstens Anmerk. von dem Gelde und den Banken, nebst einem Verzeichniß der bey der Handlung und Schiffarth gebräuchlichen Redensarten, a. d. Schwed. von Meidinger, 8. Wien 85. Kurzbeck f 24kr

Zeugniß, politisches, öconomischer Wahrheiten vom Wollenspinnen, 8. Ulm 64. Bartholomäi e 20kr

Ziegler, C. L. über die Ursachen der Festigkeit alter römischer und gothischer Gebäude, gr. 4. Berlin 76. Realschule d 18kr

Zimmermann, der vollkommene, oder vollständige Anweisung zur Baukunst, m. K. Fol. Frft. 89. Herrmann A 1fl 30kr

Zimmermanns, C. F. Obersächsische Bergakademie, oder Bergwerkswissenschaften, 3 Theile, 4. Dresden 46. Walther m 54kr

Zinkens, G. H. Anfangsgründe der Cameral-Wissenschaft, 4 Theile, 8. Leipzig 55. Hilscher D 6fl

– – Cameralisten-Bibliothek, 4 Theile, 8. Leipz. 51-52. Hilscher A d 1fl 45kr

– – Abhandlung von der Wirthschaftskunst der Armen, gr. 8. Düsseld. 59. Jacobäer k 45kr

– – Entwurf seiner practischen Collegiorum juridico-cameralium, 8. Leipzig 42. Fuchs b 10kr

Zinkens, C. F. W. rechtliche Wirthschaftsſätze und Cautelen bey Contracten, Kaufen, Verkaufen, Verpachten ꝛc. 8. Riga 72. Hartknoch　　　　　　　　　　　　g 30kr

- - Real- Manufaktur und]
Handwerks-Lexicon, 　} ſ. Lexica.
- - ökonomiſches Lexicon,]

Zöga, Verſuch zur Entwickelung feſter Begriffe von Arbeit und Handel, 8. Kopenhagen 87. Proft　　　　　　　　o 54kr

- - Etwas über Münzweſen überhaupt u. über den Urſprung und Beſchaffenheit des Däniſchen Münzfuſſes, gr. 8. Kopenhagen 89. Proft　　　　　　　　　m 45kr

Zoophili erleichterte Sorge eines klugen Hausvaters, 8. Erfurt 26　　　　e 24kr

Zorns, C. Unterricht von Erziehung der Pferde, 8. ebend. 68. Homeyer　　　　d 18kr

Zſchwakwitz, J. C. Abhandlung der vollſtändigen Oeconomiae politicae et cameralis, 8. Halle 39. Renger　　　　　　　o 1fl12kr

- - Nachricht von bem Handlungsweſen vormaliger und jetziger Zeiten, 8. Leipzig 36. Cruſius　　　　　　　　b 10kr

Zuckerbäker, der vollkommene und kunſtunterwieſene, 8. Frkf. u. Leipz 84.　　h 36kr

- - der Franzöſiſche, a. d. Franz. 8. Strasburg, 76. Treutel　　　　　q 1fl

Zükert, von den Nahrungsmitteln, 1r Theil, oder allgemeine Betrachtung derſelben, gr. 8. Berlin 75. Mylius　　　　à 1fl24kr

Zükert,

Zükert, erste Fortsetzung des vorhergehenden Buchs, von den Speisen aus dem Thierreiche, gr. 8. Berlin 77. Mylius m 54kr
- - 2te Fortsetz. von den Speisen aus dem Pflanzenreiche, gr. 8. ebd. 78. derf. s 1fl 24kr
- - Naturgeschichte der Bergwerksverfassung des Ober- u. Unterharzes, 8. ebendas. 62. Nicolai s 1fl 24kr
- - von den Mitteln die Entvölkerung eines Landes zu verhüten, 8. ebendas. 73. Mylius d 18kr
- - - medicinisches Tischbuch, 8. Berlin 75. Mylius o 1fl 8kr
Zunfts-Artikel für die Gewerke der Zimmerleute, Fol. Glogau 70. Günther e 20kr
Zungenkrebs, vom sogenannten epidemischen, 8. Göttingen 87. Dieterich b 10kr
Zuschauer in der Wirthschaft der Regenten und des Volks, 1r Band gr. 8. Basel 67. A 1fl 30kr
Zyllnhardt, Carl von, auf Erfahrung gegründete Gedanken über die Reitkunst und was dazu einschläglich ist, gr. 8. Mannheim, 83. s 1fl 12kr

Nachtrag.

Abhandlungen, öconomische, und Vorschläge zum allgemeinen Nutzen für den Stadt- und Landhausvater, mit Kupf. 8. Mainz 89. Akademische Buchhandlung u 1fl 15kr vom Anbau der vorzüglichsten inn- und ausländischen Futtergewächsen und wirthschaftlichen Benuzung der Wiesen, 8. Gießen 90. Krieger J.   d 15fr

- - - der vorzüglichsten inn- und ausländischen Holzarten oder von der Holzkultur, 8. Gießen 89 Krieger J.   e 20fr

Andräe Charakteristik innländischer Forstbäume und Sträucher in Tabellen, gr. 8. Frankft. 90. Andreä   q 1fl

Anfangsgründe der Reitkunst, 8. Jena 89. Crusius   f 30fr

d'Angerville, Fougeroux, Siebmacherkunst, f. Schauplaz.

Anweisung zum Seifensieden, Lichterziehen, Eßigbrauen ꝛc. gr. 8. Berlin 89. Weber h 36fr

- - dessen 2ter Theil, oder Anweisung zum Mariniren, Einsalzen und Räuchern der Fische, vom Hausschlachten, Kaffe, Thee und Chokolate, gr. 8. ebendaf. 90. derf.   h 36fr

- - für Frauenzimmer, die ihrer Wirthschaft selbst vorstehen wollen, gr. 8. ebend. 90. derselbe   h 36fr

- - practische, alles Federvieh wohlfeil zu mästen, 2te Auflage, 8. Koburg 90. Ahl d 15fr

- - gutes Bier zu brauen, 8. ebendaf. 90. derselbe   e 20fr

- - gründliche zur ächten und vollkommensten Verfertigung und Zubereitung aller vorzüglichen

lichen Rauch- und Schnupftabacke, mit 8
Kupf. 8. Berlin 90. Maurer   A 1fl 48kr
Anweisung zur Vertilgung des schädlichen Blü-
thenwiklers, 8. Berlin Horwath   h 30kr
- - practische, Nelken zu ziehen, 8. Hannover
. 89. Heinzman   b 8kr
Auswahl der neuesten Abhandlungen und Beobachtungen auswärtiger Gelehrten über Physik, Chemie, Mineralogie, 1r und 2r Band,
8. Queblinb. 88 - 90. Ernst   Ak 2fl 15kr
Berghauß selbstlehrender doppelter Buchhalter,
gr. 8. Leipz. 90. Gräffe   Am 2fl 45kr
Beschreibung einer neuen Spinn- Zwirn- Ha-
spel- Kraz- und Krempel- Maschiene zu 100
und mehr Faden, mit 27 Abrissen, 4 Cöthen
89. Glaudenberg   K 1fl
- - eines vorzüglichen Dörrofens mit circuliren-
den Rauchfängen, 8. Frankfurt 90. Herrmann
   c 12kr
Beuthers Vergleichungs- Tabellen des Getrei-
demaaßes der vornehmsten Städte in Europa,
8. Augsburg 90. Rieger   c 12kr
Beyers Bergstaats- Rechtslehre mit Berichtigungen und Zusätzen von Cancrin, 8. Halle
90. Gebauer   * 1fl 30kr
Beyträge zur practischen Forst- und Flozhandels-
wissenschaft, m. Kupf. gr. 8. Ulm 90. Stettin   k 40kr
- - practische, für Freunde der Oeconomie,
Cameralwissenschaft 2c. 8. Leipzig 89. Hilscher   m 45kr

Biblio-

Bibliothek, compendiöse, der gemeinnützigsten Kenntnisse für den Landmann, 16 Stück gr. 8. Göttingen 90. Dietrich   f 30kr

Bienenbücher.

Janscha hinterlaßene Lehren von der Bienenzucht, 8. Wien, 90. Kurzbek   u 1fl 15kr

Jenisch practische Bienenpflege für den Landmann in Böhmen, mit Kupf. gr. 8. Prag 89. Widmann   q 1fl

Epizner Abhandlung von Bienen für alle Landesgegenden, 4. Zittau 88. Schöps c 12kr

Strube practische Unterweisung zur Bienenzucht besonders in Niedersachsen, 8. Celle 89. Richter   f 24kr

* * *

Blochs ökonomische Naturgeschichte der ausländischen Fische, 4r Band mit 36 illum. Kupf. gr. 4. Berlin 90. Beygang   O 30fl

Börners alphabetisches Verzeichnis von inn- und ausländischen perennirenden Stauden-Zwiebel- und Knoll-Gewächsen, 8. Dresden, 87. Gerlach   h 36kr

Böttichers Uebersichts-Tabellen aller Europäischen Staaten, nebst deren Münzen, Maaßen u. Gewichten, gr. Fol. Königsberg 89. Hartung   Am 2fl 15kr

— Ebendaßelbe, neue mit 3 Tabellen vermehrte Auflage, gr. Fol. ebendas. 90. ders. A 2fl 45kr

Borkhau-

Borkhausens Verſuch einer Erklärung der zoo-
logiſchen Terminologie, gr. 8. Franff. 90.
Varrentrapp A 1fl 30kr

Bottermanns Beytrag zu der Kunſt des Schloſ-
ſers oder Verſuch über die hieroglyphiſche
Kunſtſchlöſſerwerke, mit 6 Kupfern, gr. 4. Berlin 90. Oehmigke Am 2fl 15kr

Bouchholz, Freyheit und Eigenthum der Bauern
in den Domainen, als ein Mittel zur Verbeſſerung des Bauernſtandes, des Staats
und der Landesherrlichen Revenüen in Meck-
lenburg, 2 Thle 8. Schwerin 87. Gräfe m 54kr

Brahms Inſectenkalender für Liebhaber und Oeconomen, 1r Theil 8. Mainz 90. Akadem.
Buchhandl. u 1fl 15kr

Briefe über verſchiedene Theile der Cammeral-
wiſſenſchaft, 1ſter Band, gr. 8. Mainz 89.
Sartorius q 1fl

Brugnones Werk von der Zucht der Pferde,
Eſel und Maulthiere und von den gewöhn-
lichen Geſtüttkrankheiten, a. d. Ital. gr. 8.
Prag 90. Kalve. A 1fl 30kr

Brückner über Errichtung einer Brandaſſekuranz-
kaſſe in Bern, 8. Zürich 90. Orell h 36kr

Buchhalter, der neue doppelte, 1r Theil, gr. 8.
Gieſſen 89. Krieger ſen. A 1fl 30kr

Büſch Grundſätze der Münzpolitik, gr. 8. Hamb.
89. Bohn m 54kr

Burgsdorfs Abhandlung über die Vortheile vom Anbau einiger in Preußen noch ungewöhnlichen Holzarten, gr. 4. Berlin 90. Pauli d 18fr

Cancrin vom Wasserrechte, 2ter Band, mit Kupf. 4. Halle 90. Gebauer   A m 2fl 45fr

– – erste Gründe der Berg- und Salzwerkskunde, 11ter Band, oder Grundsätze des teutschen Berg- und Salzrechtes, 1ste bis 5te Abtheilung, mit Kupf. gr. 8. Frankfurt 90. Andreä   B 3fl

– – Abhandlung vom Gyps und Lederkalk bey Bauarbeiten, mit Kupf. 8. Gießen 90. Krieger jun.   m 45fr

Christ, vom Mästen des Rind- Schweinen, Schaaf- und Federviehes, 8. Frankfurt 90. Herrmann   q 1fl

– – Beschreibung des vorzüglichsten Dörrofens mit zirkulirenden Rauchfängen, mit Kupf. 8. ebendas. 90. derf.   c 12fr

– von Pflanzung und Wartung der Obstbäume und ihrer Arten, 8. Frft. 89. Herrmann   A 1fl 30fr

Christiani Unterricht für die zu Kaufleuten bestimmten Jünglinge, 2 Theile, 8. Hannover 90. Hellwing   A m 2fl 45fr

Chrons selbstlehrendes Rechenbuch für die Handlung und Haushalung, 10te Auflage 8. Wismar 90. Bödner   k 40fr

Clarcs Abhandlung von Verhütung der Pferdekrankheiten, aus dem Engl. gr. 8. Wien 90. Stahel   u 1fl 15fr

Com-

Commerzien-Charte von Europa, Asia, Afrika und Amerika, Fol. 85.   o 1fl 12kr

Diezers Forstwirthschafts-Tabellen, worinn das Stammholz vom geringsten bis zum stärksten Stamm berechnet ist, 1ster Theil gr. Fol. Mannh. 90. Akad. Buchh.   A u 2fl 45kr

Enderlins Grillen über den Straßenbau, theoretisch und practisch, 8. Carlsruh 89. Maklott   d 15kr

Engels Pferdekenntniß und Behandlung, 8. Dresden 89. Craz   e 24kr

– – über Steuer-Regulirung nach dem Ausmessungsfuß. 8. Freyberg 90. Craz   d 15kr

von Einrichtung des Handlohns bey Erbzinßlehen nach den Nürnberg. Rechten, 8. Nürnb. 90. Stiebner   d 15kr

Erfahrungen, practische, einer künstlichen Befruchtung der Levkojen, 8. Frft. 90. Köhler in Leipz.   m 45kr

Etwas über Frucht und Getreidehandel für Cameralisten, Beamte und Landwirthe, 4. Nürnberg 90. Zeh   f 24kr

– – über die Vortheile der Stallfütterung des Hornviehes, 8. Razeburg 90.   b 8kr

– – über bessere Erziehung der Handelsleute, 8. Nürnberg 90. Zeh   b 8kr

Eulers neues Handlungslexicon in deutschen, franz. und italien. Rubriken, 2 Thle gr. 8. Carlsr. 90. Fleischer in Frft   B 3fl

Fabricii

Fabricii Policeyschriften, 2 Theile gr. 8. Copenhagen 89. 90. Proft   B h 4fl

Fabroni Kunst nach vernünftigen Grundsätzen Wein zu verfertigen, aus dem Ital. mit Zusätzen von Hahnemann, 8. Leipzig 90. Barth   q 1fl 12kr

Ferbers mineralogische und metallurgische Bemerkungen in Neuchatel, Franche Comte und Bourgogne, gr. 8. Berlin 89. Mylius q 1fl 12kr

Finke Schreiben über ungekünstelte und sichere Verfeinerung aller groben Wolle, 8. Celle, 90. Richter   c 12kr

Flora oder Nachrichten von merkwürdigen Blumen, 4. und 5ter Heft, mit Kupf. gr. 8. Stuttg. 89—90.   C 4fl 30kr

Frae-Rex nützliches Handbuch für alle Bäker, Brauer und Brandteweinbrenner, wie auch Mühlen-Waagemeister, 4. Berlin 90. Unger   q 1fl 12kr

Friedrichs II. ökonomisch-politisches Finanzsystem, 8. Berlin 89. Vieweg sen.   i 40kr

Friedrich für Liebhaber der Canarienvögel-Erfahrungen, 8. Wismar 90. Bödner d 15kr

Funke Naturgeschichte und Technologie, 1r Bd. gr. 8. Braunschw. 90. Schbhbl. As 3fl 15kr

Garsault Riemer- und Sattlerkunst, gr. 4. s. Schauplatz.

Gartenökonomie für Frauenzimmer, 1s Bändch. 8. Züllichau, 90. Frommann   o 1fl 8kr

Gaschiz,

Gaschtz Unterricht zur besten Behandlung und Benutzung der Pferde, des Rind - Schaaf-Schwein, und Federviehes für Landwirthe, gr. 8. Leipzig, 90. Sommer   s 1fl 24kr

Gatterers Anleitung den Harz und andere Bergwerke mit Nutzen zu bereisen, 1. bis 3r Th. 8. Göttingen, 85 - 90. Vandenhöck. I. o. II. q. III. y   Bd 4fl

- - Technologisches Magazin, 1. Bds 1 Stück. 8. Memmingen, 90. Seyler   s 1fl 12kr

Gebrauch einer in vielen Fällen nützlichen Rechnungstabelle, 4. Dresd. 88. Walther   b 10kr

Gedanken über die Schädlichkeit der Brandteweinbrennereyen in einem Lande, 8. Leipzig, 90. Schöps   b 8kr

- - eines Rheinländers über die Braunschweig. und Hessenkasselische Scheidemünze, 8. Bacharach, 90. Weiß und Brede   b 8kr

Gerhards Handbuch der deutschen Münz - Maas- und Gewichts - Kunde, gr. 8. Berlin, 88. Wever   Ad 2fl 15kr

- - Beyträge zur kaufmännischen Rechnungskunde, 1s St. gr. 8. Ebd. 88. derf. m 54kr

- - logarithmische Tafeln für Kaufleute, 1r Th. gr. 8. Ebd. 88. derf.   B 3fl 36kr

Germershausen das Ganze der Schaafzucht, 2r Thl, gr. 8. Leipz. 90. Junius   Ah 2fl 24kr

Gilly Anweisung zur Erbauung und Errichtung der Dorf-Ziegel-Oefen und zum Zubereiten und

und Brennen der Ziegel, 8. Berlin, 90.
Lange i 40 kr

Gmelins Grundriß der Mineralogie, 8. Göttingen, 90. Dietrich A h 2 fl 24 kr

Göz Anweisung zu vortheilhafter Anlegung der Baumschulen und Baumgärten, 8. Altenburg, 88. m 54 kr

Gottschlings Anweisung im kaufmännischen doppelten Buchhalten, 8. Dresd. 90. Hilsch. f 24 kr

Graßmanns Anweisung wie man guten und reifen Kleesaamen auf eine leichte Art in zureichender Menge gewinnen könne, gr. 8. Berlin, 90. Pauli q 1 fl 12 kr

- - Abhandlung über die längere Dauer und den Widerstand des Schiffbauholzes gegen die an den Schiffen nagenden Seewürmer, 8. Stettin, 90. Kaffe m 45 kr

Grills Baurendoctor für Menschen und Vieh, 8. München, 89. Strobel m 45 kr

Grünblers neue Beyträge zur Handlung, 8. Berlin, 90. Wever d 18 kr

Grundsätze der Handlungswissenschaft zum Gebrauch der Kaif. Realakademie, 8. Wien, 90. Stahl m 45 kr

Guden vom Wechselrecht über Schuldverschreibungen, 8. Göttingen, 90. Dietrich f 30 kr

- - von den Mitteln die Handlung in einem Lande zu befördern, 8. Göttingen, 73. Dietrich o 1 fl 8 kr

Guden von der Sicherheit wider die Donnerstrahlen, 8. Ebd. 73. derf. h 36 kr

Guden-

Gugenmuß ökonomische Schriften mit Anmerkungen herausgegeben von Stumpf, gr. 8. Jena, 89. Mauke x 1fl 36kr

Hahns Mühlenpractica oder Unterricht im Mahlen der Brodfrüchte, 8. Zweybrücken, 90. Weiß und Brede q 1 fl

bú Hamels Kunst das Eisen zu Drath zu ziehen, gr. 4. s. Schauplatz

Handbuch für den Bürger und Landmann, 4 Theile, 8. Halle, 90. Hendel A 1fl 48kr

– – für Liebhaber englischer Pflanzungen und Gärtner, gr. 8. Lpz. 90. Sommer A 1fl 48kr

Hasens zuverläßiger Wagenmeister, 8. Frankfurt, 70. Garbe u 1fl 15kr

Haupt- und Hülfsbuch des Bankiers, Waarenhändlers, Kaufmanns und Komtoristen, gr. 8. Leipzig, 90. Weygand B 4 fl

Haushaltungskunst, wichtige, des menschlichen Lebens, 8. Berlin, 56. Lange e 20 kr

Henne Nelkenkalender ob. monathliche Verrichtung mit den Grasblumen, 8. Halle, 85. Hendel b 10kr

– – Anweisung wie man eine Baumschule im Großen anlegen und unterhalten solle, nebst einer Beschreibung der darinn vorkommenden Obstsorten und Anweisung zum Pfropfen und Okuliren, wie auch vom Copuliren, 3te vermehrte Auflage, mit Kupf. gr. 8. Halle, 76. Hendel A 1fl 48kr

– – dasselbe mit illuminirten Kpf. A h 2fl 24kr die vorherige Ausgabe s. unter Anweisung.

Herren*

Herrenſchwand über den auswärtigen Handel der
  Europ. Nationen, aus dem Franz. 8. Berlin,
  90. Petit   h 36 kr
Herrmanns Wind = Regens = und Trockenheits=
  Beobachter, m. K. 8. Freyberg, 89. Craz
                                              h 30 kr
Herwigs Briefe über die Bergkunde, über Ei=
  ſengruben und Rohſchmelzen, mit Kupf. 8.
  Marburg, 90. Ak. Bhdl.   f 24 kr
Hierſche Erklärung über den Brand im Getreide,
  8. Dresden, 86. Breitkopf   a 6 kr
Hochſtetters Beyträge zur Erlernung des Wür=
  tembergiſchen Rechnungsweſens, 8. Stutt=
  gard, 84. Mezler   f 24 kr
Hock von Verſteinungen, Beſchreibungen, Ver=
  zeichnungen ꝛc. für Beamten und Geometer,
  8. Mainz, 89. Ak. Bhdl.   e 20 kr
Hofs Rechenbuch für Kaufleute und Oekonomen,
  völlig umgearbeitet von Behrens, 1r Theil,
  gr. 8. Magdeburg, 96. Creuz   x 1 fl 36 kr
— — über Geſinde, Geſindeordnung und deren
  Verbeſſerungen, 8. Berl. 89. Himburg d 18 kr
Hofmanns Abbildung der vornehmſten Tiſchler=
  arbeiten, 1s Heft. gr. 4. Lpz. 90. Autor B 4 fl
Hohenthal liber de politia, 8. maj. Lipſ. 79.
  Hilſcher   u 1 fl 15 kr
Holzhauſens Schreiben an Schubart über die
  Riemiſche Reiſe nach Gröbzig, gr. 8. Leipz.
  87. Müller   d 18 kr

Hübner,

Hübner, von der unentbehrlichen Nothwendigkeit der sämmtlichen Kameralwissenschaft in einem weisen Staate, 4. München 77. Fritz d 15 kr

Hülfreichs Unterricht für Bauersleute von Krankheiten der Pferde, des Hornviehs, der Schaafe und Schweine, 8. Leipzig 90. Fleischer, e 24 kr

Hunger, Denkwürdigkeiten zur Finanzgeschichte von Sachsen, oder neubearbeitete Geschichte der Abgaben, gr. 8. Leipzig 89. Weygand A s 2 fl 24 kr

Huths, allgemeines Magazin der bürgerlichen Baukunst, 1r Theil gr. 8. Weimar 89. Hofmann A 1 fl 48 kr

Jacobi Sammlung seiner kleinen und zerstreuten Schriften, theol. hist. und ökonomischen Inhalts, 8. Leipzig 90. Böhme q 1 fl 12 kr

Jägerschmidts Bemerkungen über einige metallische Fabriken der Grafschaft Mark, gr. 8. Durlach 89. Weiß und Brede h 30 kr

Journal für das Jagd- und Forstwesen, 1s St. gr. 8. Leipzig 90. Crusius m 54 kr

Keks, practisch-ökonomische Bemerkungen von der Behandlung, Benutzung und Gebrauch des Akerfeldes, 8. Wezlar 89. Winkler b 8 kr

Keydels, der besonders in Haushaltung aber auch zum Gewerbe brauchbare Seifensieder, Lichterzieher und Stärkemacher, 8. Goslar 90. Schulbuchhandl. m 54 kr

A a Klein-

Kleinschrobts Abhandlung von dem Wildbieb-
stahl, dessen Geschichte, Strafe und Gerichts-
stand, gr. 8. Erlangen 90. Palm   h 30kr

Klobb von den Krankheiten und Verhalten der
Schaafe, 8. Regensb. 90. Montag f 24kr

- - Handbüchlein fürs Landvolk, 8. Augsburg
90. Stage   c 12kr

Knoten, der Gordische, aufgelößt durch Joseph II.
oder die Rechte des allgemeinen Besten hergestellt der Menschheit als dem Staatskör-
per Deutschlands angemessen, gr. 8. Frft.
85.   Ad 1fl45kr

Kochs vollkommener Werkmeister oder die italienische und französische Bauart auf die deutsche angewendet, mit vielen Kupfern, gr.
Fol. Schwabach 89. Palm.   F 9fl

- - practische Handgriffe bey Verbesserung alter und Verfertigung neuer Mühlwerke,
mit 10. Kpf. gr. Fol. Ebend. 89. Palm.
A 1fl 30kr

Kochbücher.

Christs neues gut eingerichtetes Kochbuch, neue
Auflage, 8. Quedlinb. 90. Ernst k 40kr

Försters und Knopfs Braunschweigisches Kochbuch, 2ter Theil 8. Braunschw. 90. Schulbuchhandl.   q 1fl12kr

Kochbuch, das kleine Frankfurter, 14te Auflage 8. Frft. 90. Jäger   e 20kr

Koch-

Kochbücher.

Kochbuch vollſtändiges u. neu eingerichtetes Nürnbergiſches, 2ter Theil 8. Nürnb. 90. Stiebner und Barth in Leipzig   s 1fl 2kr

* * *

Köllners theoret. practiſches Lehrbuch über die Reitkunſt, 8. Greiz 90. Henning A 1fl 48kr
-- Anweiſung zum Kutſchfuhrweſen, 8. ebend. 90. derſ.   f 30kr
Kopez Leitfaden zu dem Sonnenfelſiſchen Lehrbuch der polit. Wiſſenſchaften, 3 Theile 8. Prag 88. Widmann   Am 2fl 15kr
Kramer, der kluge Finanzier oder vollkommene Kapitaliſt, 8. Frft. 89. van Düren   h 30kr
Kriegers Handbuch des Ital. doppelten Buchhaltens, 4. Berlin 81. Heſſe   s 1fl 20kr
Künſte und Geheimniſſe für alles Frauenzimmer und Kammerdiener, Tafeldecker ꝛc. 8. Frft. 74. Schweppe   d 15kr
Kunſt des Stahlblattmachers, gr. 4. f. Schauplatz der Künſte
Lancisius von verſchiedenen plötzlichen Todesarten, aufs neue bearbeitet von Fahner, gr. 8. Leipzig 90. Schwickert   m 54kr
Landwirthſchafts-Calender, gr. 8. Leipzig 90. Schwickert   e 24kr
Langemacks Pfand- und Hypothekenrecht, 6 Stücke, 8. Berlin 45.   Ad 2fl 15kr
Lehrbuch der Pferdekenntniß, 1ſter Theil 8. Leipzig 90. Crüſius   s 1fl 24kr

Lempe Rechenbuch für junge Leute die sich dem Bergwerke widmen, 8. Freyberg 90. Crax
  A 1fl48kr

Levenau wichtige Erinnerungen bey dem Gebrauch des Kleefutters, gr. 8. 89. e 20kr

Linien, die ersten, der Häuserbaukunst, mit 6 Kupf. gr. 8. Leipz. 90. Hertel A 1fl48kr

Luthards akkurate Kapital-Zinns-Ausrechnung nach verschiedenen Prozenten, 4. Leipzig 90. Fleischer i 40kr

Luzac über den Ursprung des Handels und der Macht der Holländer, 1-3r Band gr. 8. Greifswalde 88-90. Röse D m 8fl30kr

Maders Raupenkalender, gr. 8. Nürnberg 85. Raspe. h 30kr

Mäcken Anleitung zur Ausarbeitung der von einem Accis-Inspector, Einnehmer und Thorschreiber abzulegenden Rechnungsprobe, 8. Leipzig 84. Böhme f 27kr

Mann über verschiedene Erfindungen die Gebäude gegen Feuersbrünste zu sichern, gr. 8. Frankfurt 90. Fleischer h 30kr

Markus von den Vortheilen der Krankenhäuser, gr. 8. Bamberg 90. Göbhard f 24kr

Marshalls Reisen durch Holland, Flandern, Deutschland ꝛc. für Bevölkerung, Manufacturen, Landwesen, Handlung und Künste, 4 Theile, 8. Danzig 74. 78. Jacobäer B q 4fl48kr

Martini kunstreicher Münzmeister und Münzwardein, 8. Berlin 52. Lange q 1fl12kr

Mau-

Mauvillon physiokratische Briefe von Dohm, oder Vertheidigung der wahren Staatswirthschaftsgeseze, gr. 8. Braunschweig 80. Schulbuchhandl.   A 1fl 48 kr

- - Sammlung von Aufsätzen über Gegenstände der Staatskunst, Staatswirthschaft ꝛc. 2 Thle 8. Leipzig 76.77. Weygand   A q 3 fl 15 kr

Mayen unbekannte Wahrheiten der Mathematik, Physik und Oeconomie und deren Anwendung auf die Oekonomie, 9 Stücke m. Kupf. gr. 8. Stettin 87. Kaffe   A u 3 fl

Meidingers Gedanken zur Verbesserung des Münzwesens und dessen Einfluß in die Handlung, gr. 8. Wien 87. Hochenleitner   f 24 kr

Meinert über das Studium der Mathematik für Juristen, Cameralisten und Oekonomen, gr. 8. Halle 89. Hendel   k 45 kr

Meisners 2 Abhandlungen über die Frage: sind die Findelhäuser vortheilhaft oder schädlich? 8. Göttingen 79. Dieterich   e 24 kr

Müllers Entwurf einer Privat- und Cameral-Staatsrechnung, 8. ebendas. 85. derf.   f 30 kr

- - practisches Lehrbuch über die Privat- und Cameral-Staatsrechnungen nach der Methode der verbesserten Rechnung in doppelten Posten, gr. Fol. ebendas. 90. derf.   E 9 fl

Müllers, G. F. juristische-, historische- und Polizey-Ergötzlichkeiten, von Schornsteinen und Schornsteinfegern, auch Feuerordnungen,

gen, Feuersocietäten und Feuerkassen, 8. Halle 81. Waisenh. h 40kr

Münch practische Abhandl. von der Bella-Donna und ihrer Anwendung zur Vorbauung und Heilung der Wuth nach dem Biß toller Hunde, m. K. 8. Göttingen 85. Dietrich u 1fl30kr

— — kurze Anleitung wie die Bella-Donna bey Menschen und Thieren im tollen Hundsbiß anzuwenden, 8. ebendas. 83. derf. c 15kr

— — Verzeichniß ausländischer Bäume und Stauden in Weissenstein bey Cassel, gr. 8. Frankfurt 85. Fleischer q 1fl

Munds Landwirthschaftliches Magazin II. Jahrgang 1 u. 2tes Quartal, gr. 8. Leipzig 90. Crusius u 1fl30kr

Nachrichten von Versorgung der Armen in Dessau, 4. Dessau 89. Crusius s 1fl24kr

Nau, Anleitung zur Forstwissenschaft, gr. 8. Mainz 90. Akad. Buchh. A 1fl30kr

— — Anleitung zur Bergwerkswissenschaft, gr. 8. ebendas. 90. derf. u 7fl15kr

— — ökonomische Naturgeschichte der Fische in der Gegend von Mainz, gr. 8. ebendas. 87. Varrentrapp i 36kr

Neker, oder Reflexionen über Ursprung, Natur und Administration der Nationalreichthümer, gr. 8. Marburg 90. Akad. Buchh. s 1fl12kr

Nelkenbrechers Taschenbuch eines Banquiers u. Kaufmanns, verbes. und vermehrte Auflage durch S. 8. Berlin 86. Weber A h 2fl24kr

Oeß-

Oehlmanns Verſuch eines Handbuchs für Pferdärzte, 2r Theil 8. Leipzig 90. Schwikert d 18kr

Oerzen, C. O. v. Bekanntmachung der Inoculation der Rindviehſeuche, 4. Hamburg 79.
Herold   h 30kr

Ortlieb, J. M. Anweiſung und Plane zur Ver-
beſſerung der Landwirthſchaft, vorzüglich des
Rebbaues (Rebenbaues) 8. Straßburg 89.
Treutel   h 30kr

Pfingſtens Magazin für die Mineralogie und
mineralogiſche Technologie, 1 u. 2ter Theil
4. Halle 89 - 90. Gebauer   B m 4fl 30kr

Phantaſien, patriotiſche, eines Cameraliſten,
gr. 8. Berlin 90. Nicolai   m 54kr

Philippi, J. A. Staatsfehler der mehrſten Hö-
fe im franzöſiſchen Gemählde, gr. 8. Berlin
66. Himburg   o 1fl 8kr

Plan einer Handlungs- und Induſtrie-Schu-
le für Berlin, 8. Berlin 90. Realſch. b 10kr

Ploens Anleitung zur äußern Pferdekenntniß,
mit Kupf. gr. 8. Berlin 90. Pauli q 1fl 12kr

Plouquet über den Holzmangel und die Mittel
ihm abzuhelfen, neue Auflage mit 1 Kupf.
8. Tübingen 90. Heerbrand   f 24kr

- - über die Hauptmängel der Pferde, 8. ebendaſ. 90. Cotta   e 20kr

Porte, de la, Einleitung zu einem verbeſſerten
Cameral-Rechnungs-Fuße, ſ. Einleitung.

Privatgedanken über die Erhöhung der Krahnengebühren, 8. Offenbach 90. Weiß u. Br. d 15kr

Prizelius, J. G. der Bereiter, mit 9 Kupf. neue Auflage gr. 8. Leipz. 87. Gräffe A d 2 fl 15 fr

Producten- u. Manufacturen-Charte von Sachsen, Fol. 85. m 54 fr

Rechenbuch fürs gemeine Leben, besonders für solche die sich auf die Haushaltung und Rechnungswesen legen wollen, 8. Göttingen 76. Dietrich c 15 fr

Reimarus Freyheit des Getreidehandels nach der Natur und Geschichte, gr. 8. Hamburg 90. Bohn m 54 fr

Reitemeiers Geschichte des Bergbaues, 8. Gött. 85. Dietrich f 30 fr

Remlers Tabellen über die Menge der auflöslichen Bestandtheile welche aus den Gewächsen durch Wasser u. Geist ausgezogen werden, 4. Erfurt 89. Keyser m 54 fr

– – Tabellen des Oels aus den Gewächsen, 4. ebendas. 89. derf. u 1 fl 30 fr

Reuß Beschreibung von vier in Sachsen neuerbauten Brücken über die Flöh- Saal- und Elbströme, mit Kupf. Fol. Leipzig 90. Breitkopf u 1 fl 30 fr

Riebens Anleitung zum Tobacksbau für alle Landesgegenden, 8. Dresden 90. Gerlach c 12 fr

Riems Bienenschriften, 2r Band oder neue Fortsetzung der Bienenbibliothek, 8. Dresden 90. Gerlach k 45 fr

Saint-Aubins Stickerkunst, gr. 4. f. Schauplatz.

Sammlung einiger Schriften welche von den
königl. Böhm. Ständen über das neue Steuer-
und Urbalsystem veranlaßt worden, gr. 4.
Dresden 90. Walther h 36kr

Scharnwebers Urtheile und Betrachtungen über
Anlegung beträchtlicher Korn-Magazine, gr. 8.
Göttingen 72. Dietrich, e 24kr

- - das nehmliche Buch s. Urtheile, woselbst
aber der Preiß à 10kr. ein Fehler ist.

- - fortgesetzte Untersuchungen von Anlegung
obrigkeitlicher Kornmagazine, nebst 3 Tabellen 4. ebendas. 73. ders. b 10kr

Schedels neues und vollst. Waarenlexicon, 1r
Theil gr. 8. Offenbach 90. Weiß und Br.
A q 2fl 30kr

- - allgemeiner Commerz-Merkur, oder Anale-
cten, Abhandl. u. Nachrichten für Kaufleute,
1ter Band gr. 8. Nürnb. 90. Weigel u. Pöh-
ner A b 2fl

Schröters mineralogisches und bergmännisches
Wörterbuch, 1r Band, gr. 8. Frankfurt 89.
Varrentrapp A d 1fl 45kr

Schübler nützliche Anweisungs-Proben der Civilbaukunst in unterschiedlichen bequem eingerichteten Karten, gr. Fol. Nürnb. 90.
Weigel q 1fl

Sextroh über die Bildung der Jugend zur Industrie, 8. Göttingen 85. Dietrich e 24kr

Tabors französisch-medicinische Litteratur über
Physik, Medicin und Oeconomie, 18 Stück
gr. 8. Heidelberg 90. Pfähler   i 36kr

Ueber Erbschaftsteuer und lachende Erbengebühr
mit einer Vorrede von Klüber, 8. Erlangen
90. Palm   d 15kr

- - die Revision der Inventuren und Theilungen nach Würtemberg. Gesetzen, 8. Tübingen. 90. Heerbrand   c 12kr

- - das Eigenthumsrecht der Böhmischen Obrig-
keiten auf die Gründe ihrer Unterthanen, über
die Gerechtigkeit der hieraus entstehenden
Frohn oder Rabotschuldigkeit, 8. Halle 90.
Hendel   b 10kr

- - die Mittel Diebstähle zu entdecken, besonders in Städten, 8. Mannheim 85. Schwan
    e 20kr

- - Steuern und Anlagen und deren practische
Behandlung, gr. 8. Leipzig 85. Crusius   e 24kr

- - die Taxation der Güter nach den neuesten u.
besten ökonomischen Grundsätzen nebst dahin
einschlagenden jurist. Anmerkungen, 4. Dres-
ben 88. Walther   A q 3fl

- - die Pflichten des Geistlichen und Seelsor-
gers, in Beziehung auf das zeitliche Wohl
der Armen, 2 Preißschriften, gr. 8. Bamb.
90. Göbhard   i 36kr

Ueber

Ueber das Armenwesen im Fürstenthum Bamberg, 2 Preißschriften, gr. 8. Bamberg 90. Dederich m 45kr

Ueberſetzung der römiſchen Oekonomen: Cato, Varro, Columella und Palladius, mit erläuternden Anmerkungen, 1 - 2r Band, gr. 8. Halle 87. Gebauer I. Band x II. Band A m B i 4 fl 45kr.

Veri Betrachtung über die Staatswirthſchaft, a. d. Italien. überſ. mit Anmerkungen und einer Abhandlung über Projecte von Schmidt, 8. Mannheim 85. Schwan s 1 fl 12 kr

Verſuch über die Verbeſſerung des Nahrungsſtandes in Meklenburg, 8. Neubrandenburg A 1 fl 48 kr

Viborg Beſchreibung der Sandgewächſe und ihrer Anwendung zur Hemmung des Flugſandes, mit Kupf. gr. 8. Copenhagen 89. Proft u 1 fl 15 kr

Unterricht in der Baumzucht und Kenntniß verſchiedener Krankheiten der Bäume nebſt Mittel dagegen wie auch gegen Raupen und Ameiſen, 8. Göttingen 81. Dietrich c 15 kr

Voigts mineralogiſche Reiſen durch das Herzogthum Weimar und Eiſenach, 2ter Theil 8. Weimar 85. Hofmann m 54 kr
NB. den erſten Theil ſ. Reiſen.

Vorbereitung zur Manufacturwiſſenſchaft, 1 u. 2r Band gr. 8. Mainz 90. Akad. Buchhandl. u 1 fl 15 kr
Walthers

Walthers Anbau der vorzüglichsten inn- und ausländischen Futtergewächse, 8. Giessen 90. Krieger jun. d 15kr

Weinkünstler, der, oder geheime Weinkünste eines Weinküfers, 8. Mühlhausen 90. Müller c 12kr

Westfeld von Erzeugung der Farben, 8. Göttingen. 67. Dietrich a 6kr

- - mineralogische Abhandlungen, 1tes Stück, 8. ebendas. 67. c 15kr

Wochenblatt, Petersburgisches, zur Aufnahme der Oekonomie, gr. 8. Petersburg 78. B 3fl 36kr

Mate-

Materien-Register.

Die Zahlen zeigen die Pagina an.

v. **Abgaben, Abschoß, Anlagen, Auflagen, Handlohn, Nachsteuer, Losung, Steuern.** Beck 28. Einleitung 84. Etwas 90. Gedichte 112. Hunger 365. Schreber 283. Schwarz 288. Strelin 302. Thiele 308. Ueber 374. Unterredung 321.

Ackerbau u. Feldbau. Abhandlung 1. 5. Abschaffung 1. Ackerbau 9. Anleitung 14. Anmerkung 16. Anweisung 17. 20. Ardene 21. Auersberg 23. Begriff 30. Belehrung 31. Bemerkungen 32. Benekendorf 33. Bertrand 36. Beschreibung 37. Beyträge 43. Briefe 62. Christlieb 73. Entwurf 87. Fabroni 91. Fischer 95. 96. Forbyce 98. Gedanken 109. Graßmann 119. Grotian 120. Gründe 121. Hamel 127. Hartmann 132. Hausbuch 134. Hermann 142. Herzog 142. Horne 148. 149. Jugel 155. Kek 365. Kretzschmar 174. 175. Kunst 179. Leo 189. Lüders 196. 197. Maus 205. Mayer 206. Medicus 207. Mill 210. Mittel 212. Mortimer 213. Museum 216. Nachricht 220. Neukastel 221. Oest 223. Ostierska 226. Paulsen 228. Petersen 230. Reichard 243. Rößig 253. Rückert 258. Sammlung 261. Schmidt 279. Schöning 281.

Schw.

Schwediauer 289. Sprengel 297. Steeb 299. Tronwell 311. Tull, Turbilly 312. Verbesserung 314. Verfahren 315. Versuch 317. Viborg 375. Vorzüge 331. Wallerius 333. Walter 334. Wiegand 342. Young 349. Zeiger, Zeitung 350.

Ackergeräthe. Abhandlung 3. Beantwortung 27. Borne, Born 59. Kretschmar 175. Schumacher 288.

v. Ackermäusen. Hüpsch 150.

Aepfelwein. s. Cyder.

Alaun. Hagen 125. Nachrichten 217. Rieß 252.

v. Ameisen. Hüpsch 150. Unterricht 375.

v. Ankerschmieden. Schauplatz 268.

Anschlag der Güter. Balthasar 24. Benigsen 34. Kauf- und Verkauf 162. Ueber 374. Schweder 289.

Armenanstalten. Drümann 81. Einrichtung 84. Hagen 125. Hiltebrand 144. Magazin 201. Nachricht 217. 219. 370. Peßelier 229. Pfaff 230. Plan 234. Preuschen 238. Resewitz 248. Rochow 253. Schönholz 281. Schreiben 284. Ueber 374. 375. Verordnung 316. Untersuchung 326. Vorschlag 330. 331. Wieversorgt ꝛc. 341. Zinke 351.

Arzneywissenschaft (häusliche). Abhandlung 7. Anweisung 20. Arzt 22. Bäumler 25. Brandt 60. Buchan 65. Buchoz 65. Döbel 80. Fahner 91. Fischer 96. Fleischmann 97. Fouquet 100. Grill 362. Handbuch 128. Hausapotheke 133. 134. Haus- u. Land-Arzt 135.

Hell-

Hellwig 138. Jänsch 152. Khunrath 164. Krüger 126. Kunst 179. Landapotheke 182. Land- und Haus-Arzt 183. Lancisius 367. Lover 196. Magazin 199. 201. Medicamente 207. Münch 370. Osterdinger 224. Ramazini 240. Reus 248. Schäfer 266. Scherf 276. Schwarz 288. Taschenbuch 307. Ueber 314. Ungnad 321. Unterricht 322. 324. Wasserberg 335. Willburg 345. Zükert 353.

Assecuranz und Havereywesen. Assecuranz bey Brandschäden 23. Brükner 357. Einrichtung 84. Etwas 89. Mayen 202. Ordnung 226. Rebmann, Recht 242. Schriften 284. Waser 335. Weskett 340.

Aufbewahrung des Getraides. Aufschütten 34. du Hamel 127. Plencis 235.

Auflagen s. Abgaben.

Augsburgs Handwerker und Künste. Stetten 301.

v. **Aurikeln.** Grotian 121.

v. **Aus- und Einfuhr des Getraides und anderer Früchte, Getraidehandel.** Abhandlung 4. Anmerkung 16. Aus- und Einfuhr 24. Barkhausen 25. Beurtheilung, Beweiß, 40. Etwas 359. Frage 100. Herbert 140. Kornhandel 173. Lichtenstein 193. Reimarus 372. Sammlung 263. Scharnweber 267. 373. Stein 300. Ueber 313. Untersuchung 325. Vorschlag. 331.

Backen

B.

Backen u. Beckereyen. Frän-Rey 360. Geheimniß 110. Handbuch 130. Linguet 194. Parmentier 227. Schauplatz 270.

Ball- u. Raquetenmacher. Schauplatz 270.

Banquen. Marperger 203. Zettersten 351.

v. Batist. Seiferth 291.

Bauereigenthum, Bauergüter und die Unzertrennlichkeit derselben. Abhandlung 1. 2. Bouchholz 357. Graßmann 119. Meck 207. Ueber 313. 314. Versuch 316. Vorschlag 330. Walbeck 333. Wedel 337. Weißer 339. Wöllner 347.

Bauernrechte. Gabke 104. Klingner 166.

v. Bauernstand, Schriften für Bauern ꝛc. Bauer 25. Becker 28. Briefe 63. Enderlin 85. Graßmann 119. Hauschild 137. Klug 166.

Baukunst (bürgerliche). Abhandlung 2. Abt 9. Angermann 12. Anmerkungen 16. Anmuthigkeiten 16. Anweisung 18. 19. Baumeister 26. Berechnung 35. Beschreibung 37. Betrachtung 39. Beweiß 40. Böckler 56. Borheck 58. Bosse 59. Clerk 74. Eberenz 82. Eickemeyer 83. Ell 85. Espie 89. Fäsch 91. Fauja 92. Felbiger 93. Forster 99. Friedrich 102. Gedanken 107. Genete 111. Gersdorf 112. Grundsätze 122. Gutachten 123. Heimburger, Heim 137. Helfenzrieder 138. Herzberg 142. Hesse 143. Holschen 148. Huth 151. 365. Jester 154. Jugel 155. Illo 160. Keferstein 163. Kynsky 165. Koch 366.

Lange

Lange 185. Laugier 186. Leopold 186. Lexica (Voch 193.) Linien 368. Mangers 202. Mayer 207. Montalegre 212. Nachrichten 217. 219. Penther 229. Prange 237. Redelptheit 242. Reinhold 244. Rode 253. Sammlung 260. Schillinger 276. Schmidt 279. Schübler 286. 287. 373. Seyler 291. Steingruber 300. Sturm, Sukow 303. Versuch 316. 319. Vignola 320. Untersuchung Voch 326. 327. Vogel 327. Wagner, Walter 333. Wynbladt 348. Ziegler, Zimmermann 351.

Baurechte. Michaelis 210.

Baumwolle u. deren Verarbeitung. Geschichte 113. Jacobson 152.

Baumschule s. Baumzucht.

Baumzucht (von Fruchtbäumen). Abercrombie 1. Abhandlung 2. 5. Agricola 10. Anleitung 13. Anweisung 17. 18. 26. Benekendorf 33. Christ 258. Decombe 77. Göz 362. Hamel 127. Henne 363. Hirschfeld 145. Krezschmar 175. Liegelsteiner 191. Pflanzbüchlein, Pfropf- und Oculirmeister 233. Pratje 238. Sammlung 265. Schwachheim 288. Sierstorpf 292. Stolzner 302. Tießen 309. Twamley 312. Verordnung 315. Unterricht 375. Wilke 344.

Baumzucht (wilde) s. Forstwissenschaft.

Bayreuths ökonomische Verfassung. Nachricht 218.

B b   v. Becker-

v. **Beckerhandwerk** s. Backen.

Bergbau u. Bergwerkskenntniß. A. B. C. 1. Abhandlung 5. Agricola 11. Barba 24. Becher 28. Bericht 36. Beschreibung 37. 38. Betrachtung 39. Beyer 41. Böse 57. Born 59. Brückmann 64. Calender 69. Calvör 69. Cancrinus 70. Delius 78. Documenta 80. Eberhard 82. Ferber 94. Florencourt 97. Gatterer 106. 361. Gebrauch 106. Gedanken 107. Gegenbuch 110. Geheimniß 111. Gläser 114. Gmelin 117. Hermbstädt, Hertwig, Herwig 142. 364. Huth 365. Journal 154. 155. Jugel 155. 156. Kapf 162. Kießling 164. Koch 366. Köhler, Körner 172. Lehmann 187. 188. Lempe 188. Lexica (Bergmännisches 191. Minerophili 192.) Lichtenstein, Linten 368. Löscher 194. Lommer 195. Melzer 208. Mucha 214. Nau 370. Nottelmann 222. Ordnung 225. Otia 227. Peirouse, Peithner 228. 229. Pfeiffer 231. Pfingsten 232. Poda 235. Reitemeier 347. 372. Roth 257. Schreber 283. Schübler 373. Sperger, Sprengel 297. Theobald 308. Triebel 311. Ueber 313. Voigt 328. Ursprung 332. Werth 340. Wiedemann 341. Zeplichal 351. Zimmermann 351. Zufert 353.

v. **Bergrecht.** Bauffen 27. Beyer 355. Cancrin 358. Köhler 172. Lori 195.

v. **Berlinerblau.** Beobachtungen 34. Delius 78.

v. **Bern-**

v. **Bernstein.** Bock 56.

Bevölkerung. Abhandlung 1. Bell 31. Betrachtung 39. Fredersdorf 101. Gedanken 107. 109. Mirabeau 211. Vorschlag 330. Zutert 353.

Bibliotheken s. Bücherkunde.

Bienenzucht. Von S. 44 — 54. sind alle Schriften darüber zusammen gestellt. Ostler 80. Janscha, Jenisch, Riem, Spizner, Strube 356. Lexicon Overbeck 193. Preisschriften 238. Wurster 348.

Bierbrauerrechte. Schröpfer 281.

Bierbrauerey. Acoluthen 9. Anweisung 354. Baring 25. Bierbrauer 54. Brauer, Brau- u. Brandweinbrenner, Braumeister 61. Fränker 360. Handbuch 130. Heun 143. Kellermeister 163. Kunst 179. Mälzer 198. Ordnung 224. Richardson 249. Simon 293.

v. **Bildschnitzereyen.** Schübler 287.

v. **Bläichen** s. Färbebücher.

Bley. Bleydecker Polhem 236. Schauplatz 272.

v. **Bleyspath.** Wulf 348.

v. **Blumen,** s. Botanik.

Böhmens Handel. Schreyer 284.

Böttcherhandwerk, s. Faßbinder.

v. **Borkenkäfer.** Jäger 152. Steiner 300.

Botanik (ökonomische). Abhandlung 23. Berwald 36. Bryants 65. Bueck 66. Catalogus

gus 72. Dieterich 79. Dörrien 81. Erhard 87. Ernsting 88. Feuereisen 94. Flora 97. 360. Frän-Rex 360. Gedanken 108. 361. Gleditsch 116. Gmelin 117. Halle 125. Hamel 127. Handbuch 129. Hartmann 132. Hill 143. 144. Henne 365. Hoppe 149. Keutniß 163. Kerner 164. Kräutermann 173. Ledermüller 187. Lexica (Onomatologia 192.) Löwe 195. Miller 210. Müller 214. Münch 370. Muralt 215. Pröbsten 239. Rohr 255. Schmaling 278. Sukow 304. Tabernämontani 306. Tyrocinium, Vallemont 312. Verzeichniß 319. Weiß 338. Weißmanntel, Welzenbeck 339. v. Wilke 344. Winkler 345.

v. Brand im Getraide. Hirsche 364. Riem 251.

Brandversicherung, s. Assecuranz.

Brandweinbrennen. Abhandlung 2. Aquavit 21. Brandweinbrenner, Brandweinbrennerey, Brau u. Brandwein 61. Burghard 67. Christ 73. Dejan 77. Demachy 78. Destillirkunst 79. Erdmann 87. Geheimniß 110. Grotian 120. Handbuch 130. Künstler 178. Marchand 203. Plouquet 235. Simon 192.

Brautkassen. Fredersdorf 101.

Brod, s. Backen.

v. Brühan. Baring 25.

v. Brückenbau. Griesheim 120. Jezler 153. Löscher 195. Reuß 372. Unterricht 323. Voch 327. Wagner 333. Walter 334.

Buch-

Buchbinderkunſt. Anweiſung 17. Bücking 66. Fritſch 102. Prediger 238. Zeidler 350.

Buchdruckerkunſt. Fritſch 102. Heller 138. Lehrjunge 188. Schwarz 289. Täubel 306.

Bücherkunde (ökonomiſche). Beckmann 29. Müller 215. Pfingſten 233. Rohr 255.

Büchſen u. Schiesgewehrfabriken. Koch 167. Leutmann 190.

Buchhalten. Berghauß 355. Buchhalter 357. Gottſchling 362. Hänel 124. Haſe 133. Hellwig 138. Hoff 147. Inventarienbuch 154. Julien 156. Krieger 367. Magelſen 201. Oberreit 222. de la Porte 237. Schoap 281. Simmon 292. Tſcherning 311. Wolf 347.

v. **Buchhandlung.** Fritſch 102. Mirmiden Vorſchlag 331.

v. **Butter.** Walter 333.

C.

v. **Cacao.** ſ. Chokolade.

v. **Caffe.** Anweiſung 20. Briefe 62. Conſtantini 75. Förſter 98. Hofer 146. Kunſt 179. Nachricht 217.

Calender ökonom. Calender 68. 69. Felber 92. Grotian 120. Hausmuttercalender 135. Hellwig 139. Knauer 166. Landwirthſchafts-Calender 184. 367. Mattuſchka 204. Müller 210. Uranophili 332. Wiegand 342. Wirthſchafts-Calender 346.

v. **Cana-**

Canarienvögel. Friedrich 360. Herbleur 142. Unterricht 322.

Castanienbäume. Pietsch. 234.

Cattun- Zitz- u. Leinewandfabriken. Beschreibung 38. Habich 124. Halle 126. Jacobsen 152. Kunst 179. Schauplatz 272.

Chemie. Arduino 21. Crell 75. 76. Dalberg 77. Demachy 78. Gmelin, Göttling 118. Handbuch 128. Hermann, Hermbstädt 141. Hoffmann 147. Justi 159. Lewis 190. Lexica (Macquer 192). Magazin 206. Model 212. Müller 214. Reuß 248. Rousseau 257. Sammlung 263. Struve 302. Sukow 304. Weber 336.

Chocolade. Bemerkungen 31. Kunst 179.

v. Contraband. Betrachtung 39.

v. Contracten. Rohr 255.

Cyder oder Aepfelwein. Abhandlung 2. Reus 248.

D.

Dach, Dächer, von deren Bauart. Heinz 137. Herzberg 142. Krubsaz 176. Lange 185.

Dachdeckerhandwerk. Schauplatz 270.

v. Dachziegeln. Helfenrieder 138.

Dännemark. Philadelphia 233. Plüer 235.

Deichbau u. Recht. Entwurf 87.

v. Diamanten. Jefferies 153.

v. Domainen. Verwandlung 319. Unterricht 333. Zuschauer, Zech 350.

Dorfrecht s. Bauernrecht.

Drechselkunst. Plümier 235. Teuber 307.

v. Dre-

v. Dreschen u. Dreschmaschinen. Bericht 35. Krünitz 177.

Düngung, Dünger der Felder. Anleitung 14. Benekendorf 33. Delius 78. Gemberly 111. Mayer 205. Rükert 258. Scopoli 290. Walter 334.

E.

Edelsteine. Brückmann 64. Duden 82. Jeffertes 153. Jubelirer 155.

Eichbäume. Jacobi 151.

Eisen, Eisenhämmer, Eisenhütten. Abhandlung 2. Achates 9. Beschreibung 38. Cancrinus 70. Coudray 75. Ferber 94. Hagen 124. Herwig 142. 364. Hofmann 147. Justi 159. Mairan 202. Peirouse 228. Pint 234. Polhem 236. Rinnmann 252. Schauplatz 268. 271. Schreiben 284. Sperl 297. Versuch 318. Weinling 338.

Eisendrat zu machen. Schauplatz 273.

Erbsen. Linguet 194.

Erdarten. Abhandlung 2. Andre 12. Denser 78. Erkenntniß 88. Felbiger 92. Hüpsch 150. Lüders 197. Neumann 221. Pörner 236. Rükert 258. Scheffer 275.

v. Erdbeben (wie man sich dabey zu verhalten) Wiedeburg 341.

Erdbeerpflanze. Hamel 128.

Erdgewächse. Abhandlung 3.

v. Erfindungen in der Oekonomie u. Technologie. Beckmann 29. Hayen 125. Hanov 131.

Erleuchtung der Gaſſen. Entwurf 86.
Erndte. Ahlward 11. Korn - Aerndte 173.
Eſſig. Anweiſung 354.
 Demachy 78. Eſſigbrauer 88. Marchand 203.
Roſenſtengel 256. Simon 292. Wahl 333.
Europa Producten. Crome 76.

F.

Fabrik- u. Manufacturweſen. Abhandlung
1. 47. Bayley 27. Bibliothek 44. Bürger-
freund 66. Cartheuſer 72. Döhler 80. Ent-
wurf 87. Gedanken 107. Gravenhorſt 119.
Gründler 121. Handlungszeitung 131. Jacobi,
Jacobſon 152. Jägerſchmidt 365. Jung 156.
Juſti 158. Machtkunſt 198. Magazin 199.
Melon 208. Nachrichten 217. Pfeiffer 231.
Pfingſten 232. Pöllnitz 236. Producten 372.
Sammlung 262. Schmölder 280. Taube 307.
Thym 309. Ueber 313. Verſuch 317. 318. Ver-
ſuch 317. 318. Unterſuchung 325. Vorberei-
tung 375. Vorrath 329. Weber 336. Werk
339. Werner 340.

Färberröthe, ſ. Grapp.

v. Farben, Färbe- u. Bleichbücher. Abhandlung 3. d'Apligny 21. Arclais 21. Beckmann 29. Beſchreibung 38. Biſchoff 54.
Delaval 77. Entdeckung 86. Färbebuch, Fär-
berkunſt, Färber 91. Fleckenkünſtler 96. Geheimniß 110. Geißl 111. Güllich 123. Habich
124. Hellot 138. Home 148. Jugel 155.
Juſti 157. Kenntniß 163. Kortum 173.
           Macquer

Macquer 198. Miller 210. Nachrichten 217.
Pfannenſchmidt 230. Pfingſten 233. Pörner
236. Prange 237. Scharf 267. Schauplatz
269. Scheffer 275. Schiffermüller 276. Sief-
fer 291. Unterricht 324. Vogler 328. Weſt-
feld 376.

v. Faſanen. Naturgeſchichte 220.

Faßbinder, Verfertigung der Fäſſer, Böttcherhandwerk. Rönnberg 253. Schauplatz
269.

Federviehzucht. Anweiſung 20. 354. Arzneymittel 22. Buchoz 65. Chriſt 358. Gaſchitz
361. Reaumur 241. Stoltzner 301. Tam
306.

Feldbau, ſ. Ackerbau.

Feldmäuſe und andere den Aeckern ſchädliche
Thiere. Feldmäuſe 93. Hüpſch 150.

Feldmeßkunſt. Anweiſung 18. Auer 23. Böbel 56. Böhm 57. Canzler 71. Feldmeſſer
93. Helfenzrieder 136. Hogreve 148. Hof
364. Jeze 153. Kratzer 174. Mäyer 207.
Offermann 224. Otto 296. Peſcheck 229.
Schirmer 276. Späth 227. Suchodolez 303.
Unterricht 322. Vollmhaus 328. Wilke 343.
344. Wurſter 348.

Feldſteußler, ſ. Abhandlung 3.

v. Feuermaſchinen. Stegmann 299.

Feuerordnung u. Brandverſicherung. Anweiſung 19. Beſchreibung 37. Glaſer 114.
115. 116. Hausmann, Heinemann 137. Hel-

fenzrieber 138. Mann 368. Müller 369. Ordnung 224. Sammlung 262. Steiner 300. Verordnung 315. Untersuchung 325.

v. Feuerspritzen. Anweisung 20. Helfenzrieber 138. Hesse 142. Karsten 162. Klügel 166. Stegmann 299. Voch 327.

Finanzwissenschaft, s. Staatswirthschaft.

v. Firniß. Verfertigung 315.

Fische und Fischereyen. Birkholz, Bloch 54. 356. Fisch-Geheimnisse, Fischjagd 96. Hamel 128. Lexica (Onomatologia 193). Schauplatz 271. Wagner 332.

Flachs- Hanf- u. Leinbau. Abhandlung 3. Anleitung 13. Anweisung 17. Aufmunterung 23. Beschreibung 38. Bloß 55. Gedanken 107. Hard 131. Lehmann 187. Lüders 197. Marcandier, Marperger 203. Nachricht 218. Prüfung 239. Roscher 256. Rükert 258. Schauplatz 272. Stoixner 301.

Fleischtaxen. Preißschriften 238. Weisser 339.

v. Fliegen. Fliegenfälle 97.

v. Flüssen und deren Verbesserung. Beckmann 30.

Formschneiden. Anleitung 12. Semler 291.

Forstrecht. Beck 28. Stubenrauch 302.

Forstwissenschaft, oder wilde Baumzucht. Abbildung 1. Abt, Abtheilung 9. Adami 10. Anbau 354. Andreä 354. Anleitung 13. Anweisung 18. 19. Auer 23. Baumzucht 27. Beckmann 29. Bedenken, Beherzigung 30. Bemerkung 33. Bene-

Benekendorf 33. Beschreibung 37. Beyträge 43. 355. Böse 57. 58. Borowsky 59. Brose 63. 64. Brük 64. Buchenblock 65. Büchting 66. Burgsdorf 67. 68. 358. Carlowitz 71. Commun 74. Cramer 75. Däßel 76. 77. Dieskau 79. Diezer 359. Enderlin 85. Entwurf 87. Etwas 89. Feuereisen 94. Förster, Forst-Calender 98. Forstordnung, Forst- und Jagd-Bibliothek, Forstmagazin 99. Franzmadhes 101. Gedanken 108. 109. Geschichte 113. Geutenbrück 114. Glauchen 116. Gleditsch 117. Gmelin 118. Grießheim, Großkopf, Gret 120. Grundriß 121. Guiot 123. Hamel 127. Hartmann 132. Hennert 139. Hesse 142. 143. Hildebrand 143. Hirsch 145. Holz-Maaß u. Jagdordnung 148. Hubert 150. Jacobi 151. Jäger 152. Jeitler 153. Journal 365. Jung 156. Käppler 160. 161. Kob 167. Kraft, Kramer 173. Kregtin, Kretschmar 174. 175. Krieg 175. Krüger 176. Kühn 178. Kunze 180. Lehrbuch 188. Lengenfeld, Leonhardi 189. Leßek 190. Lexica (Grobkopf 192. Onomatologia 193.) Märter 199. Marschal, Maurer 204. Moser 214. Müller 215. Nau 370. Oelhafen 223. Oettel 223. 224. Ordnung 225. Otia 227. Pfeiffer 230. Pfingsten 232. Pickel, Pietsch 234. Plouquet 235. 371. Rohr 255. Roi 256. Sammlung 265. Scharmer 267. Schmidt 279. Schwabe 288. Schweser 289. Segondat 290. Silbermann, Silberschlag 292. Stahl 298. Stißer, Stolzner 301. 302.

Stu-

Stubenrauch 302. Sukow 303. Tabelle 304. 305. Trunk 311. Unterricht 321. Voigt 328. Vorschlag 330. Walter, Wangenheim 334. Wedel 337. Weitzenbeck, Wernek, Werner 339. Weyland 340. Zanthier 349.

Frauenzimmer=Arbeiten, Schriften und Haushaltungsbücher. Anweisung 17. 19. 354. Briefe 62. Döring 84. Frauenzimmer 105. Gartenökonomie 360. Hausmutter 135. Kunst 179. Künste 367. Neh= und Strickbuch 221. Pembrockin 229. Riegeln 250. Schäfer 266. Schauplatz 273. Strickbüchlein 302. Taschenbuch 307. Unterricht 324. 325. Waschbuch, Waschregister 335. Wirthschaftsregeln 346. Wunderbuch 348.

Frohndienste, Leibeigenschaft. Abhandlung 5. Aichelburg 11. Bedenken 30. Betrachtungen 39. Calender 68. Entwurf 86. Gedanken 107. Hauschild 137. Lauhn 186. Schreiben 284. Ueber 313. 374. Wiegand 342.

der **Früchte** Ursprung. Abhandlung 3.
- - - - Wachsthum. Abhandlung 3.
v. **Früchten** u. deren Aufbewahrung. Abhandlung 5. Knop 167. Mangers 202. Mayer 205. Möller 212. Puimaret 240. Salzmañ 260.

Fruchthandel. Neker 220. Philippi 233.

Fruchtpreiß. Unger 321.

Futterkräuter. Anbau 354. Anleitung 14. 15. Anweisung 17. Bericht 35. Beschreibung 36.
Borowsky

Borowsky 59. Erhard 87. Haller 126. Knecht 166. Nonnenmacher 222. Unterricht 322. 323. Walter 334. 376. Werner 340. v. Jutter. Schubart 286.

G.

Gartenbücher. (Obstgarten, s. Baumzucht.)

a) Küchengarten. Agricola 10. Anleitung 15. Anweisung 17. Ardene 21. Bechstedt 28. Christlieb 73. Dick 79. Gärtner 104. Gartenbücher 105. Gerthing 112. Handbuch 363. Hartmann 131. Hausbuch 134. Hesse 143. Knörr 167. Kräuter- und Küchengärtner 173. Krause 174. Küchen 177. Lüders 198. Märter 199. Maves 205. Mayer 207. Miller 210 Müller 214. Quintinyn, Rammelt 240. Reichard 243. Riedel 256. Schabold 266. Schocher 281. Schwefer 289. Schwitzer 290. Selther 291. Swizer 304. Trowell 311. Unterricht 324. Vothmann 332. Walter 334. v. Wilke 344. Zeiher 350.

b) Kunstgärten. Ardene 21. Beschreibung 38. 39. Blond, Blumengarten 55. Broke 64. Chamber 72. Dahuron 77. Dieskau 79. Elsholzen 85. Engeln 86. Evelyn 90. Feuereisen 94. Fulke 103. Gärtner, Gallerie 104. Gartenbücher, Gartenbelustigung, Gartenbibliothek 105. Gartenbuch, Gartengeheimnisse 106. Geheimniß 110. Gerardin 112. Grotian 120. 121. Handbuch 129. Hartenfels, Hartmann 131. Hesse 143. Hirschfeld 145. Hönert 146.

Holpf

Holyk 148. Journal 154. Knder 167. Krause 174. Küchen = 177. Lehmann 187. Lexica (Miller 192. Riedel 193). Lüders 198. Mayer, Medicus 207. Miller 210. Müller 214. Muralt 215. v. Osten 226. Parnassus hortensis 227. Pflanzbüchlein 232. Richter 249. Rode 253. Rosenav 256. Schreiben 284. Theorie 308. Ueber 313. Voch 327. Watelet 335. v. Wilke 344.

v. Geldumlauf. Büsch 66.

Gemeinheiten. (von deren Theilung und Aufhebung) Aufhebung 23. Beyträge 42. Brauer 61. Gemeinheits=Aufhebung 111. Graßmañ 119. Reinhold 244. Schreiben 284. Sendschreiben 291.

Geographie in ökonomischer Hinsicht. Bruns 65.

v. Geschirr in Küchen und Haushaltungen. Pott 237.

Gesellschaften, Akademien, Lehranstalten, (ökonomische). Beckmann 29. Bemerkungen 31. Borowsky 59. Ermahnung 88. Erzählung 89. Medicus 207. Merkel 208. Moshammer 214. Plan 234. 371. Schlettwein 278. Vorschlag 329.

v. Gesinde. Hof 364. Ordnung 224. Ueber 314. Vorschlag 331.

Getraidebau Aufbewahrung, Aus=u Einfuhr, Magazine. Beschreibung 37. Beweiß 40. Böcklin 56. Borowsky 59. Eschenbach 89. Gedanken

ken 107. Getrayde 113. Kob 172. Kretzschmar 175. Linguet 194. Lüders 197. Mayer 206. Neumann 221. Ortmann 226. Springer 289. Tillet 309. Wolf 347.

Getreidehandel, s. Kornhandel.

– – Aus- u. Einfuhr, s. Aus- u. Einfuhr.

Gewerkfleiß. Abhandlung 1.

Gewicht, Maaß. Abt 9. Beschreibung 37. Beuther 40. 41. 355. Bötticher 356. la Febure 92. Gerhard 361. Hase 133. 363. Maaß 198. Rosenthal 257. Vergleichung 315.

Gewitterableiter. Anweisung 17. Böckmann 56. Felbiger 93. Frage 100. Guden 362. Hemmer 139. Methode 209. Reimarus 243. Weber 336.

v. Giftpflanzen. Gmelin 117. Halle 126. Wilke 344.

Glas u. Glasarbeiten. Fontaneaux 98. Fuchs 103. Glaskünstler, Glasschmelzkunst 116. Göttling 118. Hertel 142. Hochgesang 146. Kunkel 178. Leutmann 190. Schauplatz 271.

Glasmahlerey. Schauplatz 271.

Glockengiesserey. Glockengiesser 117. Roujoux 257.

Gold- u. Silber-Fabriken. Betrachtungen 39. Gold- und Silberarbeiter 118. Justi 159. Versuch 318.

v. Gold- u. Silberdrathziehen. Jugel 155.

Gränzrechte. Beck 28. Koppelt 256.

Gräserbeschreibung. Schreber 281. 282.
Grapp, Krapp oder Färberröthe. Anbau 12. Miller 210. Pfannenschmidt 230. Unterricht 325.
Grasbau, s. Wiesenbau.
Grosbritanniens Handlung, Oeconomie ꝛc. Anderson 12. Bemerkungen 32. Beschreibung 37. Young 349
v. Grundstücken. Runde 259. Schlettwein 278.
Güteranschlag, s. Anschlag.
Güter-Verkauf. Kauf- und Verkauf 162.
Gyps. Anweisung 20. Cancrin 358. Hogel 147.

H.

Hamburgs ökonom. Verfaß. Griesheim 120.
Handlohn. s. Abgaben.
Handlungswissenschaft. Albrecht 11. Anderson, Anfrage, Ankündigung 12. Anmerkung 16. Banquier 24. Bayley 27. Beausobre 27. Beckmann 30. Belloni 31. Beschreibung 37. 38. Betrachtung 39. Beuther 41. Beyträge 42. Bohn 58. Breitschwerdt, Briefe 62. Bruns, Buch 65. Büchting, Büsch 66. 67. Calender 69. Christiani 358. Come 76. Dangueil 77. Döhler 80. Einleitung 84. Engelbrecht 85. Entwurf 87. Erinnerung 88. Etwas 89. 359. Fischer 95. Flachat 96. Fletscher 97. Flügel 98. Galeati 104. Gedanken 107. 109. Geschichte 112. 113. Graf 118. Graumann 119. Gründe 121. Gründler 121. 362. Grundsätze 122. 362. Guden 362. Gülbenstädt

benſtädt 123. Hänel 124. Handbuch 128. 130. Handel, Handelszeitung, Handlung, Handlungsbibliothek, Handlungsgeschichte, Handlungswörterbuch 130. Handlungszeitung, Handlungsgrundſätze 131. Hartmann 132. Haſe 132. Haupt- u. Hülfsbuch 363. Herrenſchwand 364. Heinhold 137. Herbach 140. Journal 155. Jung 156 Juſti 159. Kaufmann 162. 163. Kruſe 177. Lexica (Handlungs-Wörterbuch, Hübner, Ludovici 192.) Litteratur 194. Ludovici 196. Luſac 368. Machtkunſt 198. Magazin 199. Magen 201. Maire 202. Marperger 203 Martini 204. May 205. Melon 208. Meß- und Markthelfer, Meyer 209. Michelſen 210. Mortimer, Moſer 213. Muſeum 216. Nachrichten 217. Nelkenbrecher 221. 370. Ordnung 225. Patriot 228. Peyſonell 230. Pfingſten 232. Naumburger, Raynal 241. Reimarus 243. Ricard 249. Saalfeld 259. Sammler 260. 265. Schedel 274. 275. 373. Schlettwein 278. Schmidt 279. Schneider 280. Schreiben 284. Schriften, Schröck 285. Schwabe 288. Schweighofer 289. Sinapius 293. 294 Snell, Sonnenfels 295. 296. Steck 299. Tabelle 305. Taube, Taxen 307. Theorie 308. Ueber 313. Verſuch 317. 318. 319. Unterricht 324. Unterſuchung 326. Vortheile 331. Urſprung, Waarenberechnung 332. Werk 339. Wicht 340. Wiehe, Wieneriſches- 343. Wilborn 344. Zetterſten 351. Zöga, Zſchakwitz 352

Cc v. Hand-

v. **Handlungsrechte.** Hanfer 131.

Handwerker und Schriften für Handwerker. Adelung 10. Bayley 27. Beckmann 29. Betrachtungen 39. Cunradi 76. Firnhaber 95. Forster 99. Funke 360. Gatterer 361. Geheimniß 110. Halle 126. Handbuch 129. Hermann, Hermbstädt 141. Jacobson 152. Lexica (Hübner, Jacobsen 192.) Nachricht 219. Rößig 254. Schauplatz 267. Sprengel 297. Taxe 306. 307.

Handwerksrechte u. Verordnungen. Firnhaber 99. Frick 101. Sammlung 262. Weißer 338. Zunfts-Artikel 353.

Hanf, s. Flachs.

Harzgebirge. Gatterer 361. Rohr 255.

Hausarzney s. Arzneywissenschaft.

v. **Hausthieren.** Unterricht 322.

Hauswirthschaft. Abhandlung 6. 353. Allerley 11. Anleitung 14. Anmerkung 16. Anweisung 17. 354. Baumañ 26. Beausobre 27. Becher 28. Bedenken 30. Bemerkungen 32. Beyträge 41. Börner 57. Büsching 67. Calender 68. 69. Claproth 74. Döbel 80. Eckard 82. Einleitung, Einrichtung 84. Entwurf, Erfahrung 87. Erzählungen 88. Etwas 89. Felber, Feldeck 92. Flachat 96. Florini 97. 98. Frauenzimmer 101. Frühling, Fürstenau 102. Gedanken 108. Gloretz 117. Guden 122. Handbuch 128. 129. 363. Handwerker, Handwerkerwesen 131. Hartrodt 132. Haushaltung, Haushaltungs-Calen-

Calender, Haushaltungskunst 134. 364. Haushaltungstaschenbuch, Hh.Zeitung, Hh.Register, Haus- u. Landwirthschafts-Regeln, Haus- u. Landwirth, Hausmutter, Hausmutter-Calender, Haus- und Kunstübung, Hausvater 135. Hellwig 138. Hirsch 145. Hoffmann 146. Hohberg 148. Inbegriff 154. Jugel 155. Just 158. Kennzeichen 163. König 172. Kryger 177. Künste 178. Lachneaulico 181. Lamprecht 182. Lehrbegriff, Lehrbuch 188. Leonhardi 189. Lexicon 191. Magazin 199. 201. Marperger 203. Mayer 206. Melisantes 208. Meyer 209. Michelsen 210. Möller 212. Münch 370. Nachricht 219. Parci, Parrot 227. Patriot 228. Pembrockin 228. Pfarrfrau 230. Philoconomie 234. Rabelmayer 240. Regeln 242. Rieß 252. Rohr 254. Ruprecht 259. Sammler 260. Sammlung 260. 261. 262. 265. Schmidt 279. Schreber 282. 283. Schütz 288. Selecta 291. Silbermann 292. Simon 293. Struve 302. Tagebuch, Taschenbuch 306. Tausendkünstler 307. Titius 310. Versuch 316. Vorrath 329. Wasserberg 335. Wedekind 332. Wirthschafter 346. Wolf 348. Xenophon, Zaumsegel 349. Zeitung 350. Zoophili, Zukert 352. 353.

Hecken u. Zäune. Anleitung 3. Anweisung 19. Unterricht 322.

Heidboden. Gleditsch 117.

Hering. Bock 56.

v. Heuschrecken. Gleditsch 116. del Rio 352.

Hirsebau. Bloß 55.

Holzsparkunst. Abhandlung 3. 4. Dietrich 79. Jachtmann 152. Langsdorf 185. Sammlung 265. Tractat 310.

Hopfenbau. Abhandlung 3. Anleitung 15. Bauder 25. Bloß 55. Reichard 243.

Hundsbiß, vom tollen. Münch 370.

Hundezucht. Almanach 11. Berger 35.

Hut, Trift und Brache, s. Viehzucht und Ackerbau.

Hutfabriken. Schauplatz 270.

Hyacynten. Kampe 161. Schröck 285. Voorhelms 328.

J.

Jagd, Jägerey. Begrif 30. Berger 35. Büchting 66. Conterie 75. Döbel 80. Flemming 97. Förster 98. Fouilloux 100. Göchhausen 118. Großkopf 120. Heppe 140. Holz- Mast- und Jagdordnung 148. Jäger, Jagdgeschichte 152. Jagdkunst, Ickstadt 153. Käpler 160. Lexica (Grobkopf 192. Onomatologia 192). Möller 212. Moser, Müller 214. Riccard 249. Schütz- u. Jäger 287. Journal 365. Schweiser 289. Stißer 301. Tänzer 306. Trichter 310. Versuch 317. Weyland 340. Zeissig 350.

v. Jagdrecht. Beust 40. Kleinschrod 366. Stubenrauch 302.

Jena's mineralogische Gegend. Schmidt 279.

Indu-

Industrie, s. Gewerkfleiß.

Innungen. Betrachtungen 89. Firnhaber 95.

Indigo. Dijonval 79. Schauplatz 271.

Insecten s. Ungeziefer.

Instrumente. (mathematische und astronomische) Schauplatz 272.

v. Interessen, Benutzung und Wiederbezahlung der Gelder. Baumhauer 27. Capitalist 71. Interesse 154. Kramer 367. Luthard 368. Martini 204. Müller 214. Tabelle 305. Ueber 312. Versuch 319. Wäser 335. Wiesiger 342. Wöhrl 347.

Invalidenhäuser und Verpflegung. Ueber 314.

v. Inventarien. Rullmann 258.

Jubelirer, s. Edelsteine.

K.

v. Käsen. Twamley 312.

Kalk und Kalkbrüche, Kalkbrennerey. Cancrin 358. Forster 99. Hagen 124. Hermann 141. Huth, Jacobi 151. Kling 165. Lorioth 196. Schauplatz 270. Soriot 296. Versuch 316. Weber 336.

Kameralwissenschaft, s. Staatswirthschaft.

Kamine, s. Oefen.

Kaninchenzucht. Mayer 207.

Kartenfabriken. Schauplatz 268.

Kartoffel- Potaken- u. Erdäpfelbau. Abhandlung 3. Art 22. Bericht 35. Brückmann 64. Hoppe 149. Ludwig 196. Schneider 280.

v. Kellerey, oder Weinkünstler. Fabroni 360. Kellermeister 163. Kunst 179. 367. Weinarzt, Wein- und Bierkünstler 338. 376. Winzer 345. Wollin 348.

Kiefernholz. Vorschlag 330.

Kitte. Methode 209.

Kleebau u. Kleefutter. Behandlung 30. Chaves 72. Frommel 102. Gedanken 109. Graßmann 362. Levenau 368. Rößig 254. Schimper 276. Sendschreiben 291. Tschiffeli 311. Unterricht 322. Werner 340.

Kochbücher. von S. 167—172. 366. 367. Handbuch 128.

v. Kohlenbrennen. Abhandlungen 4. Bornemann 59. Schauplatz 267. Scopoli 290.

Kohlbau. Rosenblabt 256. Unterricht 323.

v. Korn (welschen), Türkischkorn, Mays. Bericht 35. Rükert 258. Unterricht 324.

Kornbau, s. Getraidebau.

Korndörrmaschine. Beschreibung 38. Cancrin 70.

Kornhandel, s. Fruchthandel.

v. Kornwürmern. Kayser 163. Rango 240. Vorschlag 329.

v. Kräutern und deren Behandlung. Eisen 84.

v. Krahnengebühren. Privatgedanken 371.

Krankenhäuser oder Hospitäler. Anmerkungen 16. Markus 368. Nachricht 218.

Krapp, f. Grapp.

Kuhzucht insbesondere. Abilgaard 8. Schmundt 280. Mehreres f. Viehzucht.

Künste, Kunstbücher für Handwerker und Hauswirthschaft ꝛc. Abhandlung 4. Hahn 125. Halle 126. Handbuch 129. Hartrot 132. Heimlichkeiten 137. Künste 178. Kunstpforte 179. Kunst 180. Lexica (Onomatologia 193). Magia naturalis 202. Sammlung 264. 265. Taschenbuch 306. Theophrast 308. Vorraths-kammer 329. Wahrsager, Walberger 333. Weber 336. Wiegleb 342. Wochenblatt 347.

Kupfer, Kupferhütten. Justi 157. Polhem 236.

v. Kupfergeschirr. Rousseau 257. Verordnung 316.

L.

Länderbeschreibung, ökonomisch-politische, f. jedes Land unter seinem Namen.

Landwirthschaft. Abbaye 1. Abhandlung 5. 7. Anleitung 14. 15. Anmerkungen 16. Anweisung 17. Apologie 21. Aufnahme 23. Bauer 25. Baumann 26. Bauernfreund 27. Beantwortung 27. Bechstedt 28. Beckmann 29. Belehrung 31. Bemerkungen 31. 32. Benekendorf 33. 34. Betrachtungen 39. Beyträge 41. Bibliothek 356. Block 54. Börner 57. Borke 58. Brase, Braun 61. Briefe 62. 63. Briefwechsel 63. Bucher 65. Calender 68. 69. Caraccioli

raccioli 71. Chriſt, Chriſtlieb 73. Columella 74. Döhler 80. Dorfpfarrer, Dresky 81. Einleitung 83 Ellis 85. Entwurf 86. 87. Erfahrungen 87. Etwas 89. Felber 92. Feldeck 93. Fiſcher 95. 96. Freund 101. Gloretz 117. Gruft 121. Grundſätze 122. Haberkorn, Hagedorn 124. Handbuch 129. 363. Hartig 131. Haushaltungs- und Landwiſſenſchaft, Haushaltungskunſt, Haushaltungszeitung, Haus- u. Landwirthſchafts-Regeln, Haus- und Landwirth 135. Hausvater, Hauswirth 136. Hering 141. Hirzel, Hönert 146. Hofmann 147. Hohberg 148. Hube 150. Janeke 153. Imagine 154. Jung 156. Juſti 158. Käpler 160. Kisling 165. Klob 365. Klug, Knauer 166. Kohlbrenner 172. Krämer 173. Kretzſchmar 174. Krüger 177. Lachneaullow 180. Landanbauer, Landleben, Landmann 182. Landwirth 183. Landwirthin, Landwirthſchaft 184. Lehrbegriff 188. Leonhardi, Leopold 189. Leſebuch 190. Lübeke 196. Magazin 199. 201. Mannigfaltigkeiten 202. Maus 205. Mayer 206. Mund 215. 370. Nachricht 216. 217. 218. Nau 220. Ortlieb 371. Parrot 227. Philoconomie 234. Pratje 238. Rammelt 240. Reineker 244. Reß 248. Riem 250. Rieß 252. Rohr 255. Rupprecht 259. Sammler 260. 261. 262. 265. Schmidt 279. 280. Schönfeld, Schrank 281. Schrofa 285. Schweſer 289. Simon 293. Sprengel, Sprenger 297. Steeb 299. Stißer 301. Stubbeck 302. Stumpf 303. Taſchenbuch 306.

Tauſend-

Tausendkünstler 307. Theschedik 308. Tiemañ 309. Truka, Tronwell 311. Varro 312. Ueber 313. 314. Uebersetzung 375. Vegesack 314. Vergleichung 315. Verrichtungen 315. Versuch 317. Virgil 321. Unterricht 322. 323. Vorschlag 330. Walter 334. Westenrieder 340. Wichmannshausen, Wie können ꝛc. 341. Wiegand 342. Wilke 343. Winkler 345.

Laquirkunst. Anleitung 4. Anweisung 19. Lackirer, Lackirkunst, Lackirmeister 181. Müller 214. Tractat 310. Watin 335.

Lebensbeschreibungen von Oeconomen. Hoeck 146. Mayer 206. Rohr 255.

Leder. Schauplatz 268. 270.

Leibeigenschaft, s. Frohndienste.

Leihhäuser oder Lombard. Marperger 2.
v. Leim (dessen Verfertigung). Schauplatz 271.
Leinenmanufactur, s. Cattun ꝛc.
Leinewandshandel. Schauplatz 271.
Levcojen. Erfahrungen 359. Grotian 121. Stein 300.
v. Lichtergiessen und Ziehen. Anweisung 354. Keydel 365. Schauplatz 268. Seifensieder 291.
Lohgerberey. Forster 99. Schauplatz 269.
Losung, s. Abgaben.
Lottowesen. May 205.

M.

Magazine und Fruchtböden. Anordnung 16. Art 22. Brose 61. Cancrin 70. Dinglinger 79.

Getray-

Getraybe 113. Grund 121. Ordnung 225. Scharnweber 373. Schreber 283. Untersuchung 325. Urtheile 332. Weinberg 338.

Mahlen des Getraides. Füllmann 102. Geheimniß 110. Hahn 363. Muret 216. Schauplatz 270.

Manufacturen, s. Fabriken.

Markscheidekunst. Anleitung 13. Jugel 155. Lempe 188. Stiegler 301. Weidler 337.

Markenrecht. Piper 234.

v. Maschinen und Instrumenten für Fabriken und andere bürgerliche Beschäftigungen. Bayley 27. Beschreibung 36. 355. Hase 138. Sammlung 263. Schmidt 279. Wüstenau 348.

Materialien und Specereyen. Poner 237.

Mathematik fürs gemeine Leben u. Handlung. Büsch 67. Eberhard 82. Hennert 139. Referstein 163. Mayer 369. Meinert 369. Müller 214. Penther, Peschek 229. Polack 236. Reinhold 245. Rosenthal 257. Vierenklee 320. Wiedeburg 341.

Maulbeerbäume. Abhandlung 4. Anleitung 14. Anmerkungen 15. Anweisung 18. Annants 24. Dreves 81. Fleischmann 97. Köhlreuter 172. Unterricht 322.

Maulthierzucht, s. Pferdezucht.

Maulwürfe. Faille 91.

v. Mayenkäfer. Mayer 206.

v. Mays oder türkischen Korn, s. Korn.

v. Mayerwesen. Brase 61.

Meis-

Meißen. Pötschen 236.

Melonenbau. Vilin 320.

Mennig. Rose 222.

Mergel. Anweisung 20. Rükert 258.

Messing und dessen Verarbeitung. Hagen 124. Polhem 236. Schauplatz 269.

Metallurgie, s. Probierkunst.

Metallverarbeitung. Klein 165. Kunst- und Werkschule 180.

Mineralogie. Arduino, Arenswald 21. Barba 24. Baumer 26. Belustigungen 31. Cartheuser 71. Collini 74. Engeström 85. Ferber 93. 360. Gläser 114. Gmelin 362. Heinik 137. Hermann 141. Jefferis 153. Jugel 155. Just 160. Lehmann 187. 188. Lommer 195. Minerophili 192. Moisienkow 213. Prevenhuber 238. Pfingsten 371. Sage 259. Tile 309. v. Trebra 310. Voigt, Volkelt 328. Westfeld 376.

Mörtel, s. Kalk.

v. **Monopolien.** Grünbler 121. Runde 259. Scharf 267. Weber 313.

Mühlenbau. Abhandlung 8. Beschreibung 37. 38. Beyer 41. Eberhard 82. Fabre 90. Fränkey 360. Füllmann 102. Hoff 146. Huth 151. Raovenhofer 162. Koch 366. Löscher 194. Melzer 208. Mönnich 213. Scopp 290. Sturm 303. Voch 327.

v. **Münzrechte.** Beust 40.

v. **Münz-**

v. Münzweſen u. Münzkenntniß. Abhandlung 4. Abt 9. Baumhauer 26. Belloni 31. Beuther 41. Bötticher 356. Büſch 357. Gedanken 361. Geheimniß 110. Gerhard 361. Guben 123. Hänels 124. Haſe 133. Jaſter 153. Juſti 159. Martini 368. Melbinger 369. Meyer 209. Runde 258. Thomani 309. Vergleichung 315. Zöga 352.

v. Mutterkorn. Eſchenbach 89. Model 112. Rößig 255.

N.

v. Nachtigallen. Abeologia 10. Unterricht 322.

v. Nadelfabriken. Schauplatz 268.

Naturgeſchichte (ökonom.) Abhandl. 5. Auswahl 355. Bechſtein 28. Beluſtigung 31. Berwald 36. Beyträge 41. 42. 43. 44. Bibliothek 44. Bock, Böhmer 56. Börner 57. Borne 59. Braſe 61. Denſo 78. Erhard 82. Funke 360. Geſchichte 113. Gläſer 114. Habel 124. Handbuch 130. Hanov 131. Hermann, Hermbſtädt 141. Juſti 160. Karſten 162. Lexica (Onomatologia 193.) Linne 195. Lübecke 196. Magazin 199. 200. 201. Model 212. Moll 213. Patriot, Pauli 228. Pfingſten 232. Sammler 260. Sammlung 260. 261. 262. 263. 265. Sander 265. Schauplatz der Natur 273. 274. Schebel 274. Schreber 282. Selecta 291. Tabor 374. Taube 307. Walter 334. Waſſerberg 335.

Nelkenzucht. Anweisung 17. 355. Flora 97.
360. Gedanken 108. Geschichte 113. Grotian
121. Kunst 179. Rudolphi 258. Vorschlag 330.
Vortheile 331.

Niederlande (österreichische). Crome 76.

O.

Obst, s. Früchte.
v. Obstbäumen. s. Baumzucht.

Oeconomie im allgemeinen, und vermischte öconomische Schriften. Abhandlung 1. 2. 5. 6.
Acta 9. Administration 10. Allerley, An 11.
Anmerkungen, Annalen 16. Anzeigen 21. Arndt
22. Aßmann 23. Aufsätze, Auszüge 24. Bartsch
25. Bauren-Freund 27. Beckmann 29. Bemerkungen 31. 32. Benekendorf 33. Berch
34. Beyträge 41. 42. 43. 355. Bibliothek 44.
Block 55. Böhmer 56. Börner 57. Borowsky
59. Brandes 60. Braunschweigisch 62. Calender 68. Cancrinus 71. Christ 73. Dorfconvent 81. Elsäßer 85. Entdeckungen 86. Etwas 89. Fabre, Fabricii 90. Fiebler 94. Fischer 95. 96. Forster, Forstner 99. Fourbonnal,
Fragmente 100. Franzmadhes 101. Fürstenau
103. Gaßner, Gedanken 106. 107. 108. Geheimnisse 110. Genovesi 111. Gleditsch 116. 117.
Gugenmuß 363. Habel 124. Hald 125. Handbuch 128. 130. Handlungszeitung, Hanov 131.
Heßing 140. Hermann 141. Hirsch 145. Hofman
147. Holzhausen 148. Jacobi 365. Intelligenz-
Blätter 154. Jung, Justi 157. 160. Karsten 162.

Kern

Kern 163. Kling 166. Klokenbring 166. Krünitz 177. Kühnhold 178. Lange 184. (Lexicon 191. Onomatologia, Strelin 193.) Linne 194. Löwe 195. Ludewig, Lüdeke 196. Lüders 197. Magazin 200. 201. Maximen 205. Mayer 206. Meyer 209. Model 212. Moll, Moser 213. Müller 215. Nachrichten 217. 219. an die Oeconomen, Oeconomus, Oeder 222. Paumann 228. Pfeiffer 231. Pfingsten 232. Portefeuille 236. Pratje 238. Rathlef 241. Reglement 243. Riem 250. Rößig 254. Rohr 255. Sammlung 261. 263 265. Schedel 274. Schlettwein 278. Schönbauer 281. Schreber 282. Schriften 285. Schubart 286. Sincerus 294. Springer 298. Stockhausen 301. Tabor 374. Versuch 318. Vorlesungen 329. Weg 337. Weisheit 338. Wichmannshausen 341. Wissenschaften, Wochenblatt 346. 376. Wochenschrift 347. Zeitung 350.

Oeconomia forensis (Polizeywissenschaft im ökonomischen Fache). Abhandlung 3. 4. Anordnung 16. Aufschütten 24. Aus- u. Einfuhr 24. Balthasar 24. Barkhausen 25. Baumhauer 27. Beck 28. Beckmann 29. 30. Beham 30. Benekendorf 33. 34. Bentgsen, Berch 34. Bergius 35. Bernhard 36. Betrachtungen 39. Beurtheilung, Beust, Beweiß 40. Beyträge 42. 43. Bob 55. Breidenstein 62. Briefe 63. Butscheck 68. Cartheuser 71. Cella 72. Döhler 80. Döpler 81. Ernsthausen 88. Fabricius clus 360. Fischer 95. Förster 98. Frage, Fragment, Frank 100. Fuchsen 103. Gabks 104. Herbert 140. 141. Hofmann 147. Justi 158. 159. 160. Kapf 162. Klingner 166. Kornhandel 173. Krünitz 177. Kunst 179. Kurella 180. Lahner 181. Lamotte, Lamprecht 182. Landschafts-Reglement 183. Lange, Langemack 185. Magazin 199. 200. Meier 208. Moser 213. Müller 369. Nachrichten 216. 218. Nutzen, Oeder 222. Ordnung 224. 225. 226. Parrot 227. Pfeiffer 231. Pfingsten 232. Philippi 233. Polizey 237. Rathlef, Rau 241. Reisigel 247. Netzer 248. Riccit 249. Rößlin Rößig 253. 254. Samlung 261. 264. Schmidt 279. Schmieder 280. Schott 281. Schreber 282. 283. Schweser 289. Sonnenfels 295. 296. Springer 298. Stißer 301. Ueber 374. Veripholi 315. Versuch 317. 319. Vetter 319. Wasserberg 335. Wehre 337. Willebrand 345. Zinken 352.

Oefen, Kamine, Schornsteine. Abhandlung 5. 7. Baumer 26. Baussen 27. Beschreibung 37. 38. 355. Bignou 54. Cancrin 71. Chapuset 72. Christ 358. Dietrich 79. Entdeckung 86. Franklin 101. Funk 103. Gillig 361. Hesse 143. Holsche 148. Kunst 179. Leutmann 190. Nottelmann 222. Riem 250. Ritter 252. Schäfer 266. Schübler 287. Spengler 296. Verbesserung 314. Vorschlag 329. Wagner 332.

Oehl-

Oehl, Oehlgesäme. Anleitung 14. Binder 54. Remler 372. Unterricht 383.

Oesterreich. Hermann 141.

Orgelbau. Halle 126. Sponsel 297. Versuch, 318.

P.

Pacht= u. Verpacht. Abhandlung 5. Benigsen 34. Gedanken 108. Gründe 121. Heun 143. Kauf= und Verkauf 162. Laurence 186. Richter 250. Rieß 251. Rinnepust 252. Schreber 283. Unterricht 323.

Papier. Claproth 74. Fritsch 102. Schäfer 266. Schauplatz 268. Unterricht 322.

Pappe, Pappendeckel. Schauplatz 269.

Pappelbäume. Kunst 179. Maurice 205. Pflanzengeschichte 233.

v. Pergament. Schauplatz 268.

v. Perlen. Jefferies 153.

Perückenmacherhandwerk. Schauplatz 270.

Pferdehandel und Roßtäuscherkunst. Beham 30. Eisenberg 84.

Pferdekenntniß. Abhandlung 5. Beschreibung 37. Engel 359. Hippographia 144. Lehrbuch 367. Pferdekenner 232. Ploen, Plouquet 371. Prizelius 239. Reizenstein 248. Saunter 265. Sind 295. Versuch 217. Zebentner 350.

Pferdekrankheiten und Pferdarzneybücher. Abhandlung 6. Abildgard 8. Anleitung 15. Anweisung 19. Arzneymittel 22. Arzt 23. Bartlet 25. Böhme 56. Bourgelat 60. Bouwinghausen,

hausen 60. Brake 60. Busch 68. Clare 358. Damm 77. Deigenbesch 77. Ehrmann 83. Erfindung 87. Foße 99. 100. Fuchs 105. Saab 103 Gerhardt 112. Gibson 114. Hauswirth 136. 137. Hennemann 139. Hobson 146. Hülfreich 365. Hurel 150. Kahn 161. Kersting 164. Knobloch 166 Krankheiten 173. Löwe 195. Lucan 196. Naumann 220. Neukastel 221. Oehlmann 223. 371. Pferdarzt, Pferdarzney 232. Pferdekrankheiten. Pferdezucht 232. Plouquet 235. Reitkunst 247. Reizenstein 248. Robertson 253. Rohlwes 254. Roßapotheke 257. Roßarzneybuch 257. Sammlung 264. Saunier 265. Schmidt 279. Sind 294. 295. Stallmeister 296. Tamm 306. Taschenbuch 306. Trichter 311. Verhaltungsregeln 315. Veterinarius 319. Winter 345. Wissenschaften 346. Wollstein 348. Zeiher 350.

Pferde zum reiten und fahren abzurichten, zu zäumen und zu beschlagen. Anfangsgründe 354. Anweisung 20. Berga 35. Bouwinghausen 60. Briefwechsel 63. Clam 74. Eisenberg 84. Garsault 104. Hippophili 144. Hobson 146. Kersting 164 Koch 167. Kölner 367. Kutscher 180. Lohneisen 195. Madsen 198. Marchand 203. Wiethode 209. Neukastel 221. Oebschelwitz 222. Pembrok 229. Prizelius 239. 371. Regeln 242. Reitkunst 247. Rumpelt 258. Saunier 265. Sind 294. 295. Sosander 296. Stallmeister 296. Taschenbuch 306. Trichter 310. Verhaltungsregeln 315. Weber 335.

335. Wiehen 343. Winter 345. Zehenner 350. Zyllnhardt 353.

Pferde- und Maulthierzucht. Anstalten 17. Brugnones 357. Fugger 105. Gab 103. Gaschitz 361. Hartmann 131. Hiver 146. Koch 167. Krauß 174. Michaelis 210. Pferdezucht 232. Prizelius 239. Richter 249. Schreber 282. Sind 294. Walter 333. Wollstein 348. Zehentner 350. Zorn 352.

Pferde zu wallachen u. anglisiren. Gaab 103. Robertson 253.

v. Pfandrechte. Langemack 267.

Pfirsigbäme. Dahuron 77. Müller 212.

v. Pflanzen Krankheiten. Abhandlung 4.

v. Pflügen und von dessen Geschirr. Krezschmar 174. Lüders 197. Schumacher 288. Springer 298.

Polizey (ökonomische), s. Oeconomia forensis.

Porcellan u. Fayencen. Milly 210. 211. Nachrichten 219. Schauplatz 271.

v. Postwesen. Beust 40. Ordnung 225.

Pottasche. Abhandlung 8. Kunst 179.

Probir- Schmelz- u. Scheidekunst. Abbatia 1. Arduino 21. Ars 22. Barba 25. Baume 26. Clauß 74. Cramer 75. Ehrmann 83. Erker 88. Frage 100. Gellert 111. Gmelin 118. Hermann 141. Hermstädt 142. Hofmann 147. Jugel 155. Justi 159. Kellner 163. Kiesling 164. 165. Lehmann 187. Probierbuch 239. Sage 259. Sammlung 263. 264. Schauplatz 269. Schlüter,

ter, Schmelzkunst 278. Sukow 304. Weber 336. Widemann 341.

Puder. Reus 248.

R.

v. Ramm=Maschinen. Hase 133.

v. Ranunkelzucht. Ardene 21.

Raquetenmacher. Schauplatz 270.

v. Raupen. Abhandlung 8. Anweisung 355. Glaser 115. 116. Mader 368. Naturgeschichte 220. Riem 351. Schreber 284. Unterricht 375.

Rechnungswesen, Rechenbücher. Betrachtungen 39. Beuther 41. Chron 358. Döpler 81. Entwurf 87. Faulhaber, Feist 92. Florencourt 97. Formularien 98. Gebrauch 361. Gerhard 371. Grupe 122. Handbuch 128. Hirt 145. 146. Hochstetter 364. Hoff 147. 364. Inventarienbuch 154. Klipstein 166. Lamotte 181. Lange 184. 185. Lempe 368. Mäken 368. Müller 369. Peschek 229. Pflugbeil 233. Rebmann 242. Rechenbuch 372. Rechnungsinstruktion 242. Reinhold 244. Richter 250. Schwarzer 289. Schweser 289. Scopp 290. Springer 298. Storr 302. Thomann 309. Wiedeburg 341.

Reisebeschreibungen. Buchwald 66. Büsching 67. Collini 74. Fabricius 90. Heinze 137. Hennig 139. Jars 153. Leske 190. Marshall 368. Reisebeschreibungen v. S. 245–247. Voigt 375.

Reitkunst s. Pferde.

Rockentrank. Anweisung 20. Nachricht 218.

Roßtäuscher, s. Pferde.

v. Rost im Getraide. Abhandlung 6.

Rotschmelzen. Herwig 142.

Rüben und Wurzelbau. Bloß 55. Unterricht 323.

S.

Saamen, Gesäme. Abhandlung 6. Anleitung 14. Townsen 310.

v. Sägmaschinen. Schäfer 266.

v. Salat. Schütze 288. Untersuchung 325.

Salmiak. Alberti 11. Nachrichten 217.

Salpeter. Beobachtungen 34. 43. Fiebler 94. Nachricht 217. Pietsch 234. Probierbuch 239. Simon 293. Sincer 294. Stahl 299. Weber 336.

v. Salpeterfraß. Beyträge 43.

v. Salz u. Salzwerken. Beyträge 43. Böse 57. Brownring 64. Cancrin 358. Chrysel 73. Dundonalt 82. Glaser 115. Haller 127. Kopp 172. Langsdorf 185. 186. Pfingsten 232. Rösler 253. Rousseau 257. Scheffer 275. Stahl 299. Stubenrauch 302. Unterricht 322. Untersuchung 325. Weber 336.

Sammtfabriken. Schauplatz 273.

Sand, Flugsand. Schreber 283.

Sattler oder Riemerkunst. Schauplatz 273.

Schaaf- und Ziegenzucht. Abhandlung 6.
Abth.

Abilgaard 8. Anweisung 17. 20. Arnhard 21. Benekendorf 33. Berichtigung 36. Christ 358. Clauer 74. Gaschitz 351. Gerhard 361. Germershausen 112. Geutenbruck 114. Hastfer 133. Hückel 150. Hülfreich 365. Klobb 366. Leske 190. Nachricht 219. Nonne 221. Paul 228. Plouquet 235. Riem 251. Sammlung 262. 264. Schäfer, Schäferey 266. Schubart 286. Steeb 299. Strunz, Stumpf 302. Tam 306. Versuch 317. Unterricht 323. 324. Wichman 340. Widerlegung 341. Wiegand 342. Zange 349.

v. Scheidewasser. Simon 203.

Schiefer, s. Steinbruch.

v. der Schiffarth. Schlettwein 277.

Schiffbaukunst. Berger 35. Graßmann 362.

Schleusen; s. Wasserbaukunst.

v. Schlosserhandwerk. Bottermann 357. Schauplatz 270.

v. den Schnecken und deren Vertreibung. Schirach 276.

Schneiderhandwerk. Schauplatz 278.

v. Schnitzwerken. Schübler 286.

Schusterhandwerk. Schauplatz 270.

v. Schwämmen. Kerner 164. Krapf 174.

Schweinezucht. Abilgaard 8. Christ 358. Gaschitz 361. Hülfrich 365. Schweinehirt 289.

Sclavonien. Taube 306.

Seidenbau und Bearbeitung der Seide. Abhandlung 4. Angermañ 12. Anleitung 13. 14.

Anweisung 17. 18. Aunant 24. Balance 24. Bauman 26. Cathene 72. Dresweß 81. Fleischmann 97. Gleditsch 116. Köhlreuter 172. Stolzner 301. Thym 309. Unterricht 322. 323. Wartung 334.

Seidenpflanze. Schnieber 280.

Seidenzeugfabriken. Jacobson 152.

Seifensieden. Anweisung 354. Hamel 128. Keydel 365. Seifensieder 291.

Siebmacherkunst. Schauplatz 272.

Sonnenuhren. Penther 229.

v. Spanndienste. Runde 258.

Spargelbau. Blotz 55. Rükert 258. Seibel 290. Vorschlag 330. Vothmann 232.

v. den Sperlingen. Breidenstein 62. Schriften 285.

v. Spinnen und Spinnmaschinen. Beschreibung 355. Unterricht 323.

v Spitzen (Brabanter). Seifert 291.

Staatswirthschaft, Finanz- und Cameralwissenschaft. Abhandlungen 1. 3. 4. Accis-Reglement 9. Administration 10. Almanach 11. An 12. Ankündigung 12. Annalen 16. Baudeau 25. Beausobre 27. Becher 28. Beckman 29. Bemerkungen 32. Berch 34. Berger 35. Betrachtung 39. Betting 40. Beyträge 41. 42. 43. 355. Block 55. Börner 57. Brandes 60. Briefe 62. 63. 357. Brüel 64. Büsch 66. Büsching 67. Butscheck 68. Cahier 68. Cameralgrundsätze, Cameralwesen 69. Chomel 73. Daries

Daries 77. Dithmar 79. Döhler 80. Einleitung 83. 84. Enderlin, Engel 359. Engelbrecht 85. Entwurf 86. 87. Ernsthausen 88. Etwas 90. Finanzmaterialien, Finanzzustand, Fischer 95. Förster 98. Fragmente 100. Friedrich 102. 360. Galiani 104. Gedanken 108. Geschichte 112. Geutenbrück 114. Gosch 118. Grießheim 120. Grundsätze 121. Guden 123. Handlungsgrundsätze 131. Hartmann, Harzmagazin 132. Haßlang 133. Hennig 140. Hiltebrand 143. Hirsch 145. Höck 146. Hohenthal 364. Hornek 149. Hübner 365. Hunger 365. Hugo 150. Huyler 151. Jung 156. 157. Justi 157. 159. 160. Kammeralist 161. Knoten 366. Kopez 367. Lahner 181. Lamotte 181. Lamprecht 182. Leib 188. Lexica (Camerallexicon 191. Strelin 193.) Lipius, Lith 194. Löwe 195. Magazin 199. 200. 201. Martfels 204. Mauvillon 369. Medicus 207. Meergraffe 208. Merkel, Meysenbougt 209. Mittel 211. Mortimer, Moser 213. Müller 369. Münzel 215. Necker 220. 370. Oeder 222. Oesterreich 223. Parrot 227. Pfeiffer 230. 231. Pfingsten 232. 233. Phantasien 371. Philippi 233. 371. Piper 234. Pöllnitz 236. de la Porte 371. Regierungsmaximen 242. Rößig 254. Roos 256. Rüdiger 258. Sammlung 260. 261. 263. 264. 265. 373. Schati 267. Schedel 275. Schlettwein 276. 277. 278. Schmidt 279. Schmohl, Schneidt 280. Schreber 282. 283. Schriften 285. Schubart

bart 286. Schwieletzky 290. Smith, Sneedorf, Snell, Sonnenfels 295. Springer 298. Statuta 299. Steeb 299. Sternschütz 300. Stewart, Stockhausen 301. Sukow 303. Szapary 304. Tabellen 306. le Trosne 311. Ueber 313. Verl 315. 375. Versuch 317. 375. Vieroth, Viuk 320. Voigt 328. Vorschlag 330. Vorstellung, Vortheil 331. Zinke 351. Zschwakwitz 352. Zuschauer 353.

Stadtwirthschaft, s. Hauswirthschaft.

Stärke. Abhandlung 6. Keydel 365.

Stahl- und Stahlarbeit. Achates 9. Ferber 94. Halle 126. Hermann 141. Herwig 142. Perret 229. Polhem 236. Rinnmann 252. Schauplatz 273. Schreiben 284. Unterricht 324.

Stallfütterung, s. Viehzucht.

v. Steinbrüchen, Schiefer. Anweisung 18. Schauplatz 268.

Steinhauerey 287.

v. Steinkohlen, s. Torf.

Sterbekassen. Bode 55.

v Steuern, s. Abgaben.

Stick- Strick- u. Nehkunst. Anweisung 17. 19. Döhring 81. Kunst 179. Neh- u. Strickbuch 221. Rieglin 250. Schauplatz 273. Strickbüchlein 302.

Straßen- und Chausseebau. Abhandlung 7. Eickemeyer 83. Enderlin 359. Etwas 89. Gautier 106. Hönert 146. Lüders 197. Stegmann

mann 300. Thiekel 308. Viehzucht 320. Unterricht 323. Voch 326. Wagner 333.

Straßenreinigung. Lamotte 181.

v. Studium der ökonomischen Wissenschaften. Rüdiger 258.

v. Stukaturarbeit. Gutachten 123.

v. Sümpfen und deren Austrocknung. Adler 10. Cancrin

T.

Tabaksbau, Tabaksfabriken. Abhandlung 7. Anleitung 14. Anweisung 18. 19. 354. Christ 73. Fabrikatur 90. Halle 126. Kling 165. Korge 173. Paul 228. v. Prate 237. Rieben 372. Schauplatz 272. Tabakbau, Tabaksfabrikant 304. Unterricht 323. 324.

Tapetenfabriken, Tapezierer. Muster 216. Schauplatz 270.

Taubenzucht. Taubenbuch 307.

Technologie, s. Handwerker.

Teichbau, s. Wasserbau.

Teich- und Dammrecht. Petit 230.

v. Thee. Krüger 176 Kunst. 179.

Theerwasser. Berkeleys 36.

v. Theurung. Block 55. Breidenstein 62. Briefe 63. Sonnenfels 295. Versuch 317. Vorschlag 330. v. Zahlheim 349.

Tinte. Geheimnisse 110. Tintenfaß 310.

Tischler- od. Schreiner Arbeiten. Hofmann 364. Nonnenmacher 221.

Torf

Torf und Steinkohlen. Abhandlung 4. Abilgaard 8. Anleitung 15. Anweisung 20. Bau 25. Cancrin 70. Degner 77. Geschichte 112. Hagen 124. Hahn, Hahnemann 125. Hönert 146. Krüger 176. Meidinger 208. Nachricht 219. Natur 220. Schulze 288. Venel 314. Verbesserungsmittel 315. Unterricht 324.

Trapp. Fauja 92.

Trenchirkunst. Trenchikant, Trenchirkunst 310.

Treppenbaukunst. Horst 149.

v. Trokar. Weise 338.

Tuch- u. Wollenzeug-Manufacturen. Abhandlung 7. Jacobson 152. Nachrichten 218. Schauplatz 269.

Türkischkorn, s. Mais.

v. Tulipanen. Kampe 161.

U.

Uhrmacherkunst. Alexander 11. Forstmann 99. Hartmann 132. Leutmann 190. Molitor 213. Sulli 304. Uhrmacher 320. Vogel 328.

Vieharzneykunst. Abhandlung 6. Abilgaard 8. Acrezza 9. Adami 10. Aich, Albrecht 11. Anleitung 14. 15. Anweisung 18. 19. Arzneybuch, Arzneymittel 22. Barbaret 24. Becher 28. Beschreibung 36. 37. 38. Beyträge 42. 44. Blumenschein 55. Böhme 56. Börner, Börth 57. Böttcher 58. Bourgelat, Boutrolle, Bouwinghausen, Braken 60. Camper 70. Chabert 72. Claß, Clark 74. Entdeckungen 86. Falk 92. Fürstenau 102. 103. Gallesky 104. Gebrauch 106.

106. Gedanken 108. Gefahr 109. Geschichte 113. Glaser 115. Graumann 119. Gresselt 120. Grill 362. Gutachten 123. Hagar 124. Haller 127. Handbuch 129. Hannäus 131. Hase 133. Hausviaharzeneybuch 136. Hennemann 139. Henze 140. Holberg 148. Horatius 149. Hülfreich 365. Hüpsch 150. Jänsch 152. Jung 156. Kanold 161. Kirschbaum 165. Knobloch 166. Koczian 172. Krüger 176. 177. Krünitz 177. Kühnst 178. Lackmann 181. Lentin, Leo 189. Lorenz 195. Magazin 201. Marschall 203. Mittel 211. Montigny 213. Nigrisoli 221. Oerzen 223. 371. Patent 227. Paulát 228. Pott 237. Ramazini 240. Reinder 244. Riedel, Riem 250. Rindvieh 252. Roth 257. Sagar 259. Salchow 260. Sammlung 264. Sandifort 265. Schreber 283. Schriften 284. Sperander 296. Stahl 298. Tam 306. Textor 307. Tobe 310. Ueber 313. Verordnung 316. Versuch 318. Veterinarius 319. Vieharzneykunst, Vink 320. Vitet 321. Unterricht 323. 325. Untersuchung 326. Vorschlag 330. Wagner, Walter 333. Weber 336. Weiß 338. Willburg 345. Wollstein 347. 348. Wreden 348. Zungenkrebs 353.

Viehzucht. Abhandlung 6. 7. Abilgaard 8. Abschaffung 9. Adami 10. Almanach 11. Anstalten 17. Anweisung 17. 20. Auersperg, Bemerkungen 32. Bergen 35. Billing 54. Braun 61. Briefe 63. Bruhn 64. Christ 358. Dick 79.

79. Einfälle 83. Etwas 359. Fermin 94. Fischer 95. 96. Gaschitz 361. Gedanken 108. Gemberly, Gottschald 118. Hückel 150. Hutung und Brache 151. Jugel 155. Linne 195. Lüdeke 196. Mayer 206. Mittelhäuser 212. Nonnenmacher 215. Preisschrift 238. Prüfung 239. Reglement 243. Riem 251. Sätze 259. Schneider 280. Schubart 286. Schumacher 288. Sendschreiben 292. Steeb 299. Stoixner 301. Stumpf 303. Tschiffell 311. Ueber 313. Versuch 318. Viehzucht 320. Wichmann 340. Wilke 343.

v. Umber oder cöllnischer Erde. Hüpsch 150.

v. der Unfruchtbarkeit. Denser 78.

Ungarn. Bemerkungen 32.

Ungeziefer. Insekten. Brahm 357. Geschichte 113. Hüpsch 150. Preisschrift 238.

Unkraut. Gmelin 117. Mund 215.

Vogelfang und derselben Abtheilung. Anweisung 17. Mitelli 211. Naumann 220.

W.

v. Wachs u. dessen Verarbeitung. Schauplatz 268.

Waidbau. Ebel 82. Schreber 282.

Waisen- u. Findelhäuser u. Kassen. Abhandlung 8. Hiltebrand 144. Horizon 149. Kritter 175. Küster 178. Langner 185. Meisner 369. Nachricht 218. Reyher 249. Sammlung

lung 264. Schulze 288. Verordnung 316. Vorschlag 331.

v. Walzmaschinen. Späth 296.

v. Wanzen. Mittel 212.

Waschen. Briefe 62. Schäfer 266. Waschbuch, Waschregister 335.

Wasserbau. Anleitung 12. Belidor 31. Bösen 57. Brahm 60. Dyhrn, Eberenz, Eberhard 82. Etwas 89. Fabri 90. Fäsch 91. Höner 146. Hube 149. Hunrich 150. Kirchmann 165. Löscher 195. Nedelykheit 242. Reinhold 244. Richter 249. Schemerl 275. Silberschlag 292. Voch 326. 327. Walter 334.

Wasserrecht. Cancrin 71. 358.

Weberey. Frickinger 102. Kirschbaum 165. Krüger 177. Minerva 211. Unterricht 323.

Wechsel, Wechselgeschäfte. Banquier 24. Flügel 98. Hänel 124. Handbuch 130. Hartmann 132. Herbach 140. Kruse 177. Martini 204. Museus 216. Nelkenbrecher 221. Oeser 223. Pflugbeil 233. Raumburger 241. Siegel 292. Sinapius 294. Tabellen 305. Tropponegro 311. Wechselordnung 336. 337. Wechsel-Responsa 337. Wegelin 337. Wierz 343.

Wechselrecht. Brüchting 65. Guden 362. Siegel 291. 292. Spon 296. Vangerow 312. Wegelin 337.

Weidenbäume. Howe 146. Pflanzengeschichte 233.

Wein,

Wein, Weinbau, Weinhandel. Abhandlung 8. Anleitung 13. 14. 15. Bibet 44. Breuchel 62. Cartheuser 71. Christlieb 73. Delius 78. Fabroni 360. Fischer 96. Gauppe 106. Geheimniß 110. Hamel 127. Handbuch 129. Handelsmann 130. Hildebrand 144. Knecht 166. Martini, Maupin 204. Müller 215. Ortlieb 371. Offenfelder 225. Preisschrift 238. Rheingauer Weinbau 249. Rohr 255. Rozier 258. Saußüre 266. Schebel 275. Sommer 295. Sprenger 297. 298. Springer 298. Stolzner 302. Wahl 333. Weinarzt, Weinbau, Weingärtner 338. Weinkünstler 376. Winzer 345. Wollin 348.

Weisgerberhandwerk. Schauplatz 269. 270.

Weitzen. Abhandlung 8. Beschreibung 38. Kayser 163.

Wiesenbau. Anbau 354. Anweisung 19. 20. Bernhard, Bertrand 36. Christlieb 73. Fischer 96. Gedanken 109. Guden 123. Hartmann 132. Hausbuch 134. Kniphof 166. Kritter 175. 176. Miroudot 211. Mund 215. Riem 251. Schreber 281. 283. Unterricht 325. Walter 334.

Wilddiebstahl. Kleinschrodt 366.

v. Windmühlen Abhandlungen 8.

Witterungslehre. Adelkofer 10. Böckmann 56. Christ 73. Dätzel 77. Felbiger 92. Heermann 364. Lüders 196. Mill 210. Rauwerk 220.

220. Netz 248. Riem 251. Titius, Toald 310. Vorzeichen 331. Werenberg 339.

Wittwenkaſſen. Auflöſung 23. Fuß 103. Hiltebrand 143. Karſten 162. Küſter 178. Langner 185. Leporin 189 Nachricht 218. Ordnung 224. Patent 227. Prüfung 239. 240. Reyher 249. Sammlung 263. 264. Ueber 314. Verordnung 316.

Wolle, Wollenmanufacturen und Spinnereyen. Abhandlung 7. Finke 360. Maripold 203. Platierre, Plouquet 235. Schauplatz 272. Unterſuchung 325. Zeugniß 351.

v. Wurmtrockniß. Beyträge 43. Gmelin 118.

Z.

v. Zehenten. Schreiben 284.

v. Zeugfabriken, ſ. Tuchfabriken.

Ziegelbrennerey. Abhandlung 3. Bignon 54. Gilly 361. Schauplatz 269. 270.

Zimmermannskunſt, ſ. Baukunſt.

v. Zinn. Polhem 236.

v. Zollweſen. Oswald 226. Wiſſel 346.

Zoologie oder ökonomiſche Thierkenntniß. Borkhauſen 357. Entwurf 86. Gatterer 106. Hallen 126. Sätze 259. Schneider 280.

Zucht- und Arbeitshäuſer. Cella 72. Gedanken 109. Howard 149. Nachricht 218. Ordnung 224. Rulf 258. Wächter 332.

Zucker-

Zuckerbau, Beckerey, oder Siedereyen. Conditor, Confectbuch 75. Labath 180. Menon 208. Schauplatz 269. Zuckerbecker 352.

v. Zwergbaumzucht. Anweisung 20. Schmidt 279.

Zwiebelgewächse. Abhandlung 8. Börner 356. Kampe 161. Linne 194. Veen 314.